디지털 시대의

고품위 서비스 실무

조영대 · 남중헌 공저

남두도서

남두(南斗) : 남두육성(南斗六星)

은하의 중심인 사수자리에 있는 국자모양의 여섯 개의 별로서, 인간의 탄생을 결정하는 별로 알려져 있다.

머리말

오늘날 많은 기업의 CEO들은 급변하는 대내외 환경에 구성원들이 신속하게 적응을 해야만 기업이 살아남을 수 있다고 외치고 있다. 그러나 경영정책이나 비전 제시를 위하여 많은 노력과 시간을 투자하면서도 정작 그 기업을 갉아먹고 있는 사소하나 치명적인 것들에는 관심을 보이지 않고 있다.

21세기 디지털 시대의 기업미래는 경영정책이나 기업철학의 확립과 같은 거창한 분야가 아니라 작고 사소한 문제에 달려있다는 발상의 전환을 할 때이다.

기업(업장)의 이미지나 브랜드 이미지는 결국 기업의 수익에 대한 영향을 미치게 된다. 대기업의 CEO나 소규모의 업장 경영자는 위에서 아래로 기업을 바라본다. 다시 말해 거시적 관점에서 경영하고자 한다. 그러나 고객은 자신만의 시각으로 기업(업장)을 바라본다. CEO나 업장 경영자와는 반대로 미시적 관점에서 기업을 이해하고 평가한다. 그런 이유로 기업이 고객을 바라보는 곳과 고객이 기업을 바라보는 곳이 엄연히 다르다는 것을 기업(업장)은 아직 깨닫지 못하고 있다.

아날로그 시대의 고객 시각과 디지털 시대의 고객 시각은 엄청난 차이가 있다. 인터넷 시대! 고객의 불만은 한순간 기업에 치명적인 손상을 입히고, 그 회복의 시간과 비용은 상상을 초월한다. 그 수식은 다음과 같다.

- 아날로그 시대 : 100(종전 기업 이미지) − 1(잘못 또는 실수의 크기)
  = 99(현 기업 이미지)
- 디지털 시대 : 1 (잘못 또는 실수의 크기) − 100(종전 기업이미지)
  = −99(현 기업 이미지)

일례로 고객이 어떤 유명 패스트푸드 매장의 화장실에 갔는데 휴지가 없다면 그 기업(업장)의 직원들이 고객의 욕구에 관심을 기울이지 않는다고 생각할 것이다. 생각은 꼬리를 물고 어쩌면 위생에도 신경을 쓰지 않아 음식에 세균이 득실거리는 것은 아닌지 우려하게 될 수도 있다. 더 나아가 동일 브랜드의 전국 모든 패스트푸드 매장이 다 마찬가지라고 결론지을 수도 있다. 이는 고객의 단순한 상상이 아니라 논리적인 사고의 결과이다.

"하나를 보면 열을 안다"라는 속담이 있다. 즉 각각의 작은 부분에는 전체가 축약되어 있다는 논리이다. 머리카락 하나에 그 사람의 모든 정보가 함축되어 있는 것처럼…….

얼핏 보기에는 하찮은 것, 작고 사소한 것, 잘 드러나지 않는 것처럼 보이지만 고객들은 이를 인식하며, 그 인식으로 인해 그 기업(업장)에 대한 전체 이미지를 형성하게 된다.

고품위 서비스란 최고급의 서비스를 뜻하는 것은 아니다. 아주 사소한 곳에서부터 고품위 서비스가 일어난다. 종사원이 보기에는 하찮은 것, 작고 사소한 것, 잘 드러나지 않는 것에 대한 서비스가 고객감동으로 이끄는 고품위 서비스이다.

마이클 레빈(Michel Levine)은 《Broken Windows Broken Business》에서 "아무리 작은 균열이라 해도 유리창은 깨어질 수 있기 때문에 발견하는 즉시 수리해야만 한다. 중요하지 않는 것은 아무것도 없다. 작은 것들은 당신이 생각하는 것보다 훨씬 더 중요하다"라고 하였다.

하찮은 고객불만 요인이 그 기업(업장)으로부터 등을 돌리게 만든다는 뜻이다. 역발상으로 생각하면 서비스 종사원의 사소한 관심이 고객불만을 최소화하며 이를 통한 고품위 서비스가 고정고객 창출로 이어져, 경쟁우위의 기업(업장)으로 살아남게 될 것이다.

끝으로 이 책이 나오기까지 도와주신 남두도서의 남승우 사장님과 편집진에게 감사드리며, 좀더 완성도가 높은 다음 수정판을 위해 많은 독자들의 질타를 기다리면서 머리말을 끝내려 한다.

고품위 서비스 강국 대한민국을 꿈꾸며

공저자 씀

차 례

Part I

고품위 서비스 전문가의 태도와 행동

Part **IV**

고품위 서비스 실무

제I부

고품위 서비스 전문가의 태도와 행동

Chatper 1

고품위 서비스 전문가의 마음

01 | 고객의 가치관 변화

고객들이 생각하는 중요한 가치관들이 많이 변하고 있으므로, 세계적인 기업이 지향하고자 하는 비전도 달라지고 있다.

세계 경영이니, 초일류 경영이니 하는 추상적인 가치를 지향하기보다는 자기 기업의 제품이 고객들에게 줄 수 있는 가치(이익)가 무엇인가를 생각하여 그에 관한 비전을 세운다. 대표적으로 메리엇 호텔(Marriott Hotel)은 "집을 떠난 이에게 편안함을……", 디즈니는 "꿈 · 창의력 · 상상력을 줌으로써 행복을 가져다준다"이다.

〈표 1-1〉 가치관의 변화

과 거	미 래
물질	마음
양	질
이성	감성
손익계산	이념·존재이유
이익목표	비전·낭만
경제적 처우	사는 보람

이제는 고객을 단순한 수익창출의 원천으로 생각하기보다는 기업과 함께 삶의 목표와 즐거움을 공유하는 공동체의 일원으로 인식해야 한다. 최근 조사에 따르면 정보화 사회로 들어서면서 고객들은 생각하기를 싫어하고 즉흥적이며 감각적으로 구매하는 경향이 커지고 있다고 한다.

달콤한 일회용 서비스보다는 진실로 고객의 이익을 생각하면서 제품을 판매하고 서비스한다면 이것이 바로 단골(고정)고객 창출로 이어지는 지름길이 될 것이다.

02 | 철저한 프로 전문가

서상록(현재 프로 웨이터)씨가 삼미 부회장으로 재직하던 시절, 어느 날 집에서 잠시 쉴 때 우연히 파출부 아주머니가 일하는 걸 지켜보게 되었다. 그런데 눈에 보이는 곳만 슬쩍슬쩍 닦는 아주머니의 얼굴엔 귀찮은 기색이 역력하였다.

일을 어느 정도 끝냈을 때 서씨는 직접 차를 끓여 아주머니와 마주

앉은 뒤 이런 이야기를 들려주었다.

“아주머니는 밖에서 일하고 돌아온 가족들이 기분좋게 쉴 수 있도록 집안을 깨끗하게 청소하는 일을 대수롭지 않게 생각하시는 것 같네요. 이제부터는 일하러 가실 때 장미꽃 한 송이를 준비해보세요. 즐거운 표정으로 성실하게 일하고, 게다가 그 집 가족을 위해 장미꽃 한 송이를 꽂아두는 아주머니는 단연 돋보이게 될 겁니다. 그러다보면 고정고객이 생길 것이고, 나중엔 용역회사를 통하지 않고 직접 연락을 받게 되어 아주머니가 사업을 할 수도 있을 겁니다. 이쯤 되면 인테리어 공부도 좀 해서 가구 위치나 커튼 색깔도 골라주면서 고객관리를 하면 더 좋겠지요. 그게 바로 프로입니다. 어떻습니까? 앞으로 프로 파출부를 해보실 생각은 없으십니까?”

그 뒤 1년쯤 지난 어느 날 서씨집에 느닷없이 커다란 초콜릿 상자가 배달되었는데, 그 속에는 편지가 한 장 들어 있었다고 한다.

“저는 1년 전에 댁에 파출부로 다녔던 사람입니다. 그날 저는 선생님 말씀을 듣고 부끄럽기도 했지만 많은 것을 깨달았습니다. 그래서 그 다음날부터 프로정신을 가지려고 노력했고, 지금은 파출부 아주머니 12명을 직원으로 데리고 있는 사장이 되었습니다. 인사를 드려야 할 것 같아 조그만 선물을 보냅니다.”

파출부도 엄연한 프로이다. 우리도 언제 어디서 무엇을 하든지 제 몫을 다하겠다는 철저한 프로근성과 전문가 정신으로 스스로를 무장하지 않으면 안 된다.

지금 이 순간부터 프로 마니아가 되자.

03 | 프로와 아마추어의 유형

프로 매니아가 되기 위해서는 프로와 아마추어를 구별할 수 있는 능력이 있어야 한다. 프로와 아마추어의 차이는 다음과 같다.

- 프로는 웃으며 일하고, 아마추어는 인상쓰며 일한다.
- 프로는 자신이 잘못했을 때 '미안합니다' '죄송합니다'라는 말을 곧바로 하지만 아마추어는 그런 소리를 하는 법이 절대로 없다.
- 프로는 인사성이 밝지만, 아마추어는 인사와는 거리가 멀다.
- 프로는 아는 것이 적어도 행동으로 옮기지만, 아마추어는 아는 것은 많으나 실천하지 않는다.
- 프로는 행동으로 보여주고, 아마추어는 말로 보여준다.
- 프로는 자기가 세운 목표를 일관성 있게 밀고나가지만, 아마추어는 하루에도 열두 번 뜯어고친다.
- 프로는 칭찬을 잘하고, 아마추어는 험담을 잘한다.
- 프로는 자신에게 엄격하고 남에게는 후하지만, 아마추어는 자신에게 후하고 남에게는 가혹하다.
- 프로는 일곱 번 쓰러져도 여덟 번 일어나지만, 아마추어는 한 번 쓰러지면 두 번 다시 일어나지 않는다.
- 프로는 자기 일에 목숨을 걸고, 아마추어는 이성한테 목숨을 건다.
- 아마추어는 강자에 약하고 약자에 강하지만, 프로는 누구에게나 겸손하다.
- 프로의 목표는 일이고, 아마추어의 목표는 돈이다.
- 프로는 일이 잘 되거나 안 되거나 묵묵히 일하지만, 아마추어는 잘 될 때는 희희낙락하다가 안 될 때는 금세 풀이

〈표 1-2〉 프로와 아마추어의 차이

프 로	아마추어
웃으며 근무	인상쓰며 근무
실수를 인정	변명으로 일색
인사성이 밝다	인사성과 거리가 멀다
행동이 앞선다	말이 앞선다
일관성 있는 추진력	변덕이 심하다
칭찬에 익숙	험담을 잘한다
자신에게 엄격	남에게 가혹
모두에게 겸손	강자에 약하고 약자에 강하다
자기 일에 목숨을 건다	이성한테 목숨을 건다
일이 목표	돈이 목표
핵심을 파고든다	주변만 맨돈다
좋은 의견은 해보자	해보나마나 뻔하다

죽는다.

- 프로는 문제에 부딪혔을 때 핵심을 파고들어 해결하고, 아마추어는 주변만 맴돌다가 도망쳐버린다.
- 프로는 좋은 의견이 나오면 해보자고 하지만, 아마추어는 해보나마나 뻔하다고 말한다.
- 프로는 목표를 가지고 일한다. 나를 위하여 가족을 위하여 나라를 위하여. 그러나 아마추어는 불만을 가지고 일한다. 이것 하라면 투덜투덜, 저것 하라면 또 투덜투덜.
- 프로는 성격을 바꿀 수 있다고 믿지만, 아마추어는 타고난 사주팔자에 얽매이고 만다.
- 프로는 마음을 화장하고, 아마추어는 얼굴만 화장한다.
- 프로는 일인자가 되려고 노력한다. 그러나 아마추어는 가

만히 있으면 중간은 갈 수 있다고 생각한다.

- 프로는 작은 일이라도 최선을 다하지만, 아마추어는 적당히 해버린다.

이러한 프로정신을 가져야만 바로 고품위 서비스 전문가가 될 수 있는 것이다.

04 I 열정적인 삶을 사는 방법

열정(또는 열중)을 영어로는 '인튜지애즘(enthusiasm)'이라고 한다. 여기서 en = in(안), thusiasm = God(신)에 해당하며, 이는 곧 '신 안에서'라고 해석되는데, 신의 품 안에서 마음껏 기량을 발휘한다는 뜻이다.

신들린 것처럼 열중해야 한다. 다시 말하면 자기 일에 미치지 않으면 성공할 수 없다.

우리가 열정적이기 위한 몇 가지 방법을 제시하면 다음과 같다.

- 긍정적인 기대를 하라.
- 긍정적인 말을 하라.
- 긍정적인 상상을 하라.
- 열정적인 사람을 만나라.
- 긍정적인 독서를 하라.
- 긍정적인 행동을 하라.

이러한 열정적인 삶은 우리의 인생에 성공을 부른다. 용광로는 뜨거울 때 절대로 깨어지지 않는다(아시아나 서비스 컨설팅).

긍정적인 상상을 하라

베트남전에 참전한 미군 병사가 포로로 잡혀 온갖 고문을 당하며 감옥생활을 하게 되었는데, 암울한 포로생활 중에서도 평소 골프광이던 그는 늘 골프 치던 생각을 하였다. 10년이 지나고 석방이 되자 고향으로 돌아가 늘 상상 속에서만 쳤던 골프채를 다시 잡게 되었는데, 10년 동안 실제로 한번도 치지 않았는데 그의 골프 실력은 10년 전에 비해 크게 차이가 없었다. 운동선수들에게 있어 이미지 트레이닝(image training)은 성적에 큰 영향을 미친다. 그래서 경기 전에 하드 트레이닝을 시키는 것보다 오히려 편안히 쉬면서 끊임없이 긍정적인 상상, 즉 훌륭한 성적을 거두는 상상을 하는 것이 실전에 있어 더 큰 효과가 있다.

05 | 마음이란

사람의 마음을 가장 잘 표현한 사람으로 스위스(Swiss) 출생의 아미엘(Amiel)이라는 철학자가 있다. 그는 『가난한 마음을 위하여』라는 진솔한 일기문의 저서를 남겼는데, 그 책에는 다음과 같은 구절이 들어 있다.

마음이 변하면 태도가 변한다.
태도가 변하면 습관이 변한다.
습관이 변하면 인격이 변한다.
인격이 변하면 인생이 변한다.

그림 1-1 | 마음의 변화 단계

아미엘은 평생을 자신의 마음에 대해 명상하며 그것을 일기로 적어놓은 유명한 문학가이기도 하다. 마음이 변하면 인생이 변한다는 사실을 이처럼 쉽고도 명쾌한 논리로 우리에게 일깨워준 글도 드물다.

06 | 열린 마음을 가진 사람들의 특성

마음이 변하면 인생이 변한다는 것을 알았다. 마음을 어떻게 바꾸어야 할까? 바로 '열린 마음(open mind)'이다. 열린 마음을 가진 사람들의 10가지 특성을 살펴보자.

- 자신이 가지고 있는 가치관을 신뢰한다.
- 자신이 삶에 대처할 수 있는 능력을 신뢰한다.
- 자신이 한 행동에 책임을 진다.
- 자신의 감정 · 동기 · 능력을 부정하거나 왜곡하지 않는다.
- 타인이 자신을 거절할 것이라 생각하지 않는다.
- 자신을 이상하게 보지 않는다.
- 타인이 자신과 다를 때 타인을 틀렸다고 판단하지 않는다.
- 타인을 위해 기여하고자 하는 마음을 가진다.

- 타인에게 적극적으로 흥미를 갖고 서로가 만족하는 관계를 맺으려고 한다.
- 자신을 위해 타인의 권리를 침해하지 않는다(서비스 월드).

07 | 마인드 맵

(1) 개 요

'마인드 맵(mind map)'은 토니 부잔(Tony Buzan)이 개발한 기법으로 자연스런 사고의 연상을 깨뜨리지 않으면서 떠오르는 아이디어들을 효과적으로 기록할 수 있도록 해준다. 간혹 어떤 문제에 대하여 창조적으로 사고하고 있을 때, 시간이 흐르거나 연속적인 사고의 연상이 진행되면서 그 사고한 내용의 일부는 잃어버리게 되고 재생하기가 어렵게 된다. 마인드 맵은 유기적으로 연결되는 일련의 생각을 훌륭하게 상기시켜준다.

마인드 맵은 개인적으로 아이디어를 창출하고 기록하기 위한 기법이다. 마인드 맵은 어휘연상을 이용하는데, 자기 자신의 사고패턴이 어느 쪽으로 뻗어나가든 그 패턴을 쉽게 따라가도록 해준다. 마인드 맵은 또한 창출된 아이디어를 효과적으로 기록할 수 있도록 해주는 기능도 갖고 있다.

마인드 맵의 용도는 다음과 같다.

- 자유연상을 이용하여 아이디어를 창출하려 할 때
- 아이디어를 기록하기 위한 방법으로 아이디어의 목록을 만드는 것에 대한 대안으로 사용할 때

마인드 맵을 처음 접했을 때 어떤 사람들은 이 기법이 대단히 유용하다고 느끼는 반면 어떤 사람들은 다음 두 가지 이유 때문에 불편하다고 느낀다.

- 정형화된 구조가 없다.
- 마인드 맵의 프로세스(process)가 요구하는 자발성을 갖기 어렵다.

(2) 적용절차

단계 1 》 커다란 백지의 한가운데에 주제나 안건 또는 문제의 중심어휘를 적어놓는다.

단계 2 》 중심주제로부터 자유연상을 시작한다.

단계 3 》 첫번째 주제에서부터 시작하여 선을 그리고 이름을 붙인다. 적어놓은 생각의 꼬리를 물고 연상이 되는 것이 있으면 생각이 흐르는 대로 그 선에서 가지를 치고 이름을 붙인다.

단계 4 》 중간에 멈추지 말고, 한 아이디어가 떠오르면 새로운 선을 그리고 시작한다.

단계 5 》 이미 적어놓은 것에 대하여 평가하거나 비판하지 않도록 주의한다. 머리에 떠오르는 아이디어는 모두 적는다.

단계 6 》 아이디어의 샘이 마르면 서로 관련된 아이디어들을 다른 색의 펜을 사용하여 연결한다.

(3) 적용사례

이 사례에서는 레스토랑이라는 주제를 가지고 어떤 새로운 서비스를 할 수 있는가에 대한 아이디어를 얻기 위해 마인드 맵을 사용하였다.

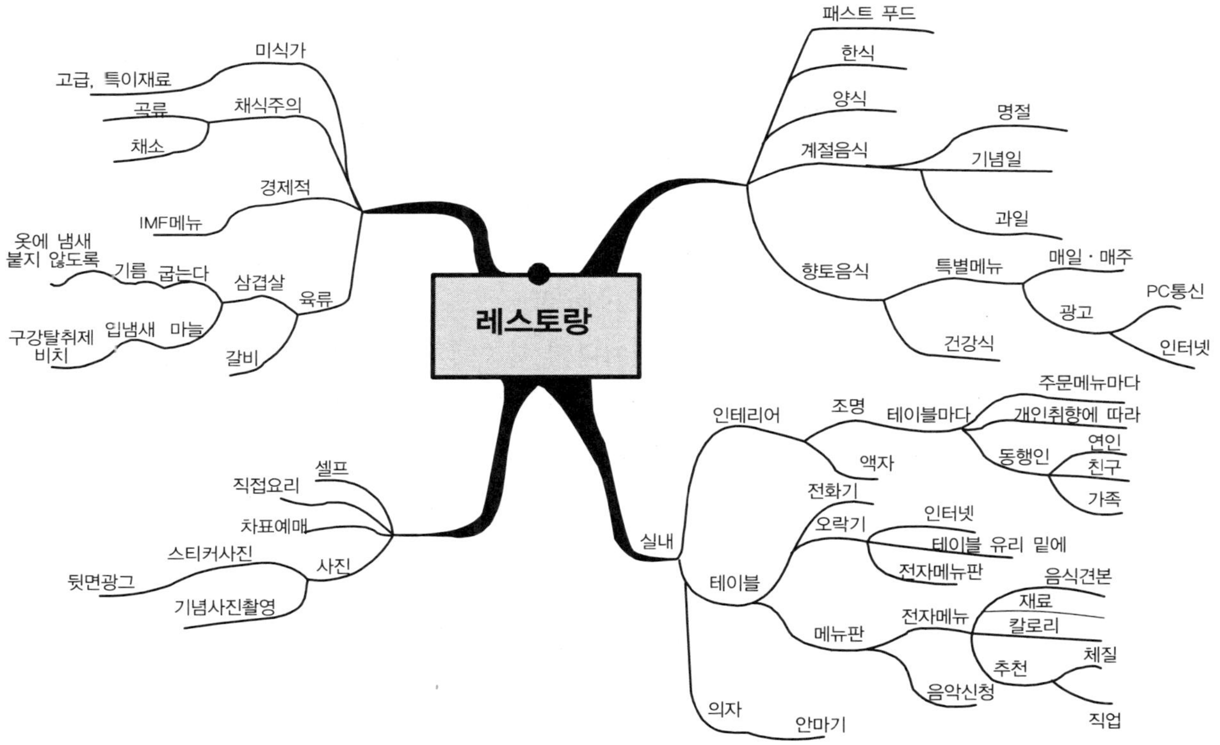

그림 1-2 | 레스토랑 서비스 개발에 마인드 맵을 사용한 예

(4) 아이디어

- 명절이나 특정 기념일에는 특별메뉴를 준비한다.
- 계절에 맞는 과일을 제공한다.
- 그 지방 특유의 향토음식을 메뉴에 포함시킨다.
- 특별메뉴를 인터넷을 통해 광고한다.
- 건강식 메뉴를 마련한다.
- 테이블마다 조명을 다르게 조절할 수 있도록 하여 주문메뉴에 따라, 개인 취향에 따라, 동행인이 연인·친구·가족이냐에 따라 조명을 달리한다.
- 테이블마다 전화기를 설치한다.
- 음식이 나오기 전이나 식사중에 즐길 수 있는 오락기를 테이블 유리 밑에 설치한다.
- 음식이 나오기 전이나 식사중에 인터넷을 사용할 수 있도록 컴퓨터를 테이블 유리 밑에 설치한다.
- 테이블에 전자메뉴판을 설치하여 각 메뉴의 실물사진, 사용된 재료, 포함된 칼로리량 등을 알 수 있도록 하고, 체질·직업·계절·날씨 등에 맞는 메뉴를 선택할 수 있도록 한다.
- 종사원을 부르지 않고도 음악신청을 할 수 있도록 테이블에 장치를 한다.
- 안마기 기능이 있는 의자를 설치한다.
- 미식가를 위해 고급 재료나 특이한 재료를 사용한 메뉴를 개발한다.
- 채식주의자를 위해 곡류나 채소만을 사용한 메뉴를 개발한다.
- 주머니가 가벼운 사람들을 위한 저가메뉴를 개발한다.
- 고기를 먹을 때 냄새가 옷에 배이지 않도록 조치를 취한다.

- 식사 후 입냄새 제거를 위해 구강탈취제를 비치한다.
- 셀프 서비스로 하는 대신 가격을 낮춘다.
- 재료만 공급하고 직접 요리해서 먹을 수 있는 메뉴를 개발한다.
- 기차역이나 고속버스, 시외버스 터미널 근처의 레스토랑이라면 차표 예매를 할 수 있도록 한다.
- 스티커 사진기나 즉석 사진기를 준비해두고 사진 뒷면에는 레스토랑 광고를 인쇄해놓는다(박영택).

길이냐 신발이냐?

여우의 발은 험한 산길을 걸어다니느라 가시에 찔리고 돌멩이에 부딪혀 성한 날이 없었다.

여우는 어느 날 인간들이 도로를 포장하는 것을 숨어서 보았다. 돌 자갈길 위에 아스팔트를 입히자 감쪽같이 반들거리는 길이 되지 않은가!

여우는 '옳거니' 하고서 원대한 계획을 세우기에 이르렀다. 그것은 토끼를 잡아서 토끼 가죽으로 자기가 다니는 산길을 덮는 일이었다.

그날도 여우는 토끼를 잡았다.

"미안하지만 어르신이 이 험한 산중 길을 편히 걸어 다니기 위해서는 너희들을 희생시킬 수밖에 없구나."

그러자 토끼가 말했다.

"아니, 어르신. 이 산중 토끼를 다 잡아도 토끼 가죽길을 만들기는 어렵습니다. 그러나 제 꼬리를 잘라서 어르신의 발에 가죽신을 만들어 신으신다면 산중 길이 토끼 가죽길이나 다름없을 텐데 왜 그런 어리석은 짓을 하십니까?"

당신도 혹시 세상을 당신 마음에 들게끔 하느라 세월을 보내고 있지는 않는지?

세상만사를 바꾸기보다 당신 마음 하나만 바꾸면 될 것을…….

Chapter 2

고품위 서비스 전문가의 이미지

01 | 성공적인 이미지 메이킹

'이미지 메이킹(image making)'이란 말은 요즘은 낯선 말이 아닐 것이다.

산업의 대중화와 다양화에서 기능(function)과 질(quality)을 중시하는 시대로 변하면서 국가와 기업뿐 아니라 개인에게까지도 고유의 이미지가 부여되기 시작하였다. 이렇듯 부여된 고유의 이미지는 21세기 정보화시대에 상품적인 가치를 알리는 데 중요한 요소로 쓰이게 되었다.

기업의 제품에는 말할 것도 없이 사람에게까지도 이제는 이미지를 부각시키는 일련의 행위들이 생겨나기 시작했다. 선거유세

포스터를 예로 들면, 10년 전 선거 포스터의 사진은 신뢰감을 주기 위함인지 웃지도 않고 근엄한 표정으로 사진을 찍었으나 요즘은 치아가 보이도록 활짝 웃는 얼굴이나 자신있는 옆얼굴 모습, 혹은 친밀감을 부각시키기 위해 어린아이들을 안고 촬영한다.

21세기에 유망한 직종 중 하나가 이미지 컨설턴트(image consultant)라는 말이 생겨날 만큼 이미지 메이킹에 많은 것을 투자하고 있다. 이미지 메이킹을 통해 자기 자신이 가지고 있는 능력을 배가시킬 수 있으며, 내면적인 부분과 외면적인 부분을 나누어서 이미지 메이킹을 행하고 있다.

외면적인 것은 머리모양, 메이크업(make-up), 용모, 기타 액세서리 등을 이용해서 변화를 줄 수 있지만 내면적인 부분은 마음에서부터 변화가 일어나야 한다.

이미지를 메이킹하는 방법을 몇 가지만 제시해보면 다음과 같다.

우선 자신의 장・단점과 그것을 표현하는 방법에 대해 객관적인 진단과 문제점이 정확히 파악되어야 한다. 그런 다음 두번째 단계로 자신에게서 부족한 부분을 개선・보완하기 위해 많은 시간과 노력을 투자해야 한다. 세번째 단계는 자신을 내보이기 위한 포장단계로 이는 앞에서 말한 외형적인 변화를 말한다. 네번째 단계는 변화된 자신을 다른 사람들에게 홍보하는 일이다. 이것은 세련된 화법을 통한 커뮤니케이션(communicaton)을 완성하는 단계이다.

순차적으로 네 단계를 밟아가다 보면 개인에 따라서 변화 속도는 다르지만 자타가 인정하는 긍정적이고 역량있는 모습으로 변화될 것이다. 우리는 이렇게 변화된 모습에서 이미지 메이킹이 완성되었다고 표현한다.

02 | 내가 만드는 나의 이미지

세계적인 해저탐험가 잭 마이엘(Jack Meyer)은 바닷속으로 잠수할 때면 오징어가 된 자신을 이미지한다고 한다. 이렇게 함으로써 그는 105m 해저잠수에 성공했는데, 오징어가 된 자신을 이미지하여 물과 친숙해지면 맥박이 평균의 2분의 1로 줄고 호흡도 5~6분 동안 멈출 수 있다고 하였다.

신체와 정신은 밀접한 관계가 있다. 긍정적인 태도는 긍정적인 마음을 가지게 한다고 했는데, 마찬가지로 긍정적인 이미지를 가지면 이미지한대로 몸도 움직여 우리는 변한다. 여러분이 타인을 대할 때 호감 가는 이미지를 심어주겠다고 마음먹는 그 순간부터 여러분은 변신할 수 있다는 뜻이다.

긍정적인 자기 선언 또는 자기 암시라는 말이 있다.

"나는 타인에게 매력적인 사람으로 보일 수 있다."
"나는 많은 사람들 앞에서도 침착하게 말할 수 있다."

이와 같은 긍정적인 말을 되뇌이며 자신의 잠재의식에 호소하는 방법을 말한다.

이제부터 나의 진실된 이미지 형성에 필요한 요소를 찾아 긍정적 암시를 함으로써 자신을 변화시켜보자. 이미지 메이킹의 출발은 내면의 변화에서 시작된다.

03 | 좋은 첫인상을 남기는 방법

첫인상이 평생을 좌우한다.

직장에서도 첫인상이 좋은 사람은 커피라도 한잔 뽑아주고 싶지만 첫인상이 나쁜 사람은 아무 이유 없이 거리감이 느껴지게 마련이다.

첫 만남에서 좋은 인상을 남기고 싶다면 다음의 10가지를 유의해야 한다.

① 옷은 만남의 TPO(Time, Place, Occasion : 시간 · 장소 · 목적)에 맞게 입어라. 때에 따라서는 너무 차려입는 옷차림이 어울리지 않는다는 점도 잊지 말아야 한다.

② 만나서 헤어질 때까지 상대방의 눈을 보며 대화하라. 외국인들에 비해 우리는 눈을 보며 대화하는 데 서툴다. 상대가 윗사람이나 이성일 때는 더욱 그렇다. 눈과 눈을 마주보는 것이 글로벌 에티켓의 첫걸음이다.

③ 만났을 때와 헤어질 때 악수를 하라. 악수에 힘을 실어야지 손끝만 대충 잡고 흔드는 일은 금물이다. 그러므로 상

대의 손을 3초 정도 단단히 잡고 악수한다.

④ 악수할 때 그리고 대화할 때 자주 미소지어라. 한국인은 알고보면 정이 넘치는데 첫인상은 무섭다고 외국인들이 말한다. 눈이 마주칠 때마다 살며시 웃어주면 상대방도 호의를 갖게 된다. 그렇지만 비웃는 듯한 느낌은 절대 금물이므로 거울을 보고 자신만의 매력적인 스마일을 디자인하라.

⑤ 나만의 향으로 인상을 남겨라. 짙은 화장과 마찬가지로 너무 진한 향기는 거부감의 대상이 되지만 체취와 어우러진 은은한 향기는 남녀를 불문하고 한번 더 돌아보게 만드는 힘이 있다. 유행하는 향수보다 내게 어울리는 향수를 선택하는 것이 좋다.

⑥ 말하기보다 더 많이 들어라. 자기 이야기를 잘하는 사람이 점점 늘어나는 반면 남의 말을 들어주는 사람은 갈수록 줄고 있다. 상대방의 말에 귀기울이기만 해도 기본점수는 따게 된다.

⑦ 이야기 들어주기에 이어 상대방에 대한 관심을 보여주는 2단계 방법으로 상대의 일과 취미 등에 대해 물어보라. 물론 엉뚱한 질문을 하면 점수만 깎인다.

⑧ 자신의 참모습을 보여주며 언행을 편하게 하라. 잔뜩 긴장해서 상대까지 불편해지는 사람, 가식적임이 한눈에 드러나는 사람은 절대 좋은 인상을 남길 수 없다. 자연스럽게 말하고 행동하라.

⑨ 아는 체하기보다 모르는 척 물어보라. 자기 PR(Public Relations)시대라고 하지만 여전히 겸손은 미덕이다. 혼자 다 아는 척하지 말고 상대방에게 협조를 구하듯 질문을 던져라.

⑩ 대화할 때는 전적으로 상대에게 전념하라. 이야기하면서 연방 시계를 보거나 다리를 덜덜 떨거나 창 밖에만 시선을 둔다면 상대를 무시하는 인상을 준다. 딴짓을 하지 말고 대화에 최선을 다하라(예라고).

04 | 향수 이미지

사람은 누구나 누군가에게 오랫동안 기억되고 싶어한다.

사람에게서 나는 향기나 체취는 그 사람을 기억시켜주는 중요한 역할을 한다. 향긋한 냄새가 나면 그 사람에 대한 기억도 향기로울 수 있다. 상대방에게 후각적 이미지를 남기는 향수는 지금부터 4~5천 년 전 신전을 신성하게 여겨온 고대 사람들이 제단 앞에 나아갈 때 신체를 청결히 하고 향내가 풍기는 나뭇가지(香木)를 태우고 향나무 잎으로 즙을 내어 몸에 바른 데서 유래한다고 한다. 영어로 '퍼퓸(perfume)'은 라틴어인 Perfumum(per, through+ fumum, the smoke)에서 유래되었다.

인류가 최초로 사용하였던 화장품으로서의 향수는 국왕이나 귀족·제사장과 같은 일부 특정계층에서 한정적으로 사용하였지만, 세월이 흐르면서 점차 대중화되기 시작해 19세기로 접어들면서 인공적인 향의 합성법 개발로 대중들에게 급속히 보급되었다. 19세기 이후의 고급 디자이너들의 활발한 활동이 향수의 발전을 더욱 부추기는 계기가 되었으며, 현재에 이르기까지 명품으로 꼽히고 있는 향수 대부분이 이들 고급 디자이너의 이름을 브랜드화한 것이다.

오늘날 향수는 단순히 감각적인 멋을 전하는 역할보다는 시각적인 아름다움에 어울리는 이미지 메이킹의 요소로 필수적이다. 그런 의미에서 TPO(Time, Place, Occasion)에 맞는 향수의 선택과 사용 에티켓을 알아보자.

향수는 농도에 따라 퍼퓸, 퍼퓸 드 투왈렛, 오 드 투왈렛, 오 드 코롱으로 나눌 수 있는데, 초보 사용자라면 지속시간이 2~3시간인 오 드 투왈렛을 권하고 싶다.

향수 사용방법

- 자신이 좋아하는 향일지라도 너무 많이 바르면 타인에게 혐오감을 줄 수가 있으므로 사용량 조절은 기본이다.
- 향기가 좋다고 여러 종류를 한꺼번에 사용하게 되면 향이 섞여서 묘한 냄새가 날 수 있으므로 삼가야 한다.
- 사용부위는 체온이 높고 맥박이 뛰는 손목이나 귓볼 뒤, 발목, 무릎 안쪽 혹은 스커트나 바지의 끝단 안감부분과 움직임이 많은 곳도 좋다. 단, 겨드랑이나 흰옷, 엷은 빛깔의 양복지에 직접 뿌려서는 안 된다.
- 향수의 향기는 제일 먼저 강하게 맡아지는 탑 노트(top note), 탑 노트가 날아간 뒤 이어 맡을 수 있는 미들 노트(middle note) 그리고 마지막까지 은은히 잔존하는 베이스 노트(base note)로 나눈다. 탑 노트는 향이 강하고 밀폐공간에서는 머리가 아플 수도 있으므로 향수를 사용한 뒤 즉시 엘리베이터 등을 타지 않도록 한다.
- 남성들 몸에서는 술냄새·땀냄새가 많이 나므로 향수나 향이 있는 애프터 쉐이브(after shave)를 사용해 불쾌한 냄새를 감추는 것이 센스 있다고 하겠다.

향수는 멋쟁이나 사용한다는 선입견과 무조건적인 거부반응보다는 자신에게 어울리는 향의 연출로 자신을 높이고 사랑하라. 짙고 개성 없는 화장보다는 고유의 향기를 품을 수 있는 품위있는 서비스 전문가가 되자.

05 | 이미지테크(image tech.) 지수 측정방법

다음의 문항을 읽고 자신과 일치하는 문항에 체크해보자.

- 웃는 얼굴이 멋지다는 말을 자주 듣는다.
- 슈트(suit) 입는 법을 정확하게 알고 있다.
- TPO(Time, Place, Occasion)에 맞게 슈트를 연출할 줄 안다.
- 캐주얼을 멋지게 소화해낼 수 있다.
- 나의 피부색에 어울리는 최상의 컬러를 알고 있다.
- 늘 같은 패션 스타일을 고집하기보다 패션에 변화를 주어 입는 편이다.
- 나의 얼굴형과 피부색에 잘 어울리는 안경을 착용하고 있다.
- 나의 얼굴형에 가장 잘 어울리는 헤어 스타일을 알고 있다.
- 피부 관리에 신경쓰는 편이다.
- 나만의 향수 연출로 기분을 바꾸어준다.
- 출근하기 전에 나의 모습을 전신거울에 비추어보고 문을 나선다.
- 나의 어깨는 굽지 않고 반듯하다.
- 자세와 걸음걸이는 바르다.
- 공공장소에서 에티켓(etiquette)을 잘 지킨다.
- 모든 비즈니스 매너(인사, 악수, 명함 교환법, 손님 접대법, 지시법, 식사매너 등)에 익숙하다.
- 듣기 좋은 목소리로 표준말을 정확하게 사용한다.
- 대화를 나눌 때 상대의 눈을 쳐다본다.
- 평상시에 몸짓언어를 적절하게 사용하는 편이다.
- 프리젠테이션(presentation)을 잘하는 편이다.
- 체중이 5kg 이상 불어나면 당장 식사조절을 한다.

1 평가

체크한 문항 수에 5를 곱하면 점수가 나온다. 당신의 점수가 해당하는 유형을 찾아, 현재 나의 모습을 객관적으로 들여다보자 (한 문항에 5점씩, 20항을 모두 체크하면 100점이 된다).

① 40점 미만 : 타고난 외모에 무조건 순응하는 형

당신의 이미지테크 지수는 매우 저조하다. 평소 외모를 금기(taboo)시하는 경향이 있거나 외모 가꾸는 것 자체를 귀찮게 여기는 사람이다. 또는 타고난 외모에 자신이 없어 지레 외모와는 담을 쌓아버린 유형이다. 만약에 당신의 외모에 대해 불만족스럽다면 당신은 적극적으로 이미지 변신을 시도할 필요가 있다. 타고난 외모는 그리 중요하지 않다. 고개 들어 성공한 사람들을 살펴보라. 눈에 확 들어오는 외모를 타고난 사람은 별로 없을 것이다. 하지만 그들에겐 잠재되어 있던 매력을 끌어낸 사람만이 지닐 수 있는 개성 있는 멋이 풍긴다. 자신의 신체조건이 불만족스러울수록 최상의 이미지를 만드는 데 주의를 기울여보라. 이미지테크를 활용하면 당신 삶의 질이 높아질 테니까.

② 40점 이상~80점 미만 : 무난한 것이 최상이라 여기는 형

가장 많은 사람들이 속해 있는 영역이다. 당신은 자신의 이미지에 대해 인식하고 있지만 그저 평범하고 무난한 것이 최상이라는 틀을 벗어나지 못하고 있다. 남보다 튀어서도 안 되고, 그렇다고 뒤처지는 것도 원하지 않는다. 당신의 내면 깊숙이에는 새로운 변신에 대한 욕구가 있지만 주위 사람들의 시선을 의식하여 선뜻 실천으로 옮기지 못한다. 당신은 고정된 틀에서 과감히 벗어나 새롭고도 바람직한 이미지를 구축할 필요가 있다. 조금만 노력하면 당신은 더욱 멋진 사람으로 변신할 수 있다.

③ 80점 이상 : 자신의 삶을 경영할 줄 아는 형

당신은 매우 바람직한 이미지를 구축하고 있다. 성공(삶의 질)이라는 목표에 가장 가까이 서 있는 당신에게 박수를 보낸다(정연아).

06 | 베스트 스마일 라인을 찾는 방법

당신의 스마일 지수는 얼마일까?

사람을 처음 만나면 대부분의 사람들은 얼굴을 먼저 쳐다본다. 그야말로 얼굴 위에 그려지는 표정으로 그 사람의 첫인상이 결정지어진다 해도 과언이 아니다.

사람이 지을 수 있는 표정은 80여 개의 얼굴 근육으로 무려 7천여 가지를 연출할 수 있다고 하는데, 그 중에서도 가장 으뜸은 '스마일'이다. 하지만 미소를 지을 때도 철칙이 있는데 바로 '전면율동'이어야만 가장 효과적이다.

베스트 스마일 라인(best smile line)을 찾기 위한 방법은 다음과 같다.

단계 1 〉〉〉 지금 나의 현주소는?

거울을 보면서 다양한 표정을 지어보고, 가장 좋은 자신의 웃는 모습을 찾는다.

단계 2 〉〉〉 감성적인 나의 모습

음악을 들으며 가장 즐거웠던 일을 회상한다. 음악

이 끝난 후 조용히 눈을 뜨고 거울을 본다. 표정이 어떻게 바뀌었는지 보라.

단계 3 〉〉〉 스마일 연습

1) 입 주위 근육의 긴장 이완

① 꼬리와 주위의 근육을 손가락을 이용하여 꾹꾹 누른다.

② 손바닥을 양 볼에 대고 입꼬리 부분을 귀 쪽으로 끌어올리는 듯 당긴다.

③ 손을 이용하지 않고 입을 다문 뒤 좌우로 심하게 삐죽인다.

2) 입 모양을 아름답게

① 입 안에 공기를 가득 넣고 좌우 운동을 한다.

② 아, 이, 우, 에, 오를 반복한다.

3) 아름답게 웃는 눈 만들기

① 눈썹을 상하로 강하게 움직인다.

② 눈동자를 상하좌우로 운동한다.

③ 가운뎃손가락을 코앞에 두고 눈동자를 모은다.

4) 스마일 완성

미소를 지은 상태에서 입 모양을 크게 웃을 때, 보통 웃을 때, 입을 다물고 웃을 때의 미소로 나누어, 근육을 강하게 움직여 반복 연습한다.

미소는 즐거워서 웃는 것이냐, 웃어서 즐거운 것이냐를 떠나서 언제든지 자유자재로 자신의 감정을 조절할 수 있는 표현도구로 이용한다면, 긍정적인 사회생활에 밑거름이 될 것이다.

금이 간 항아리

물을 나르는 지게꾼이 있었습니다.

그 지게꾼에게는 두 개의 항아리가 있었는데, 한 개는 완벽한 것이었고 다른 한 개는 금이 간 것이었습니다.

어느 날 금이 간 항아리는 지게꾼에게 사과를 했습니다.

"우물에서 물을 가득 채워도 물이 새기 때문에 저는 겨우 반밖에 나르지 못해요. 저 때문에 열심히 일하는 주인님까지도 노력의 대가를 인정받지 못하는 거 같아 죄송합니다."

그러나 지게꾼은 이렇게 말했습니다.

"금이 간 항아리야! 저기 있는 길가의 꽃들이 보이니? 저 꽃들은 네가 흘린 물을 먹고 저렇게 아름답게 된 것이란다. 나는 저 꽃들을 꺾어 주인님 댁을 아름답게 치장하고 있단다."

흠이 없는 사람은 없습니다. 중요한 것은 자신의 결점을 인정하는 것입니다. 인간의 위대함은 자신의 약점을 아는 데서부터 시작되는 것입니다.

Chapter 3

고품위 서비스 전문가의 대화

01 | 정중하고 완전한 말

신입사원들을 대상으로 하는 교육에서 가장 어려운 분야는 언어표현에 관련된 것이다. 예를 들자면 말을 반 토막으로 하는 습성을 고쳐 완전한 문장으로 표현할 수 있도록 훈련하는 것 등이다. "잠깐만요!" "네?" 하는 따위의 표현은 그런 말을 쓰는 상황에 관련된 여러 가지 의미를 생략한 표현이다. 경우에 따라 몹시 무례하고 불쾌하게 느껴질 가능성이 많은 부실한 표현이다. 그러나 이러한 불완전한 표현을 뜻밖에도 우리 주변에서는 다반사로 사용하고 있다.

직장에서 고객을 대하면서 이런 말을 쓴다는 것은 제대로 예를 갖추지 못한 모습이 된다. 고객은 바로 이런 말 한 마디 한 마디로부터 영향을 받는다.

마치 무슨 명령이라도 내리듯 일방적으로 "잠깐만요!"라고 말하기보다는 "잠시만 기다려 주시겠습니까?" 하는 것이 한결 부드럽고 양해의 뜻도 담겨 있어 좋다. 그냥 "네?"라고 따지기라도 하는 듯한 말투보다는 "죄송합니다만, 다시 한번 말씀해 주시겠습니까?" 하고 정중하고 완전하게 표현하는 습관이 필요하다.

"알았어요"와 "네, 잘 알겠습니다"에서 느껴지는 차이처럼, 접객용어는 상대방에 대한 마음의 상태를 아주 잘 표현함을 명심해야 한다. 또 이처럼 정중하고 완전한 말을 습관화하면 그 말을 표현하는 사람 자신의 인격도 순화된다.

02 | 대화를 잘할 수 있는 법칙

대화를 잘하는 사람을 보면 말을 많이 하기보다는 말하는 법칙을 잘 알고 있다. 대화의 1 · 2 · 3 법칙은 다음과 같다.

- 1분 이내로 자기 말을 끝내라.
- 2분 이상 상대가 말하게 하라.
- 3분 이상 상대가 말할 때 긍정의 맞장구를 쳐라.

즉 1분 이내에 말하고 2분 이상 상대방의 이야기를 듣고 3분 이상 맞장구를 치며 칭찬을 하라. 이 방법대로 하는 사람은 어디를 가나 호감과 환영을 받는다. 상대방의 이야기를 잘 들어주는 것이 최상의 감동 대화법이다.

1) 상대의 말, 그 요점을 확인해주어라

A씨는 대화에서 상대방을 설득시키는 능력자로 소문이 나 있다. 그는 상대방의 의견을 끝까지 듣고 "결국 당신의 의견은 이렇고 이렇다는 얘기죠?" 하고 요점을 확인시킨다고 한다.

이렇게 대화하면 나와 상대방의 견해가 어떻게 다른지가 확실해지고, 또 상대방은 상대방대로 자기의 의견이 존중되었다고 만족하게 생각하는 법이다.

2) 적절한 어휘를 선택하고 사용하라

태도나 화제가 중요하다. 단어의 선택에서 상대의 기분을 배려한다. 어떠한 어휘를 선택하느냐에 따라 상대방과의 관계가 좋아질 수도, 나빠질 수도 있다.

예를 들면 흐린 갈색 스카프를 한 여성에게 "야! 너 그 흐릿한 갈색 참 잘 어울린다" 하는 것과 "야! 역시 너는 샴페인 컬러가 잘 어울려!" 하는 것과는 천지 차이이다.

3) 상대의 기분을 배려하는 어휘를 구사하라

프랑스에서 있었던 어느 파티에서 평상복을 입은 한 남자가 파티를 주최한 집의 안주인에게 인사를 했다.

"사모님, 노동자 같은 차림이어서 죄송합니다."
그 말에 여주인은 방긋 웃으며 이렇게 말했다.
"어머나! 파리의 노동자들이 이렇게 매력적인가요?"

이 얼마나 기가 막힌 어휘의 선택인가? 상대의 마음을 사로잡는 어휘는 대화를 좋게 이끌어가는 황금열쇠라 할 수 있다.

03 | 대화는 사람의 인격

"뭐 좀 드셨어요?"
"예, 방금 엿 먹었습니다."

교육을 다니다보면 보통 담당자와 음료수를 마시면서 상담을 하는 경우가 많이 있다. 그런데 약속까지 하고 방문해도 담당자가 회의중이거나 외부에 외근중일 때가 종종 있다.

모 업체를 방문했을 때였다. 담당자인 부장은 회의중이었고, 여사원은 우리에게 음료를 권했다. 우리는 폐를 끼친다는 생각에 정중히 거절했는데, 음료수를 거절한 우리가 내심 마음에 걸렸는지 자신의 책상 위에 있던 엿을 조금 떼서 슬며시 놓고 가는 것이었다. 원래 엿을 좋아하기도 한 나였지만 그 여종사원의 마음이 고맙기도 해서 한 토막을 입에 넣고 오물오물, 이에 붙는 엿을 열심히 떼어가며 맛있게 먹었다.

조금 있다가 회의를 마치고 나온 부장은 기다리게 한 것에 대한 미안한 마음으로 우리를 보자마자 질문을 했고 난 얼떨결에 엿먹었다(?)는 대답을 하고 말았다. 옆에 앉아있던 후배가 피식하며 소리를 내서 웃었고, "상황 수습을 해야지" 하는 생각과 함께 터져 나오는 웃음을 참을 수가 없었다. 부장의 안색이 변했고, 뒤늦게 변명 아닌 변명으로 무사히 고비를 넘긴 적이 있었다.

말이란 한번 '툭' 뱉어버리면 다시는 주워담을 수 없다. 요행히 주워담는다 해도 상대의 마음에 남은 앙금은 아마도 영원히 남아있을 것이다. 뿐만 아니라 주워담는 데는 적잖은 시간과 노력이 투자되어야 할 것이다. 이런 상황을 피하기 위해서는 상대에게 말을 할 때 다음과 같은 세 가지를 반드시 생각하고 건네야 할 것이다.

첫째, 먼저 상대방의 자존심을 상하게 하는 말은 아닌지?
둘째, 나는 상대의 말을 경청할 마음의 자세가 되어 있는지?
셋째, 항상 상대 입장에서 받아들일 열린 마음이 되어 있는지?

"혀가 때로는 가장 값진 음식이 되기도 하고, 가장 천한 음식이 될 수도 있다"는 『탈무드(Talmud)』의 이야기를 우리 모두 가슴에 담고 살아야 할 것이다(아시아나 서비스 컨설팅).

04 | 서비스 전문가로서 외국어의 중요성

여러 분야에서 걸쳐 뒤져 있던 인도가 요즈음 엄청난 속도로 발전하고 있다. 특히 컴퓨터 소프트웨어 개발분야에서는 타의추종을 불허하며 세계에서 최고의 위치를 차지하고 있다. 이는 인도가 과거 오랜 기간 영국의 지배를 받았다는 부끄러운 이유가 있긴 하지만 인도의 공용어가 영어이고, 따라서 영어 실력이 높은 것이 그 원동력이라고 생각된다.

유럽에 네덜란드라는 작은 나라가 있다. 국토 면적은 우리나라 경상남・북도를 합친 정도이고, 국토 면적의 3분의 1은 간척지로서 해수면 이하의 표고로 구성되어 있으며, 인구는 1,500만 명 정도이다. 그런데 이 나라는 현재 세계 무역물량 처리에서 세계 1위를 점하고 있으며, 전세계 100대 기업 중 8개가 이 나라에 있다. 그 원동력은 무엇일까?

그 이유는 전국민의 외국어 실력이다. 초등학교 1학년부터 영어를 배운다. 화물을 잔뜩 싣고 고속도로를 달리는 트럭 운전기사를 잡고 영어로 물어보니 유창한 영어를 구사하였다. 몇 개 국어를 하느냐 물었더니 4개 국어를 한다고 말했다. 자기의 모국어인 네덜란드어(Dutch), 영어, 독일어, 프랑스어를 하는데 현재 이탈리아어를 배우고 있다고 한다.

물론 언어가 비슷하다는 점에서 훨씬 우리보다 유리하겠지만 우리나라의 사정과 큰 대조를 보이고 있다. 이로 인하여 이 나라는 '작지만 위대한 나라'로 세계 무대를 휘어잡고 있는 것이다.

아무리 서비스를 잘하고 싶어도 의사소통이 불가능하다면 고품위 서비스의 종사원으로서 자질에 문제가 생긴다. 21세기 글로벌 시대의 서비스업계 종사자로서 고품위 서비스로의 첫걸음은 바로 외국어 구사능력이다.

05 | 외국인과 바람직한 대화를 위한 방안

영어실력에 관계없이 외국인과의 대화나 상담은 누구에게나 긴장되고 피하고 싶은 일이다. 동・서양의 문화가 다르고 언어습관이나 표정 등이 서로 다르기 때문에 오해를 불러일으키기도 하고, 정확한 전달이 잘 되지 않는 경우를 흔히 볼 수 있다. 그러나 이제 세계는 하나이고, 동・서양이 아니라 지구 문화로 일치하여 힘을 모아야 한다.

서양사람들과의 대화에서 한국인들이 쉽게 범하는 실수는 상대의 말을 잘 알아듣지 못한 상태에서 고개를 끄덕이거나 미소를 보임으로써 상대로 하여금 긍정의 의미로 이해하게 하는 데 있다. 외국어는 대부분의 사람에게 어렵고 불편한 언어이다. 그렇지만 상대의 말은 완전히 이해하지 못하고 긍정의 표정이나 제스처(gesture)를 보여 대화의 진전을 막고, 더 나아가 거래의 성사를 어렵게 만드는 실수를 하여서는 안 될 것이다.

IMF 외환위기 시절 미국의 유력한 경제잡지인 『포브스(Forbes)』지에 "한국인의 웃음을 믿지 말라"라는 제목의 글이 실렸다. 대화나 협상에서 한국인들이 미소를 보인다고 해서 그것을 그대로 받아들이면 안 된다는 요지의 기사였다. 이 얼마나 부끄러운 일인가! 국제적인 거래에서조차 한국인의 대화 자체가 성실하게 인정받지 못하였다는 이야기이고 보면, 영어 단어 하나를 더 외우기에 앞서 그들의 언어문화를 이해하는 것이 급선무라는 생각이 든다.

영어의 표현에는 존댓말이 따로 없다. 그렇다고 그들의 언어구조 자체에 위아래가 없다는 뜻은 아니다. 그래서 더욱 더 서양인들은 대화시의 표정이나 단어 선정에 신경을 쓰고, 이에 어긋나는 상대를 보면 불쾌하게 생각한다.

한국인들은 "What?" 하고 묻는 경우가 많은데 이는 어린아이들이나 하층민들이 쓰는 저급한 표현이다. "What?" 하고 반문하여 상대의 불쾌감을 조성, 거래가 파기된 사례가 있다. 이런 경우 그들은 "아임 소리(I'm sorry)" "아 벡 유어 파든(I beg your pardon?)" 등의 표현으로 상대에게 다시 한번 말해줄 것을 부탁한다.

외국어로 이야기해야 하는 경우 외국어 실력보다 더 중요한 것은 짐작하여 속단하거나 우리 식으로 대충 넘어가려는 모호한 태도이다. 서양 사람들은 대화에 있어 정확하지 못한 것을 상대에 대한 무례로 여긴다. 외국어로 대화나 협상을 하기 전에 그들의 대화문화부터 살펴야 한다는 것을 잊지 말자.

06 | 미국인의 "죄송합니다"와 한국인의 무례

내가 미국에 가서 가장 놀라고 감탄한 것은 하루에도 수십 번씩

"죄송합니다"라는 말을 듣는 것이었다. "죄송합니다"라는 말을 영어로는 "익스큐즈 미(Excuse me)" 또는 "파든 미(Pardon me)"이다. 우리나라 같으면 "실례합니다" "실례하겠습니다" 또는 "실례했습니다"라는 말이 되겠지만 그 사람들이 "죄송합니다" 하는 말에는 훨씬 더 공손함과 깊은 사죄의 뜻이 담겨 있다.

- 길을 지나가다가 옷깃이 슬쩍 스치기만 하여도 스친 사람은 "죄송합니다" 하고 정중히 사과하고 지나간다. 더 나아가 스친 사람과 스침을 당한 두 사람 모두가 "죄송합니다" 하고 사과한다.
- 말을 나누다가 기침이 나거나 하품이 나와도 "죄송합니다" 하고 사과한다.
- 대화중 이어갈 말이 얼른 생각이 나지 않을 때에도 "죄송합니다" 한다.
- 내가 한 말을 바로 알아듣지 못하였을 때에도 "죄송합니다. 다시 말씀해주세요" 한다.
- 서 있거나 앉아 있는 사람을 가로질러 지나갈 때에도 그 사람들은 어김없이 "죄송합니다" 하고 지나간다.
- 비행기의 중간복도 같은 좁은 통로에서 서로 엇갈리게 지나가는 사람들은 스치지 않을 수가 없는 법이다. 이런 때는 두 사람이 다함께 미리 "죄송합니다" 하고 지나간다.
- 공항이나 지하철 역 등에는 승강용 또는 보행용 에스컬레이터가 설치된 곳이 많다. 이러한 곳에서 한쪽에 서 있는 사람 옆으로 앞질러갈 때에도 "죄송합니다" 하고 지나간다.
- 문을 열고 나가던 사람이 뒤에 따라오는 사람이 있다는 것을 미처 모르고 문을 잡아주지 못하였을 때에도 어김없이 "죄송합니다"라는 말을 한다.

• 손에 갖고 있던 물건을 바닥에 떨어뜨려 소리나게 하였을 때에도 그들은 "죄송합니다" 한다.

상황이 이렇게 되다보니 하루에도 수십 번씩 "죄송합니다"라는 말을 듣게 되고, 그 사람들의 예의바름과 공손함과 겸손함에 놀라지 않을 수 없었다. 더 놀라운 것은 이와 같은 인사말이나 사과의 말을 받는 사람 역시 반드시 응답한다는 것이다.

"먼저 잘못했으니까 용서를 구하는 거지 뭐!" 하고 묵묵부답하는 사람은 하나도 없고, "저야말로…(Excuse me)" "천만에요(Not at all)" "괜찮아요(It's OK)" "괜찮아요(That's all right)" "그럼요(Sure)"라는 응답이 항상 따른다. 아무리 사소한 것이라도 배려에 대해 감사할 줄 아는 사람들인 것이다. 응답시 "저야말로(Excuse me)"는 용서를 구할 사람은 자신이라는 뜻이다.

한국인의 단면

• 사람이 많든 적든 불문하고, 심지어는 연주회장이나 교회에서조차 마음대로 기침하고는 미안하다는 말은커녕 미안한 태도조차도 보이지 않는다.
• 버스나 전철에서 몸이 스치는 것은 안중에도 없고 남의 발을 밟고서도 미안하다는 말 한마디 안할 뿐더러 아프거나 싫다는 표정을 보이면 "복잡한 차내에서 그럴 수도 있지, 그게 싫으면 택시 타고 다니지 왜 버스를 타고 다니느냐?"고 거꾸로 시비를 건다.
• 은행이나 공공장소에서 문을 열고 들어간 앞사람은 뒤에 누가 있는지 아랑곳하지 않는다. 잘못하면 뒤따라가던 사람은 그 사람이 놓아버린 문짝에 코가 깨질 지경이다. 한술 더 떠 고령자가 여는 문 사이로 젊은이가 아무런 말 없이 먼저 잽싸게 들어간다.
• 소음에 관해 남에 대한 배려가 전혀 없다. 가만히 놓아야 할 것도 집어던지기 일쑤이고, 때와 장소를 가리지 않고 아이들이 뛰고 법석을 떨어도 부모는 '나 몰라라' 한다.

선진국 사람들의 생활태도를 갖추려면 자기보다 남을 먼저 배려하고 자기보다 남을 먼저 위하는 사고방식으로 삶의 태도를 바꾸지 않으면 안 된다. 다시 말해 우리의 이기적인 도덕관과 도덕수준을 선진국에서 보편화되어 있는 양보와 미덕의 실천도덕으로 바꾸어야만 한다.

07 | 각국의 신체언어

〈표 3-1〉 각국의 신체언어(body language)

몸짓 언어	나 라	의 미
'O'	영어권	좋다. Great
	프랑스	제로
	일 본	돈
	지중해	동성연애(코끝)
	브라질	외설적 표현
엄지 세우기	공 통	권력, 우월, 지배, 최고
	영국, 호주, 뉴질랜드	자동차 세우기 (조용히)
	그리스	저리가, 꺼져(호주인의 딜레마)
	유 럽	비웃기(코끝)
가운뎃손가락	공 통	외설
'V'	안쪽 보이게	윈스턴 처칠의 승리
	바깥쪽 보이게	경멸, 외설
머리긁기	서 양	비듬, 가려움
	동 양	미안, 답답
입가리기	서 양	거짓말
	동 양	창피

〈표 3-1 계속〉 각국의 신체언어(body language)

몸짓 언어	나 라	의 미
귀 움직이기	인 도	후회
	브라질	칭찬
고개 끄떡이기	불가리아, 그리스	No
	기 타	Yes
옆으로 흔들기	네 팔	Yes
손가락 교차	유 럽	행운
	파라과이	경멸
손바닥 아래·위	미 국	Bye
	유 럽	No
	그리스	모욕

빅 마우스와 스몰 토크

입심이 센 사람을 빅 마우스(big mouth)라고 한다.

빅 마우스의 입에서 나오는 말이 도리에 크게 어긋나거나 틀린 말도 아니지만 자리와 장소를 가리지 못하고 내뱉는 데 문제가 있다.

이와 대비되는 말로 스몰 토크(small talk)란 말이 있다. 작고 사소한 이야기를 서로 나누는 것을 말한다. 대화를 잘하는 방법이다.

고객과 논쟁을 하는 것은 절대 금물이다.

대화에서 이기고 관계에서 지는 사람이 바로 빅 마우스다. 대화에서 지더라도 관계에서 이길 수 있는 사람이 진정으로 이기는 사람이다.

이는 상대방과 스몰 토크를 즐기면서 좋은 관계를 끊임없이 이어가는 사람이다.

스몰 토크를 할 때는 지켜야 할 거리가 있다.

연인 사이의 거리는 0~30cm, 친구나 고개에 대한 사적인 거리는 30~90cm, 일반적인 고객응대로서의 사회적 거리는 90~360cm, 지나치듯이 목례하는 공중의 거리는 360cm 이상의 거리를 유지하는 것이 좋다.

천재쥐와 바보쥐

하버드 대학의 로버트 로젠달 박사는 한 가지 재미있는 실험을 했다.

실험용 흰쥐를 세 그룹의 학생들에게 나누어주면서 각각 그룹의 학생들에게 다음과 같이 말했다.

"여러분들은 천재적인 쥐를 다루게 되었다. 그러므로 연구결과도 썩 훌륭할 것이다."

"여러분들은 보통 정도의 쥐를 다루게 되었다. 그러므로 보통의 연구결과를 얻게 될 것이다."

"여러분들은 애석하게도 바보쥐를 다루게 되었다. 그러므로 거의 기대를 걸 수 없다."

그런 다음 학생들은 6주 동안 똑같은 조건에서 실험을 했다. 결과는 놀랍게도 쥐들의 반응이 박사의 말과 일치하였다.

첫번째 쥐들은 천재같이 행동했고, 두번째 쥐들은 보통 정도의 실적을 올렸으며, 세번째 쥐들은 바보같이 행동한 것이다.

그러나 사실 천재쥐·바보쥐·보통쥐는 없었다. 쥐들은 모두 똑같았던 것이다. 그런데도 쥐들이 각기 반응을 달리했던 것은 실험에 참여한 학생의 마음가짐에 있었던 것이다.

종사원, 직원, 사원, 판매원 용어의 이해

- **종사원**(從社員) : 어떤 일에 마음과 힘을 다하는 사람, 고품위 서비스를 수행하는 많은 직업군의 사람은 바로 종사원이 아닐까?
- **직원**(職員) : 일정한 직무를 담당하는 사람
- **사원**(社員) : 회사에 근무하는 사람
- **판매원**(販賣員) : 상품 따위를 파는 일을 맡은 사람

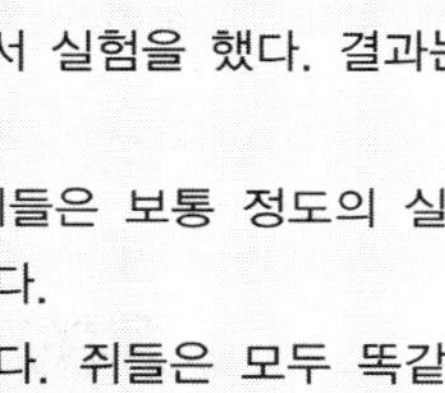

Chapter 4

고품위 서비스 전문가의 자세

01 | 단정하고 바른 자세

자세가 좋은 사람은 그만큼 건강하고 상대방에게 호감을 주는 좋은 이미지를 만들 수 있다. 자세가 바르다는 것은 다시 말해서 척추가 곧아 몸 전체에 흐르는 기(氣) 순환을 용이하게 하기 때문에 몸의 장기와 신경계의 건강을 유지할 수 있다.

척추는 인체를 지탱해주고 장기와 신경계를 보호해주는 중요한 역할을 한다. 자세를 왼쪽으로 많이 취하거나 기울어진 사람은 척추의 왼쪽에 위가 있기 때문에 위가 약해지거나 소화장애가 쉽게 일어나고, 반대로 오른쪽으로 기울어진 자세를 취하는 사람은 척추 오른쪽에 위치하는 간에 기능장애가 오기 쉽다. 신장은 척추

좌우에 하나씩 있기 때문에 좌우 어느 쪽으로 몸을 기울여도 모두 영향을 받는다.

이러한 이유로 척추를 곧게 펴고 생활해야 장기가 편안하게 제 기능을 다할 수 있고 기가 막힘없이 몸 전체를 잘 순환할 수 있는 것이다.

한번은 모 교수가 S대학교 시험감독을 하게 되었다. 강의실에 들어오자마자 "다리를 꼬고 앉아 계시는 분이 많으시네요. 다리를 꼬고 앉게 되면 디스크가 오고……" 하면서 바른 자세의 중요성을 강조한 적이 있었다. 시험공부에 모든 신경이 다 쏟고 있던 학생들에게 그 말은 잔소리일 뿐, 왜 다리를 꼬고 잘 앉는가 하는 질문에 대다수가 멋있어 보여서? 아니면 버릇이라고 대답한다.

바른 자세는 상대에게 불쾌감을 주지 않으려는 친절한 마음의 표시이고, 상대에 대한 최소한의 예의이다. 바른 자세를 몸에 익힘으로써 건강하고 발랄한 이미지를 만드는 데 성공할 수 있으며, 좋은 인간관계를 형성할 수 있다.

02 | 올바른 자세와 동작의 중요성

올바른 자세와 동작은 마음의 표현이다. 올바른 자세와 동작은 자신을 아름답게 보이게 하고 호감과 신뢰감을 준다.

(1) 서 있는 자세

서 있는 자세에서 중요한 것은 양쪽 다리에 체중을 균등하게 실어 몸의 중심이 어느 한 쪽으로 쏠려 기울어지는 일이 없도록 하는 것이다. 이는 대기시 자세에서도 마찬가지로 항상 자연스럽고 안정된 자세를 유지하는 것이 중요하다.

- 등은 곧게 하고, 가슴은 편다.
- 무릎에 힘을 주어 붙인다.
- 주먹을 가볍게 쥐어 옆 재봉선에 댄다.
- 발꿈치는 붙이고, 발끝은 V형으로 벌린다.
- 턱은 당기고, 시선은 정면을 향한다.
- 천장에서 몸을 당기는 느낌이 들도록 한다.
- 어깨는 힘을 뺀다. 가방을 매고 있다면 어깨가 올라가지 않도록 균형있게 서는 습관을 들인다.

(2) 대기시 자세

① 남성의 경우

- 서 있는 자세에서 왼손을 위로 하여 앞으로 모은다. 양발은 허리 넓이 정도로 벌린다.

② 여성의 경우

- 서 있는 자세에서 오른손을 위로 하여 앞으로 모은다.

(3) 앉아 있는 자세

① 남성의 경우

- 등은 등받이에 기대지 말고 깊숙이 앉는다.
- 양손은 주먹을 가볍게 쥐어서 손등이 보이도록 하여 허벅지 위에 놓는다.
- 양발은 허리 넓이 정도로 자연스럽게 벌린다.
- 턱은 당기고, 눈은 정면을 향한다.

② 여성의 경우

- 등을 등받이에 기대지 않고 깊숙이 앉는다.
- 오른손을 위로 하여 모은 후 허벅지 위에 가지런히 놓는다.
- 양 무릎은 붙이고, 발끝을 모은다.
- 턱은 당기고, 눈은 정면을 향한다.

(4) 여종사원의 앉고 서는 자세

- 의자에서 반 보 정도 앞에 선다.
- 한 발을 뒤로 뺀다.
- 고개를 돌려 의자를 확인한다.
- 스커트를 한쪽으로 쓸어내리면서 앉는다.
- 다른 한 발을 가지런히 되도록 내놓는다.
- 일어서는 자세는 앉는 자세의 역순이다.

(5) 걸을 때 자세

- 중심 옮기는 법 : 허리와 가슴부터 앞으로 나가는 기분으로 가슴의 포인트와 발끝이 일직선이 되도록 한다.
- 발끝 → 발바닥 → 발뒤꿈치 순으로 닿도록 하고 좌우 발은 평행으로 하여 일직선으로 옮긴다.
- 시선은 눈높이로, 팔은 손끝이 옆 재봉선에 스치도록 자연스럽게 흔든다.
- 뒤꿈치를 끌거나 신을 꺾어신지 않도록 한다.
- 바른 걸음걸이는 바른 마음에서 비롯되므로 즐겁고 경쾌한 마음으로 걷는다.
- 긴급한 상황이 아니면 절대 뛰어서는 안 되고, 가볍고 조용하게 걷는다.
- 항상 좌측통행을 하고, 부득이한 경우를 제외하고는 상대

의 앞을 가로지르는 일이 없도록 한다.

- 주머니에 손을 넣는 일이 있어서는 안 되며, 부드러운 자세를 취한다.
- 코너를 돌 때는 일단 멈춘 후 확인하고 돌아간다.
- 고객이 부를 때에는 명랑한 대답과 함께 정중하게 다가선다.

03 | 올바른 걸음걸이

멋진 의상을 입고 무대 위를 활보하는 모델들이 아름다워 보이는 이유는 얼굴이 예쁘거나 늘씬한 다리와 8등신의 균형잡힌 몸매 때문일 수도 있겠지만, 무엇보다도 중요한 것은 옷차림에 어울리는 균형잡힌 걸음걸이 때문이다.

얼굴이 좀 못생겨도, 다리가 좀 짧아도, 허리가 좀 굵어도 옷차림에 어울리는 바른 걸음걸이는 누구나 할 수 있는 것이고, 특히 면접을 위해 내가 앉아야 할 의자까지의 거리가 단 1m이더라도 자신있고 활기찬 걸음걸이는 첫인상을 결정짓는 중요한 요소임에 틀림없다.

1) 균형을 잡는다

걸음을 걸을 때 상체를 마구 흔들며 걷거나 한쪽 어깨가 치켜지거나 내려간 자세를 바로잡기 위해 먼저 균형잡는 훈련이 필요하다. 양손을 허리에 얹고 고정시킨 채 걷는 연습을 하라.

2) 고개를 들고 시선은 정면을 본다

고개를 앞으로 내밀거나 수그리면 안 된다. 시선은 정면에서 약간 내려보는 것이 부드럽고 안정감을 준다.

3) 허리, 어깨, 가슴을 편다

아랫배에 힘을 주고 엉덩이를 앞으로 5°정도 당기면서 어깨는 편안한 자세로 한다. 긴장을 풀고 가슴을 들어올려 펴주며, 등에도 눈을 가지고 뒷모습에도 신경을 쓴다. 그렇다고 몸체가 절대로 뻣뻣하게 보여서는 안 된다.

4) 다리를 쭉 펴고 걷는다

다리만 움직이지 말고 허리 아래부터 움직여 뻗는 쪽 다리의 엉덩이를 안으로 당기듯 허벅지가 스치도록 쭉 펴서 내딛는다. 무릎을 펼 때는 쭉쭉 펴고, 구부릴 때는 확실히 구부려야 걸음걸이가 시원스럽다. 시원스런 걸음걸이는 그 사람을 긍정적으로 보이게 한다.

5) 무릎 사이가 스치도록 걷는다

동양인의 약점인 짧고 휜 다리를 무릎 사이가 스치며 걷게 함으로써 안장걸음이나 팔자걸음을 교정한다. 그렇게 함으로써 다리 사이의 공간을 커버할 수 있으며, 다리의 균형을 잡을 수 있다.

6) 순간적으로 발가락 끝부터 착지하는 것처럼 보인다

착지는 발가락 끝부터 뒷꿈치로 무게중심을 이동시킨다. 그리고 발바닥 전체로 착지한다. 자신의 발은 언덕 아래로 내려가는 것과 같이 내뻗으며, 딛는 발을 추진력으로 사용한다.

7) 보폭은 자신의 어깨 넓이보다 조금 더 넓게 한다

걸음의 보폭이 주는 이미지가 크므로 주의해야 한다. 보폭이 너무 넓으면 불안해 보이고, 너무 좁으면 소심하게 보인다. 여성은 무릎이 서로 살짝 닿을 듯이 빠르지 않게 30°정도의 보폭으로 걷는다. 남성은 11자 형태로 조금 빠른 느낌으로, 45°정도의 보폭으로 걷는다.

8) 팔은 15° 각도로 흔들며 걷는다

어깨에 힘을 빼고 팔을 그대로 편안하게 늘어뜨린 채 다리의 움직임에 따라 자연스럽게 팔이 움직이는 대로 둔다. 양쪽 팔이 똑같이 흔들려야 하며, 겨드랑이에 시계추가 꽂혀서 움직이듯 앞보다는 뒤를 많이 당긴다. 즉 팔은 몸에서 앞으로 30°, 뒤로 15° 간격이 적당하다.

손은 달걀을 살짝 거머쥔 상태로 겨드랑이에 책 한 권을 낀 것같이 엄지손톱은 정면을 향하며, 자연스럽게 엉덩이 옆면을 스칠 듯 말 듯하면서 흔든다.

9) 얼굴 표정

무엇보다도 중요한 것이 얼굴 표정이다. 가능한 한 찡그리지 말고 밝게 미소를 띄운다. 부드러운 시선과 온화한 미소는 보는 사람으로 하여금 긍정적인 느낌을 가지도록 만든다.

04 | 종사원의 기본자세

1) 활력을 가져라

- 지식과 기술을 습득해서 자기 계발에 힘쓴다.
- 일에 대한 신념으로 적극성을 갖는다.

2) 신속한 판단을 할 수 있도록 훈련하라

- 일에 대한 숙달은 신속하고 정확한 판단을 뒷받침한다.

3) 주관을 갖고 환경에 적응할 수 있는 융통성을 가져라

- 역경을 재도약의 발판으로 삼는다.

4) 신뢰감을 얻을 수 있도록 노력하라

- 항상 상대의 입장을 먼저 고려한다.
- 약속을 엄수한다.
- 언행을 일치시킨다.
- 동료의 실수를 힐책하기보다는 발전할 수 있는 경험으로 삼도록 한다.

5) 규칙을 준수하라

- 100% 만족이란 있을 수 없으므로 질서를 위해서는 개개인의 편안함을 주장하지 않도록 한다.

6) 맡은 바 책임을 다하라

- 책임완수는 자신을 성숙한 인간으로 향상시킨다.
- 세심한 계획은 책임완수를 뒷받침할 수 있다.

7) 실수를 두려워하지 말라

- 실수의 원인은 반드시 파악해서 같은 실수를 반복하는 일이 없도록 한다.

8) 순간순간에 최선을 다하라

- 오늘 일을 내일로 미루지 않는다.

- 하루를 반드시 반성하고 넘어간다.

9) 시간을 귀중하게 보내라

- 내 시간이 중요한 만큼 남의 시간도 귀중하게 여기도록 한다.
- 여가시간을 적절하게 활용한다.

10) 일에서 인성을 배우도록 노력하라

- 일에서 보람을 찾도록 하고, 건전한 가치관을 함양한다.

05 | 근무자세

- 근무할 때 자세는 언제나 단정해야 한다.
- 근무중에 껌을 씹어서는 안 된다.
- 회사(업장)의 테이블이나 의자에 앉거나 벽에 기대는 행위를 삼간다.
- 고객 옆에 동석하는 행위를 금한다.
- 회사(업장)에서 기침과 재채기를 삼간다.
- 크게 소리내어 웃지 않는다.
- 큰 소리로 동료나 고객을 부르지 않는다.
- 회사(업장) 내에서는 뛰지 않는다.

세 유형의 사람

어느 날 좁은 골목길을 한 사람이 달려가다가 돌에 걸려 넘어졌습니다.

또 한 사람이 달려가다가 돌에 걸려 넘어졌습니다.
다음 사람이 달려가다가 돌을 피해 달려갔습니다.
그 다음 사람도 달려가다가 돌을 피해 다시 달려갔습니다.
좁은 골목길에 놓여져 있는 그 돌은 밤새도록 그곳에 놓여져 있었습니다.

하루가 지나 다시 날이 어두워졌습니다.

한 사람이 달려가다가 돌에 걸려 넘어졌습니다.
다음 사람이 달려가다가 돌을 피해갔습니다.
그것을 지켜보고 있던 한 사람이 달려가다 그 돌을 치우고 달려갔습니다.
또 다음 사람이 돌이 치워진 그 길을 마음껏 달려갔습니다.
이제 모든 사람들이 그 길을 마음놓고 달려갔습니다.

♠ 당신은 어떤 유형의 사람입니까?
- 돌에 걸려 넘어져도 치울 생각조차 하지 않는 사람
- 자신만이 돌에 걸려 넘어지지 않기 위해 피해가는 사람
- 타인들을 위해 돌을 치워놓고 달려가는 사람

이런 세 유형의 사람 중에서……

Chapter 5

고품위 서비스 전문가의 인간관계

01 | 성공하는 남자, 성공 못하는 남자

일본의 번화가 긴자(銀座)에서 회원제 클럽을 경영하는 엘리트 마담이 술집에서의 접객경험을 토대로 성공하는 남자의 법칙 65가지를 제시하였다.

그녀가 성공하는 남자를 구분하는 중요한 포인트로 삼는 것은 섬세한 배려나 성실성, TPO(Time, Place, Occasion)에 맞는 옷차림, 행동거지 등이다.

그녀는 일본 타구쇼쿠(拓殖) 대학 외국어학부를 졸업하고, 밴쿠버 커뮤니티 칼리지(Vancouver Community College)를 유학한 뒤, 마루베니 밴쿠버 지점에 근무하였다. 귀국 후 면세점에서 일하다가 친언니와 함께 긴자에 회원제 클럽 '후타고야'를 개업하였고, 긴자클럽 마담 겸 작가로 『친절함에 이유는 필요없다』 등 활동적인 저술을 하고 있다.

중요한 몇 가지 내용을 기술하면 다음과 같다. 대부분 남자에 대한 내용이지만 남·여 모두에게 필요한 사항도 있다.

(1) 성공하는 남자의 외모

- 일을 잘하는 남자는 강렬한 눈빛과 자신감이 넘친다.
- 성공하는 남자는 '동심'을 잃지 않고 어린아이 같은 표정을 갖고 있다.
- 성공하는 남자는 상황에 맞추어 옷을 입는다.
- 옷은 최대의 자기 표현방법이다.
- 옷을 벗는 행동으로도 그 사람을 알 수 있다.
- 옷의 안감은 그 사람의 성격을 말해준다.
- 진짜 멋쟁이는 속옷에 돈을 투자한다.
- 성공하는 남자는 결점도 무기로 삼는다.
- 밝은색 옷을 멋지게 입어내는 남자가 좋다.
- 멋진 남자는 남을 배려하는 향기를 발산한다.
- 잘 보이지 않는 액세서리일수록 더욱 눈에 띈다.
- 신발은 제2의 얼굴이다.
- 성공하는 남자는 상복·예복이나 턱시도도 멋지게 소화해낸다.

(2) 성공하는 남자의 생활방법과 말하는 방식

- 성공하는 남자는 술을 보관(keep)하는 방식도 다르다.
- 술을 마셔도 분위기를 파악할 줄 안다.
- 다른 사람의 이야기를 진지하게 듣는다.
- 나쁜 인상을 좋은 인상으로 바꿀 줄 안다.

- 꽃 이름과 같이 세세한 상식도 풍부하다.
- 모든 경기는 매너로 승부를 가린다.
- 노래방에서는 다양한 장르로 승부하며, 자기가 좋아하는 노래보다 상대방을 배려하여 분위기를 띄우는 노래와 피날레를 장식하는 노래를 안다.
- 성공하는 남자는 돌아갈 때의 차편도 염두에 둘 정도로 사전에 모든 것을 준비한다.

(3) 성공하는 남자가 돈을 쓰는 방법

- 인색한 행동도 거슬리지 않게 하고, 계획성 있게 돈을 지출한다.
- 돈을 어디에 써야 할지 잘 판단하며, 주식은 도박이라고 생각한다.
- 지갑 속 지폐보다 지갑이 더 중요하다.

(4) 성공하는 남자의 성격

- 남자를 반하게 할 수 있는 남자가 진짜 성공하는 남자이다.
- 성공하는 남자는 상황에 적절하게 대처한다.
- 성공하는 남자는 '사후 서비스(after sales service)'도 잊지 않는다.
- 자신의 의견을 부정하면서도 뜻을 관철시킬 수 있다.
- 실수한 사람에게 아량을 베풀고, 야단을 칠 때에도 '도망갈 구멍'을 남겨준다.
- 성공하는 남자는 꿈을 말할 수 있고, 말한 꿈에 책임을 진다.
- 성공하는 남자는 다른 사람의 꿈도 열어준다.
- 성공하는 남자는 논쟁하지 않으며, 설득을 할 때에는 상대가 스스로 눈치채도록 한다.

• 성공하는 남자는 부하에게서도 배우며, 죽어서도 사람의 마음속에 살아 숨쉬는 남자이다(마스이 사쿠라).

02 | 인간관계의 열두 대문

① 예절
② 이해심
③ 공손
④ 존중심
⑤ 진실
⑥ 협조성
⑦ 책임성
⑧ 공감성
⑨ 분명
⑩ 온순
⑪ 감사
⑫ 긍정성

03 | 자신을 먼저 바꾸면 세상도 바뀐다

한 선비가 장가를 들었는데 부인의 태도가 무척이나 방자하였다. 시부모 공경도 엉망이었고, 옷도 아무렇게나 입고 다니면서 말투도 상스럽기 그지없었던 것이다. 선비는 아내를 타일러도 보고, 심지어 때려보기까지 했지만 아내의 태도는 조금도 변하지 않았다.

그러던 어느 날 선비는 『맹자』를 읽다가 이런 구절을 발견하였다.

"사람의 본성은 원래 착한 것이어서 요순(堯舜)과 같다."

요순이란 고대 중국의 요임금과 순임금을 말하는데, 이들은 자기보다 훌륭한 사람을 찾아가 임금 자리를 물려주었던 고매한 인품의 소유자들로서 덕 있는 사람의 표본이다.

선비는 이 글을 읽고 크게 깨달은 바가 있어 즉시 안방으로 달려가 아내에게 큰 절을 하며 이렇게 말했다.

"당신은 참 훌륭한 부인이오!"

남편의 이상한 행동에 부인이 놀란 표정을 짓자 그는 이렇게 덧붙였다.

"그 동안 내가 부족해서 당신을 잘못 알고 욕하고 때리기만 했소. 나를 용서해주시오."

선비가 이렇게 말하며 다시 절을 하니 부인도 얼떨결에 맞절을 하고 말았다. 이러한 생활의 변화가 한 달이 지나고 두 달이 지나도록 계속되자 부인이 오히려 통사정을 하게 되었다.

"서방님, 제발 이러지 마세요! 다시는 서방님의 말씀에 어긋나는 행동을 하지 않겠습니다."

이렇게 해서 마침내 그 사나웠던 부인은 현모양처가 되었다고 한다.

지금 당신에게 어떤 문제가 있는가? 그렇다면 당신 자신을 먼저 냉철하게 분석하고 바꾸어보아라(윤치영).

토론의 장

사나웠던 선비의 부인이 왜 현모양처로 변했는지 토론해봅시다.

04 | 대인관계에 성공하는 기술

- 진심에서 우러나오는 칭찬과 감사의 말로 시작하라.
- 잘못을 지적할 때는 간접적인 표현을 사용하라.
- 상대방을 비난하기에 앞서 자신의 잘못을 고백하라.
- 명령을 하기 전에 질문하라.
- 상대방의 체면을 고려하라.
- 사소한 일이라도 칭찬해주어라.
- 상대방에게 큰 기대를 표명하라. 그리고 도와주어라.
- 상대방의 능력에 대해 자신감을 갖도록 격려하라.
- 당신의 희망에 자발적으로 협력하도록 하라.
- 위 아홉 가지를 항상 기억하고 실천하라(서비스 월드).

05 | 감정관리 방법

1) 시작이 중요하다

출근하여 업무시작 전에 "오늘도 최선을 다하겠다"고 스스로 다짐하라.

2) "원래 그렇다"라고 생각하라

수준 이하의 고객, 형편없는 고객을 상대하게 되었을 때는 "고객은 원래 그렇다"라고 생각하라.

3) "웃긴다"고 생각하라

고객의 행패나 저질스런 언행을 대할 때는 심각하게 생각하기보다 "웃긴다" "참 불쌍하다"라고 생각하라. 고객의 감정에 휘둘리다 보면 서비스를 제대로 할 수 없을 뿐만 아니라 상황을 더욱 더 악화시킨다.

4) "좋다, 까짓 것" 하고 생각하라

고객의 무리한 요구나 귀찮은 일에 대하여는 "좋다, 까짓 것" "이왕 해줄 바에는 화끈하게 해주겠다"고 대범하게 생각하라. 크게 마음먹으려 들면 바다만큼 커질 수 있는 것이 인간의 포용력이고 이해심이다.

5) "그럴 만한 사정이 있겠지"라고 생각하라

고객의 입장에서 생각해보라. 내가 고객이라면 "저럴 수밖에 없을 것" "그럴 만한 사정이 있어서 저럴 것"이라고 생각하라.

6) "내가 왜 당신 때문에"라고 생각하라

당신의 신경을 건드린 고객은 전혀 마음의 상처를 입지 않고 있는데, 그 고객 때문에 당신이 속을 부글부글 끓여야 한다는 것이 정말 억울하지 않는가? "내가 왜 당신 때문에 속을 썩어야 하지?" 그렇게 생각하라.

7) "시간이 약"임을 확신하라

지금의 속상한 일도 며칠 아니 몇 시간만 지나면 별 것 아니라는 사실을 깨달아라. 너무 속상할 때는 "세월이 약"이라는 식으로 배짱 두둑하게 생각하라.

8) 거꾸로 생각하라

세상만사는 마음먹기에 달렸다. 속상한 자극에 연연해하지 말고 생각을 싹 바꾸어라. 기분 나쁜 일은 가급적 빨리 털어버리는 것이 좋다. 심적 자극으로부터 탈출하려는 의도적인 노력이 필요하다.

9) 즐거웠던 순간을 회상하라

괴로운 일에 매달리다 보면 한없이 속을 끓이게 된다. 즐거웠던 지난일을 회상해보라. 기분이 좋아질 것이다.

10) 눈을 감고 심호흡을 하라

괴로울 때는 조용히 눈을 감고 위에서 언급한 아홉 가지 방법을 활용하면서 심호흡을 해보라. 감정이 솟구치거나 화가 날 때는 침을 삼키듯 화를 '꿀꺽' 삼켜보라.

06 | 인간관계 교정법

- 사람들은 처음 대하는 사람도 즉시 좋은 사람과 싫은 사람으로 결정해버리는 경향이 있다. 하지만 첫인상이 나빴던 사람도 사귀어보면 친할 수 있는 좋은 장점을 지니고 있다.
- 당신의 비판적인 버릇을 고치지 않으려면 사람을 만나지 않는 직업을 선택하라. 그 이유는 주변의 눈 밖에 나면 자신이 원하는 자리를 얻을 수가 없기 때문이다. 독설을 퍼부으며 자기만족에 빠진 사람은 어디서나 그 이상의 손해를 얻을 수밖에 없다.
- 지금부터 1주일 동안 비판적인 말을 한 마디도 하지 말라.

단지 타인의 말을 듣기만 하라.

- 타인의 행동을 주의깊게 살펴보고, 결점이 보이면 거꾸로 그 사람의 장점 두 가지를 찾아라.
- 자신이 악평한 사람들의 이름을 적어놓고, 그 사람들의 장점을 찾아보라. 자신의 비평이 잘못되었다는 것을 깨달을 때까지 찾아야 한다. 대여섯 가지의 장점을 찾아내지 못한다면 아직 당신의 눈이 정확하지 않다는 증거이다.
- 좋은 사람이든 싫은 사람이든 상대를 신뢰할 줄 아는 사람이 되어야 한다. 싫은 사람에게도 호의를 보여줄 마음이 없다면 당신이야말로 신뢰할 수 없는 사람이라는 소리를 들을 각오를 해야 할 것이다(Dale Carnegie).

07 | 인격개선을 위한 훈련기법

- 조그만 일로 성내거나 기분이 동요되지 않는다.
- 책을 읽고 그 속에서 인생의 선생을 찾는다.
- 마음이 넓고 풍부할 수 있도록 늘 자신을 돌아본다.
- 남을 비판·공격하지 않으며 험담도 하지 않는다.
- 남이 미워지면 그 이유를 찾아보라. 분명 나의 이익과 관계 있을 것이다.
- 사소한 일로 걱정하지 않는다. 사소한 걱정은 에너지의 낭비일 뿐이다.
- 남으로부터 존경과 신뢰를 받도록 늘 역지사지(易地思之)의 자세를 갖는다.
- 역사적인 기념물 앞에서 시간의 흐름을 느껴보라. 그러면

남의 장점이 결점보다 잘 보인다.

- 약속은 반드시 지켜라. 이는 훗날 신용보험으로 되돌아온다.
- 앞서서 추측하고 함부로 예단하여 경거망동하지 마라.

인생의 부실공사

어느 날 젊은 건축가에게 부유한 한 친구가 찾아왔습니다.

"여보게, 가장 좋은 재료를 사용해 좋은 집을 지어보게. 집이 완공되면 계산서를 보내주게."

그는 처음에는 최상의 재료와 숙련된 건축업자들을 동원해 양심껏 집을 지었습니다. 그런데 시간이 지나면서 탐욕이 꿈틀대기 시작했습니다.

"저렴한 건축자재와 초보 건축가들을 투입하면 많은 돈을 벌 수 있다. 어차피 내가 살 집도 아닌데……."

그는 값싼 건축자재와 초보자들을 고용해 주택을 완공하고, 친구에게 집 열쇠와 건축 명세서를 내놓았습니다.

그러자 부유한 친구는 다음과 같이 말했습니다.

"이 열쇠를 잘 간직하게. 이 집은 자네가 내게 베푼 사랑에 대한 선물일세."

Chapter 6

고품위 서비스 전문가의 직장생활

01 | 칭찬은 모든 사람 앞에서, 꾸중은 한 사람 앞에서!

우리가 흔히 사용하는 이 말에는 정말로 진리가 담겨 있다. 비즈니스맨 사회에서 사용되는 화술 중에서 가장 어려운 것이 실은 이것일지도 모른다.

예를 들어 부하직원이 큰 거래를 성사시킨 경우, 부서회의나 공식석상 조회에서 "J씨, 정말 잘했어요. 끈기와 성실한 인품이 상대방을 움직였다고 생각합니다. 여러분도 모두 본받아 더욱 열심히 하길 바랍니다." 이렇게 칭찬해 줌으로써

① J씨의 자존심은 충분히 충족될 것이며,
② 나머지 구성원들도 "나도 성공하면 저렇게 칭찬받을 수 있겠지"라는 생각으로 더욱 노력하게 되고,
③ 성공의 이유를 코멘트함으로써 구성원 전원의 업무수준 향상을 기대할 수 있다

는 장점이 생긴다.

그러나 꾸중의 경우는 그렇지 않다. 모든 사람 앞에서 창피를 당하거나 실패에 대한 책임추궁을 당한다면 J씨는 자신감을 상실할지도 모른다. 나머지 구성원들에게도 "나도 실패하면 저렇게 되겠구나"라는 의욕저하를 불러일으킬 위험이 있다. 물론 실패의 체험에 대해서는 구성원이 공유할 수 있는 유의사항으로 지적해두는 것도 중요하다.

그러나 이 경우에는 다음과 같은 단계가 필요하다.

- 조금 시간을 가진 뒤 부서회의 등 공식석상에서 상사가 설명한다.
- 어디까지나 구성원 모두에게 도움이 되도록 이야기하며, 서두에 이야기한다.
- 본인에게는 사전에 이야기해서 양해를 구하고, 당일에는 본인의 반성도 평가한다.

"지난달 ○○건으로 거래처에 큰 피해를 끼쳤습니다. 원인은 상대방의 의뢰사항을 J씨가 잊어버렸기 때문입니다. 협의내용을 확실히 수첩에 적어놓지 않았던 것이 원인이었습니다. 물론 본인도 깊이 반성하고, 그 후로는 확실하게 메모하는 습관을 가지게 되었

습니다. 두 번 다시 똑같은 실수를 범하지 맙시다."

이렇게 하면 J씨의 실패는 구성원 모두에게 교훈이 될 것이다.

칭찬과 꾸중 방법은 사람에 따라 여러 가지 차이가 있다. 특히 사람 스타일에 따라서 효과적인 방법도 각각 다르다. 예를 들어 천진난만한 성격의 사람과 성실한 사람은 꾸중방법이 달라야 한다.

왕년에 유명한 프로야구 선수였던 J씨와 B씨의 이야기를 예로 들어보자.

K팀의 감독은 팀 분위기가 해이해지거나 저하될 때에는 고의적으로 J선수를 야단쳤다고 한다. 그러면 팀의 나머지 선수들은 "J선수가 저 정도로 심하게 야단맞는데 우리도 열심히 하지 않으면……" 하고 마음을 다잡았다고 한다.

그러나 당사자인 J선수는 천성이 낙천적이고 또한 팀에서 차지한 자신의 역할을 잘 알고 있었기 때문에 그다지 심각하게 고민하지 않았다고 한다. 한편 성실한 B선수의 경우에는 그 선수 하나만을 불러놓고 야단쳤다고 한다. 칭찬을 하는 경우는 간단하지만 꾸중을 하는 경우는 상대에 따라 그에 상응하는 대응이 필요하다.

또한 "죄는 미워하되 사람은 미워하지 말라"는 말이 있다. 업무상 어떠한 실수를 범해서 야단을 치지만 그것은 어디까지나 집단의 계획이나 회사의 업적을 신장시키기 위한 목적에 지나지 않는 것이다.

따라서 그 사람의 존재까지도 부정하는 태도는 삼가야 한다. 계약에서 실수를 범했다고 하는 것은 회사의 입장에서는 아주 중요한 일이다. 그러나 그렇다고 해서 담당자 삶의 방식 전체를 부정하는 것은 잘못이다. 분명하지 못하고 조금 멍청해 보인다는 것은 업무를 수행하는 데 있어서는 마이너스가 될지 모르지만, 인간적으로 본다면 편하고 좋은 사람으로 해석할 수도 있으므로 이러한 상반된 관점을 결코 잊어서는 안 된다.

업무상 실수를 범한 경우에는 업무시간 내에 확실하게 야단친다. 그러나 업무가 끝난 후에는 깨끗하게 잊어버리는 넓은 아량도 중요하다. 부하가 아직도 의기소침해 있다면 식사나 술자리를 같이 하면서 격려해주는 것도 필요하다.

"나도 젊었을 때는 그와 비슷한 실수를 했지. 예를 들어……" 하는 한 마디는 어린 후배에게 큰 힘이 될 것이다.

실패는 인간적 성장을 위한 하나의 큰 계기이다. 따뜻한 마음으로 지도해주어야 한다.

02 | 부하 베스트 10

- 상사의 단점까지도 덮어주는 부하
- 불평불만을 속 시원히 털어놓는 부하
- 말보다 행동을 우선시하는 부하
- 실수를 인정하고 상사에게 조언을 구하는 부하
- 상사의 장단에 맞장구칠 줄 줄 아는 부하
- 일을 스스로 찾아하는 적극적인 부하
- 정시에 출근하는 부하
- 여유와 유머가 있는 부하
- 책임을 회피하지 않는 부하
- 자기 분수를 지키는 부하

당신이 상사라면 어떤 부하와 같이 일하고 싶은가?

03 | 종사원 꼴불견 10태

(1) 남자종사원 꼴불견 10태

- 잘난 체하고 과시하는 빈 수레형
- 책임전가에 능한 면피형
- 상사에 맹종 아부하는 내시형
- 자기이익에만 급급한 놀부형
- 업무에 태만한 베짱이형
- 저속하고 비속한 언어를 남발하는 화장실형
- 복장이 단정치 않은 땡칠이형
- 권위의식이 강한 배불뚝이형
- 무사안일 및 현실안주의 좁쌀형
- 남의 일에 간섭이 많은 떫은 감초형

(2) 여자종사원 꼴불견 10태

- 너무 진하고 야한 화장을 하는 여우형
- 업무태만이 상식이 된 베짱이형
- 과다노출 등 복장이 야한 시각장애형
- 슬리퍼를 끌고 활보하는 가정부형
- 책임감과 직업의식이 결여된 뺀질이형
- 사적인 전화를 자주 오래하는 안방마님형
- 무조건 남녀평등만을 부르짖는 푼수형
- 근무시간 중 독서하는 철판형
- 퇴근시간만 기다리는 땡순이형
- 인사성이 없는 목깁스형(○○사 앙케이트 조사 결과)

04 | 일본의 샐러리맨 추태 100선

일본 직장인들은 대개 '조직에 충성하는 기계 같은' 모습으로 알려져 있다. 그러나 그들도 똑같은 샐러리맨. 특히 젊은 세대 직장인들은 과거의 따분한 일본 직장인의 정형에서 많이 벗어나고 있다.

최근 일본의 이삼십대 직장인들에게 인터넷을 통해 번지는 '샐러리맨 추태 100선'이 화제다. 역시 가장 많이 거론되는 대상은 윗사람들.

부하가 승진하면 "내가 추천했지!" 하며 공치사하는 상사, 자신을 벌거벗었다고 말하면 화내는 임금님, 뭐든 상담하자고 하면서 결국은 상사를 통해서 이야기하는 중간간부, 문제 제기만 하고 방향은 제시하지 못하는 상사, 자기보다 우수한 부하는 쓰지 않는 상사, 부하직원은 무조건 낮추어보는 상사 등이 순위에 올라 있다. "가정이냐 일이냐 선택하라"고 강요하는 상사도 순위에 올랐다.

상사가 비난의 대상이 되면 그런 유에 영합하는 사람들도 비난을 받는 법. 상사가 바뀌면 말하는 태도가 바뀌는 사람, 자신의 소신까지 바꾸는 사람, 힘있는 자만 따라다니는 사람, 승진 다음날부터 출근시각이 달라지는 사람, 승진한 날부터 남에 대한 호칭이 달라지는 사람들 역시 일본에서도 추태로 꼽혔다.

'혼네(本音 : 본 마음)'니 '다테마에(建前 : 가식적인 마음)'니 하면서 자기 의견을 잘 드러내지 않는 것을 미덕으로 해온 일본 사회지만 젊은 샐러리맨 생각은 좀 다르다. 술 먹지 않고는 하고 싶은 말 못하는 사람, 메일이나 게시판에서만 강한 사람, 다른 사람에 빌붙으며 자기 의견은 없는 바보, 혼자서는 점심도 먹으러 못 가는 사람 등이 순위 안에 많이 들어 있다. '일벌레 일본인……?' 회사일 말고는 화제가 없는 사람, 회사 외에는 친구도 없는 사람, 정년이라는 걸 생각하지 않는 일중독증 환자 등이 순위에 들어 있는

걸 보면 2030(20대와 30대)들은 꼭 그렇지도 않은 것 같다.

그밖에 다음과 같은 경우에도 추태로 꼽혔다.

- PC 좀 안다고 초보자 비웃는 사람
- 술자리 일을 하나하나 기억하는 사람
- 신입 여직원만 오면 어쩔 줄 몰라하는 남자
- 명함에 적힌 직함만 신경쓰는 사람
- 3류 주간지 기사를 진짜로 믿고 직장에서 그대로 하는 사람
- 목소리만 크면 어떻게든 된다고 생각하는 사람
- 말 안해주면 분위기 파악 못하는 사람
- "미국에서는 이렇다 저렇다"며 말하는 사람
- 회식이나 접대 때만 얼굴 내미는 사람
- 남의 넥타이만 보면 흠잡는 사람
- 회사 인사(승진 등)에만 관심 갖는 사람
- 남의 의견에 흠만 잡는 사람(『조선일보』)

05 | 좋은 e-매니저가 되는 방법

인터넷의 등장으로 관리자들에게 요구되는 기술이 일부 변화한 것은 사실이지만 근본적으로 달라진 것은 아니다. 훌륭한 관리자는 좋은 e-매니저가 될 수 있다. 다음은 e-매니저가 되기 위해 가장 필요한 10가지 덕목이다.

1) 속 도

10가지 덕목 중 한 가지만 선택하라면 그것은 바로 속도이다.

신속함은 규모의 확장보다 중요하다. 신속해지려면 정책결정 과정에서 관료제의 폐해를 없애는 것이 필수적이다.

2) 유능한 인력

인력은 모든 생산요소 중 가장 중요하다. 인터넷 시대가 요구하는 유능한 인력을 유지하면서 그들에 대한 평가방법을 개발해야 한다.

3) 개방성

인터넷의 성공을 가져온 것은 개방성이다. 새로운 표준으로 등장한 개방성을 유지하기 위해서 회사의 데이터베이스와 내부작업을 협력업체, 공급자, 소비자에게 공개하려면 신뢰를 구축하고 약점을 기꺼이 드러내야 한다.

4) 협력기술

회사 내에서 협력이 이루어져야만 고객, 공급업자, 협력업체와의 협력을 기대할 수 있다.

5) 원 칙

웹사이트나 소프트웨어 사용상의 혼란을 피하기 위해서는 원칙이 절대적으로 필요하다.

6) 원활한 의사소통

변화의 속도와 복잡성으로 인해 원활한 의사소통은 더욱 중요해졌다. 회사내부, 국내와 같은 좁은 범위를 넘어선 외부와의 의사소통도 중요하다.

7) 컨텐츠 관리기술

중요한 정보만을 명확하고 간략하게 제공하는 것이 컨텐츠 관리의 핵심이다.

8) 고객관리의 초점

모집에서 유지로, 상품에서 서비스로, 대중에서 개인으로 변화하였다. 이 초점 이동은 많은 기업의 업태 자체를 변화시키고 있다.

9) 지식관리

통신혁명으로 직원들의 기술과 지식이 중요해졌다. 데이터베이스(database)와 인트라넷(intranet)을 효과적으로 사용해야 할 것이다.

10) 모범을 보이는 리더십

최고경영자부터 e-비즈니스의 모범을 보여야 한다(한국산업교육학회).

e-CEO를 양성하자

2010년까지는 100% 재택근무 회사가 『포춘(Fortune)』 500대 기업에 진입할 것이라 한다. 전화(telephone)가 처음 등장했을 때, 사람들은 전화로 하는 비즈니스를 기존의 비즈니스 방식과는 다르다고 해서 'Telebusiness' 라고 불렀다. 그러나 전화가 보편화되자 사람들은 그냥 비즈니스라고 부르게 되었다. 인터넷의 등장으로 인한 새로운 비즈니스 방식을 요즘 사람들은 똑같은 논리로 'e-business' 라고 부른다. 그러나 얼마 후 인터넷을 비롯한 정보기술이 보편화되면 e-business가 곧 비즈니스가 될 것이 분명하다. 지금부터 e-CEO를 양성해야 한다. [이재규(전 대구대학교 총장)]

자전거와 소년

어떤 사람이 자전거를 열심히 닦고 있었다.

그 곁에선 아까부터 호기심어린 눈으로 구경하는 소년이 있었다.

금세 윤이 번쩍번쩍 나는 자전거가 몹시 부러운 듯 소년은 물었다.

"아저씨, 이 자전거 꽤 비싸게 주고 사셨지요?"

"아니야, 내가 산 게 아니란다. 형님이 주셨어."

"그래요? 나도……."

소년의 부러움 섞인 대꾸는 그 사람의 미소를 절로 자아내게 했다.

나도 그런 형이 있다면 얼마나 좋을까?

분명 그런 생각을 소년은 가졌을 것이고, 그런 형을 가진 자신은 정말 행복하다고 생각했다.

그런데 그는 곧 다시 소년을 쳐다보아야 했다.

소년의 다음 말은 자신의 짐작과는 전혀 딴판이었기 때문이었다.

"나도 그런 형이 되었으면 좋겠네요. 우리 집엔 심장이 약한 내 동생이 있는데, 그 애는 조금만 뛰어도 숨을 헐떡이거든요. 나도 내 동생에게 이런 멋진 자전거를 주고 싶어요."

당신은 어떤 형이 되고 싶습니까?

제II부

고품위 서비스 전문가의 커뮤니케이션

Chapter 7

커뮤니케이션이란?

01 | 커뮤니케이션의 정의 및 중요성

고객접점에서 근무하는 서비스 종사원의 커뮤니케이션(communication)의 기술은 고객만족에 결정적인 영향을 미친다. 서로간의 관계를 형성하는 물리적인 측면을 만남이라고 한다면, 커뮤니케이션은 그 만남에 혼을 불어넣는 작업이다.

사실 커뮤니케이션은 모든 생물들이 사용하는 의사소통 기술이며, 사회생활을 영위하는 기본적 수단이다. 커뮤니케이션은 인간의 모든 생각과 생활에 영향을 미치고 인간관계를 구성하는 근본

요소이며, 개인이 사회적 존재가 될 수 있도록 만드는 수단이나 도구라고 말한다.

커뮤니케이션의 어원은 라틴어 '커뮤니스(communis)'로서 '공통, 공유'라는 뜻을 가진다. 여기서 알 수 있는 것은 커뮤니케이션의 의미에는 '다른 사람과 함께 나눈다, 공유한다'는 뜻이 기본적으로 깔려 있다.

커뮤니케이션은 '하나 혹은 그 이상의 유기체(organism)간에 서로 상징을 통해 의미를 주고받는(공유하는) 과정'으로, 상징(symbol)은 전달자의 의사를 전달하기 위해 사용하는 어떤 도구라고 생각하면 된다. 상징으로는 서로간에 주고받는 언어와 비언어적인 상징이 있으며, 언어 또한 각 나라마다 서로 상이하다.

'사랑'이라는 언어를 예로 들자면, 우리는 한글로 '사랑'이라고 표기하며, 또한 그 단어 속에 우리가 지금까지 사회적으로 학습한 사랑의 모든 느낌을 담고 전달한다. 하지만 미국인에게 '사랑'은 아무 의미없는 희한한 문자일 뿐이다. 대신 그들은 '러브(love)'라는 단어에서 우리와 비슷한 느낌을 받는다.

'언어'의 상징은 시대적·지리적으로 떨어져 있는 사람들간에 다른 형태로 사용되므로, 같은 형태의 것이라도 그 의미가 매우 다를 수 있다. 추측컨대 조선시대 사람들에게 있어서의 '사랑'은 오늘날 우리가 흔하게 통용하는 '사랑'하고는 감정상 차이가 있을 것이며, 현재 사랑에 빠져 있는 연인들에게는 그렇지 않은 사람들과 분명 느낌이 다를 것이다.

커뮤니케이션(의사소통)에서 본능적인 사항들, 예컨대 아픔이나 배고픔과 같은 육체적 경험은 모두가 공통적으로 겪는 경험이기 때문에 오해되지 않고 전달될 확률이 높지만, 그밖의 많은 생각과 느낌은 사람들 간에 달리 해석되어 문제를 일으키기 쉽다. 그런 이유로 서로 간에 오해가 발생하고 원래 내가 전달하고자 했던 의

도와는 다른 결과가 초래되는 것이다.

서로가 만남의 기회를 장시간 가졌다고 해도 대화와 의사전달 과정을 통해 이해하고 공유하는 부분을 만들어내지 못한다면 그 만남은 아무런 의미가 없다. 따라서 커뮤니케이션은 우리 일상생활에서 지속적으로 이어지고 있는 만남의 특성을 결정짓고 그 만남을 우리 삶의 일부분으로 변화시키는 과정이다.

그동안 우리는 이 중요한 커뮤니케이션에 관심을 기울이지 않았고, 무조건 자연스럽게, 생각나는 대로, 어려서부터 배운 대로, 우리의 생각과 느낌 및 감정 등을 주고받으면 되는 것으로만 생각해왔었다. 하지만 서비스 요원으로서 커뮤니케이션은 지금껏 생각한 만큼 간단하지도 않으며, 단순하게 우리 삶의 일부로 여길 대상도 아니다.

베니스와 나누스(Bennis and Nanus, 1985)는 미국에서 가장 영향력을 가지고, 주위 사람들로부터 존경의 대상이 되는 60명의 저명인사들을 직접 찾아가, 그들과 함께 생활하고 그들과 가까이 지내는 사람들을 인터뷰하면서 그들이 공통적으로 가지고 있는 특징이 무엇인지 조사하였다. 저명인사들의 가장 중요한 공통적 특징 중 하나가 다름 아닌 커뮤니케이션 능력이었다. 그들의 커뮤니케이션 방법은 다양했지만 나름대로 자신이 가지고 있는 비전을 주위 사람들에게 전하는데 있어 아주 귀재들이었다고 밝히고 있다. 이처럼 커뮤니케이션은 성공적인 삶을 위한 필수적인 요소이고, 우리들의 삶에서 일어나는 인간과 인간 사이의 여러 가지 문제를 해결하는 열쇠이다.

하지만 잘못된 의사전달은 우리의 삶에 치명적인 결과를 가져올 수도 있다. 그 대표적인 예가 제2차 세계대전 종료 직전의 일본 핵폭탄 투하이다.

연합군은 일본에 핵폭탄을 투하하기 전 항복할 것을 요구하는 전문을 보냈다. 1945년 7월 일본 천황은 더이상 전쟁에 승산이 없다고 판단, 전쟁을 중단하고 항복할 의사를 가지고 있었으며, 전쟁 종결의 결정권도 가지고 있었다고 한다. 또한 당시 일본정부 각료들 역시 연합군의 요구대로 항복하고 전쟁을 종결시키기 위한 준비를 하고 있었다.

하지만 전쟁을 종결하고 항복하기 위한 준비시간이 필요했다. 이러한 상황을 일본신문들은 특별한 상황설명 없이 '모쿠사트수 정책(Mokusatsu Policy)'이라는 표현으로 기사화했다. '모쿠사트수'라는 단어에는 두 가지 의미가 있는데, 그 한 가지는 "무시한다"는 것이고 다른 한 가지는 "언급을 보류하다"는 것이다. 이 '모쿠사트수 정책'이 발표되자, 외국 언론들은 그것을 일제히 "연합군의 제의를 무시한다"는 의미로 받아들여 보도했고, 이는 곧 연합군의 일본 핵폭탄 투하라는 결정으로 이어졌다.

만약 그 의미가 제대로 전달되었더라면 히로시마와 나가사키에 핵폭탄이 투하되지도 않았을 것이고, 소련군은 구태여 만주 쪽으로 진입하지 않아도 되었을 것이다. 즉 올바른 의미의 전달과 이해는 핵폭탄의 희생물이 된 수천만 명의 목숨을 구할 수 있었으며, 한국전쟁의 씨앗이 된 러시아 남하의 기회도 제공하지 않았을 것이다.

위의 사례에서 알 수 있듯이 커뮤니케이션은 정보전달 이상의 의미를 가지고 있다. 예전에는 커뮤니케이션을 무조건 기계적인 정보의 전달만으로 이해했지만 커뮤니케이션은 정보전달 이상의 것이며, 우리가 상대방에게 일방적으로 언어를 통해 우리의 의사를 전하는 것은 엄격한 의미에서 말하는 것(talking)이지 커뮤니케이션(communication)이라고 할 수 없다.

커뮤니케이션이란 서로 다른 이해와 사고와 경험과 선호 및 교육적인 배경을 가지고 있는 두 사람 이상 상호간에, 어떤 특정한 사항에 대해 유사한 의미와 이해를 만들어내는 과정이다. 인간은 똑같은 상황에 대해 서로 다르게 이해하며 다른 의미를 부여한다.

커뮤니케이션이란 이렇게 다른 이해와 의미를 가지고 있는 사람들이 공통적으로 공유할 수 있는 의미와 이해를 만들어내기 위해 언어, 또는 비언어적인 수단을 통해 상호 노력하는 과정이라고 말할 수 있다. 또한 말이 시작되기 이전에 이미 시작되어 말이 끝난 한참 후까지도 진행되는 사고의 과정이다.

02 | 커뮤니케이션의 과정

커뮤니케이션은 시작과 끝이 보이는 선형적(linear)인 것이 아니라 순환적이고 역동적이며 계속 이어지는 하나의 과정(process)이라는 개념을 가진다. 쉬운 예로 은혜와 어머니의 일상적 대화 장면을 생각해보자. 은혜가 학교에서 일어났던 일을 어머니께 이야기하면 어머니는 그 말에 어떤 반응을 보일 것이고, 어머니의 반응에 대하여 은혜가 다시 반응하고, 다시 어머니가 반응하고, 이런 식으로 계속 대화가 이어질 것이다.

이와 같은 커뮤니케이션 과정의 기본요소는 'SMCREF'이다.

① S(전달자, Source) : 커뮤니케이션 과정에서 공급자, 즉 전달자를 가리키며, 커뮤니케이터(communicator)라고도 한다.

② M(메시지, Message) : 전달하고자 하는 내용을 언어・문자・몸짓 등 기호로 바꾼 것을 말한다.

③ C(채널, Channel) : 메시지 전달의 통로나 매체를 가리킨다. 매스컴의 경우에는 TV나 라디오, 인터넷 컴퓨터가 채널이 되며, 직접 대화하는 경우에는 목소리가 이에 해당된다.

④ R(수신자, Receiver) : 메시지를 받는 사람을 말한다.

⑤ E(효과, Effect) : 의도적이든 비의도적이든 생겨나는 커뮤니케이션의 결과를 말한다.

⑥ F(피드백, Feedback) : 수용자의 반응을 말한다. 피드백은 커뮤니케이션의 과정을 계속 반복, 순환하게 하는 요소이다.

커뮤니케이션은 전달자와 수신자의 수나 전달형태에 따라 자아 커뮤니케이션, 대인 커뮤니케이션, 소집단 커뮤니케이션, 집단 커뮤니케이션, 조직 커뮤니케이션, 공중 커뮤니케이션, 매스 커뮤니케이션 등으로 나누며, 방송과 같이 대중을 대상으로 하는 커뮤니케이션을 우리는 매스커뮤니케이션(mass communication), 줄여서 매스컴이라 부른다.

메시지는 또한 여러 형태를 취할 수 있는데, 언어의 형태일 수도 있고 이미지나 문자, 제스처나 손짓과 같은 몸짓일 수도 있다. 이러한 세 가지 주체로써 이루어지는 커뮤니케이션의 과정을 좀 더 구체적으로 표현하면 [그림 7-1]과 같다.

[그림 7-1]에서 보는 바와 같이 커뮤니케이션은 전달자의 전달하기 원하는 생각이나 아이디어로부터 출발한다. 일단 전하고자 하는 생각이나 아이디어가 있으면, 그것을 전달할 수 있는 형태, 즉 음성이나 문자, 또는 몸짓 등 전달 가능한 형태로 전환시켜야 한다.

전달 가능한 형태로 전환된 메시지는 여러 가지 전달통로를 거쳐 수신자에게 전해진다. 서로 만나 얼굴을 대면하고 대화를 통해 전달될 수도 있고, 문서화되어 전달될 수도 있으며, 요즘처럼 통신기기가 발달된 시대에는 컴퓨터·팩스 또는 전자메일 등 다양한 전자매체를 통해 전해질 수도 있다.

일단 메시지가 상대방에게 전달되면 수신자는 그것을 여러 가지 감각기관을 통해 수신한다. 그 수신통로는 눈·귀 또는 육체적인 느낌이 될 수 있다. 수신자의 인식기관을 통해 받아들여진 메시지는 수신자가 원하는 방법대로 해독되며, 또한 해독된 메시지는 수신자의 경험에 비추어 자신의 지식을 바탕으로 의미를 부여하고 이해하게 된다. 이것이 메시지가 전해지는 일반적인 과정이다.

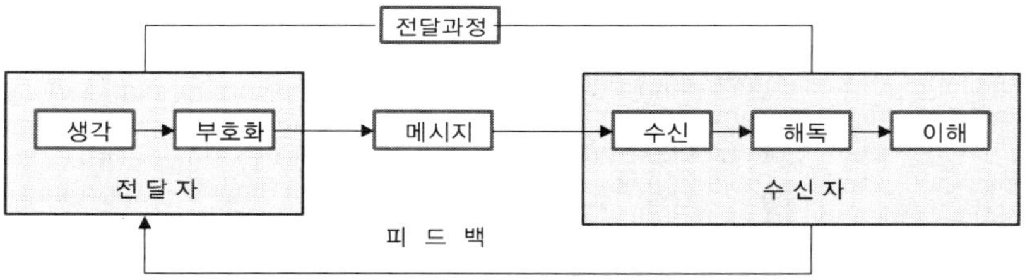

그림 7-1 | 커뮤니케이션 과정

여기서 우리가 주의를 기울여야 할 부분은 전달자가 전하고자 하는 생각이나 아이디어가 전달 가능한 부호로 전환하는 과정과 수신자가 인식기관을 통해 받아들인 메시지를 해독하는 과정이다. 전달자는 부호화과정에서 상대방을 생각해서 상대방이 이해하기 쉽도록 부호화하는 것이 아니라, 자신의 경험에 따라 자신이 하기 쉬운 대로, 또는 하고 싶은 대로 부호화한다.

이때 전달자의 생각이 그대로 전달되기 위해서는 수신자가 정확하게 전달자의 부호화과정을 이해하고 있어야 하지만 인간은 서로 다른 환경에서 성장하고 다른 생각을 가지고 있으므로 다른 사람의 심리적 과정에서 일어나는 모든 사항을 이해할 수가 없다. 결론적으로 수신자 역시 받아들이는 메시지를 자신의 경험과 가치관에 비추어 자기 방식대로 해독할 수밖에 없다는 뜻이다.

그러므로 전달자와 수신자간에 정확한 의사전달이란 거의 불가능하다. 또한 동일한 메시지라도 발신자가 누구인지, 수신자의 현재 상황이 어떤지에 따라 다른 의미로 해석될 수 있으므로, 전달자의 의도와는 완전히 다른 의미로 이해될 수 있는 여지가 크다.

따라서 우리가 타인과 "커뮤니케이션을 한다" 함은 곧 우리의 생각을 부호화하여 전달하고, 우리에게 전달되는 수많은 메시지들을 해독하고 이해하고, 또 그것에 나름대로 반응을 보이며 자신의 생각을 부호화하여 다시 전하는 반복과정이라고 할 수 있다.

피드백(feedback)은 수신자가 전달받은 메시지를 어떻게 해독했으며, 어떻게 이해했는지를 알 수 있는 중요한 단서이다. 피드백을 주고받음으로써 개방적인 인식영역이 넓어지고 새로운 통찰을 얻게 되며, 상대방의 말을 들으면서 그 반응을 자신의 의사에 반영하는 태도를 개발할 수 있다.

이렇게 메시지가 부호화되어 전해지고 해독되고 이해되고, 이것이 피드백 과정을 통해 수신자에게 전달되고, 또 수신자는 전달된 메시지에 다시 반응을 보이면서 반복적으로 서로가 이해하는 범위를 넓혀가는 과정을 도식화하면 [그림 7-2]와 같다.

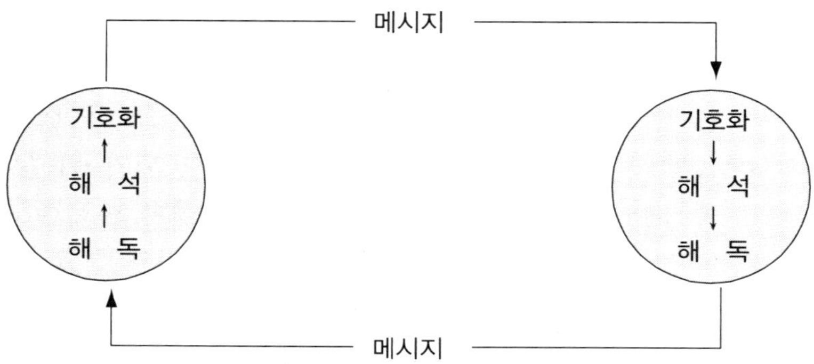

그림 7-2 l 슈람(W. Schramm)의 상호작용 모델

우리가 궁극적으로 다른 사람과 커뮤니케이션을 하는 이유는 상대방에게 전하고자 하는 정보를 전하고, 자신이 원하는 방식대로 상대방이 행동해주기를 바라고, 또다른 사람이 전하는 메시지를 이해하기 위해서이다. 그렇지만 일상적인 커뮤니케이션에서 간과해서 안 되는 것은 커뮤니케이션 방법의 다양성이다.

우리는 흔히 언어라는 수단을 통해서만 남들과 의사를 주고받는 것으로 이해하지만, 실제 우리는 의사소통과정에 다른 방법들도 많이 동원한다. 즉 얼굴표정이라든지 몸짓 자체가 실제 표현된 언어보다도 더 중요한 경우가 많다. 다시 말해 말을 통해서는 싫다고 하면서도 표정과 몸짓으로는 좋아함을 표현하는 경우가 다반사이다.

따라서 보다 효과적인 고품위 서비스 전문가가 되기 위해서는 다양한 의사전달방법을 이해하고 활용할 수 있어야 한다.

톨스토이와 친절

러시아의 대문호 톨스토이가 어느 날 길을 걷다가 구걸하고 있는 거지를 만나게 되었다.

주머니를 뒤지던 톨스토이는 돈이 한 푼도 없음을 알고 미안한 마음으로 거지에게 이렇게 말했다.

"내 형제여, 제발 화내지 마시게. 지금 가진 돈이 한 푼도 없다네. 만약 나에게 돈이 있다면 기쁜 마음으로 드렸을 걸세."

그 말을 들은 거지는 미소를 지으며 이렇게 대답했다.

"선생님은 제가 원하던 것보다 더 좋은 친절을 베푸셨습니다. 저같이 초라한 사람을 형제라 불러 주었으니까요."

성공하는 사람들의 표정과 자세

성공한 사람들의 얼굴을 자세히 들여다보면 하나같이 웃는 얼굴이다. 미소는 최고의 화장이다. 얼굴이 꽃이라면 미소는 향기와 같은 것이다.

미소는 상대방의 가치를 높이면서 동시에 자신의 가치를 높이는 효과가 있다. 미소짓지 못할 만큼 가난한 사람은 없으며, 미소 안 지어도 될 만큼 부자는 없다.

표정은 연습으로도 충분히 달라질 수 있다. 아침에 거울을 보면서 웃는 연습을 해보자. 첫날은 어색해보일지 모르지만 곧 익숙해질 것이며, 익숙해질수록 표정은 달라질 것이다.

성공한 사람들의 또다른 공통적인 특성은 자세가 바르다는 것이다. 모델들의 걸음걸이는 약간 과장된 면이 있지만 바른 걸음걸이와 허리를 곧게 편 자세에서의 자신감을 엿볼 수 있다.

성공한 사람들이 자신감 있게 보이는 데는 그처럼 곧은 자세가 한몫을 한다.

커뮤니케이션 방법

Chaper 8

커뮤니케이션의 방법은 크게 두 가지로 나누어볼 수 있다. 하나는 언어를 통한 의사전달이고, 다른 하나는 비언어적인 방법을 통한 의사전달이다.

01 | 언어를 통한 의사전달

의사소통하면 우리는 대개 언어를 통한 의사전달 과정을 생각한다. 다시 말해 언어를 통해 의사전달을 할 때 일상적으로 사용하는 단어 하나하나에 표현하고자 하는 실

체나 사실을 반영하는 것으로 생각한다. “침묵하다”라고 표현하면 그 말은 곧 움직임이 전혀 없고 무거운 상황을 있는 그대로 묘사한 것으로 이해한다. 즉 표현하는 단어 뒤에는 그것이 지칭하는 실체가 반드시 존재한다고 생각하는 것이다.

언어로서 표현되는 실체(reality)에는 대개 두 가지 측면이 있다. 그 하나는 기능적인 측면이요, 다른 하나는 상징적인 측면이다.

예를 들어 우리가 먹는 음식을 생각해보자. 음식은 실제로 우리의 배고픔을 해결해주는 기능적인 측면이 있다. 우리의 활동 에너지원임을 누구도 부인할 수 없는 실질적인 기능이다. 반면 우리가 먹는 음식에는 상징적인 측면도 있다. 음식은 종류에 따라 빈부 정도를 나타내고, 먹는 장소에 따라 여러 다른 의미가 있을 수 있으며, 누가 사준 음식이냐에 따라 다른 상징적 의미를 지닐 수 있다.

따라서 우리가 음식이라는 단어로서 어떤 특정 음식을 지칭하더라도 그 단어가 가지고 있는 상징적인 의미는 천차만별일 수가 있다는 뜻이다.

언어는 그 실체를 표현하고자 하는 사람이 받는 느낌대로 만들어낸 상징(symbol)이라는 것이다. 사람들은 어떤 실체를 보고 그것을 자기 방식대로 이해한다. 그리고 자신이 이해한 대로 표현하는 것이 언어이다.

예를 들어 어떤 가난한 사람이 처음으로 중급 호텔에 가서 식사 대접을 받았다고 가정해보자. 그 사람에게 그 중급 호텔의 식사는 일생일대의 최고 호화판 음식일 수 있다. 하지만 아주 부유한 최고급 호텔에서만 식사하는 사람이 우연히 중급 호텔에서 식사를 하게 되어 그 가난한 사람이 먹었던 것과 똑같은 음식을 먹었다고 가정해보자. 그 사람은 그 음식을 어떻게 표현하겠는가? 그는 그 음식을 아주 하찮고 먹을 가치가 없는 음식으로 표현할 것이다.

그러므로 똑같은 음식이었지만 두 사람이 언어로 표현할 때 아주 다른 형태로 표현된다. 이런 이유로 언어는 꼭 어떠한 실체를 반영한 사실에 근거한 표현이라고 말할 수 없다. 언어는 표현하는 사람의 입장에서 판단한 사실에 근거한 추상적인 상징이다. 따라서 언어 자체가 실제 관찰한 사실과 동일하며 사실을 있는 그대로 표현하는 수단이라고 이해하면 곤란하다.

우리가 언어를 통해 의사소통을 할 때 우리가 전하는 것은 그 단어 또는 그 문장일 뿐이지 의미를 함께 전할 수는 없다. 우리는 단지 상대방에게 내가 뜻하는 바를 표현하고 있는 단어와 문장들을 전달하는 것이다. 그 전해진 언어에 의미를 부여하는 사람은 수신자 자신이다.

수신자는 자신이 처한 상황 · 경험 · 지식 등 여러 가지 요인을 바탕으로 전해진 단어에 의미를 부여한다. 우리가 만약 "상대방에게 말을 하는 것은 전하고자 하는 뜻을 전하는 과정이다"라고 말했다면 이것은 과연 옳은 표현인가? 답은 아니다. 우리가 상대방에게 말을 하는 것은 언어라는 상징을 전하는 것이다.

단지 상대방이 그 상징을 접수하고 받아들일 때, 전달자가 상징을 통해 자신이 생각했던 의미를 수신자도 만들어내어 그와 유사한 의미를 가질 수 있기를 바랄 뿐이다. 따라서 언어를 통한 커뮤니케이션 과정은 자극과 반응의 과정이 아니라 피드백을 통해 상호간의 협조를 통한 유사의미의 창조과정이다.

언어를 통한 의사소통의 효과성은 과연 표현된 언어에 전달자와 수신자가 유사한 의미를 부여하느냐에 달려 있다. 만약 서로가 같은 표현에 같은 의미를 부여할 수 없으면 진정한 의미의 커뮤니케이션은 불가능하다. 전달자와 수신자의 공통적 '경험의 장'은 전달자의 메시지가 의도된 방식으로 원하는 지점까지 전달될 수 있는지의 여부를 결정하는 데 필수적인데([그림 8-1] 참조), 여기서 공통적 경험의 장이란 공통 언어, 공통 배경, 공통 문화 등이다.

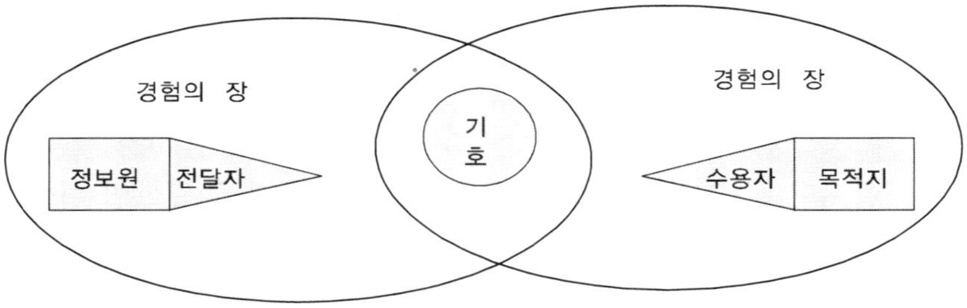

그림 8-1 | 슈람(W. Schramm)의 선형 모델

02 | 비언어를 통한 의사전달

언어(language)가 커뮤니케이션에서 핵심을 이루는 요소임은 분명하지만 언어만으로 의미의 전달이 완벽하게 이루어지지 않는다는 점 또한 앞서 살펴보았다. 학자에 따라서는 언어 이외의 비언어적 요소에 의한 커뮤니케이션이 90% 이상을 차지한다고 주장하기도 한다. 그만큼 비언어적 요소들이 중요하다는 의미일 것이다. 그럼에도 우리는 언어적인 의사소통에 너무 얽매이는 듯하다.

학교에서의 모든 교육은 주로 "어떻게 읽고, 어떻게 쓰며, 어떻게 말할 것인가" 하는 언어적 수준의 의사소통에 관한 훈련에 한정되는 경우가 많다. 하지만 우리는 가끔 "말로만 그러지 말고 행동으로 보여라"라는 표현을 많이 쓴다. 이는 행동이 말보다 훨씬 힘있고 신뢰할 수 있는 의사전달 수단이 될 수 있음을 말해주는 표현이다.

사람들이 알고 사용하는 상당수의 비언어들은 어린 시절 부모로부터, 그리고 주위의 가까운 친구나 이웃들로부터 배우게 된다. 그리고 학교생활 · 사회생활을 거치면서 집단과 조직의 특수한 비언어 요소를 배운다. 결국 비언어의 습득은 사람들이 자라난 사회문화적 환경의 범주 안에서 이루어진다. 문화가 다르면 비언어 커뮤니케이션 방식이 달라지므로 외국인과의 의사소통에서 오해가 발생하지 않도록 외국매너 및 금기사항을 학습해야 하는 것이다.

비언어 메시지는 언어 메시지와 다른, 서로 충돌하는 성질이 있다. 즉 말과 행동이 다르다는 것이 바로 이 경우이다. 대체로 언어 메시지와 비언어 메시지가 충돌할 때, 말보다는 행동이, 다시 말하면 언어 메시지보다 비언어 메시지의 신뢰도가 더 높다. 그것은 언어는 비교적 조작이 쉬워서 상대방에 대한 눈속임이 가능하지만 비언어의 조작은 훨씬 더 어렵기 때문이다. 또한 비언어 메시지는 사람들의 무의식 세계를 반영하고 감정과 태도를 표출하는 특성을 가진다.

이처럼 얼굴표정 · 제스처 · 자세 · 목소리 등 다양한 비언어적 요소는 대부분의 커뮤니케이션 상황에서 언어와 함께 혹은 단독으로 의미전달의 수단이 된다. 만약 언어적인 방법 외에 다른 의사전달 방법에 민감하고 그 수단의 활용방법에 눈을 돌린다면 좀 더 효과적인 의사전달이 가능할 것이다.

(1) 신체언어

신체언어(body language)는 우리가 대화할 때 취하는 자세 · 표정 · 제스처 등 여러 가지를 포함한다. 이것은 언어적인 수준의 의사소통을 도와주는 경우도 있고, 진실을 은폐하는 경우에도 사용된다.

몸의 위치나 방향 · 자세 · 몸짓 등의 신체언어의 사용 역시 남녀의 차이, 문화의 차이에 크게 좌우된다. 예를 들면 우리나라와 마찬가지로 인도에서는 신체부위 중 머리를 가장 귀하게 여기고, 발을 가장 천하게 여기는 까닭에, 아무리 친한 사이라도 상대방을 발로 건드리는 것은 금기다. 이러한 신체언어를 연구하는 학문을

'카이니식스(동작학, Kinesics)'라고 한다.

말로는 "정말 재미있는 이야기군요" 하면서 먼 산을 본다든지 손가락으로 책상을 툭툭 치며 다른 짓을 한다면, 이는 실제로는 대화를 그만 끝내는 것이 좋겠다는 의미이다. 따라서 중요한 것은 신체언어로 표현되는 의사를 어떻게 받아들여 바르게 이해하느냐 하는 문제이다.

신체언어는 잘못 해석되거나 이해될 가능성이 많다. 어떤 몸짓이 일반적으로 어떤 의미를 내포하고 있는지에 관한 구체적인 연구는 되어 있지 않지만, 이러한 몸짓을 나름대로 잘 관찰한다면 고품위 서비스 전문가로서 의사소통에 많은 도움이 될 것이다.

(2) 공간적인 거리

주변의 공간과 타인과의 거리를 어떻게 사용하는가 하는 점은 중요한 비언어 요소로 작용한다.

우리는 각자 자기의 공간적인 거리를 유지하기 원한다. 그리고 상대방과의 친밀 정도에 따라 자신이 확보하고 있는 영역에 들어오는 거리가 달라진다.

인류학자인 에드워드 홀(E. Hall)은 공간과 거리가 친밀함의 척도, 사회적 척도가 될 수 있음을 유형화하였는데, 대부분의 경우 사람들은 최소한 15~30cm 거리를 유지하기를 원하는데 비해 아주 친하거나 사랑하는 사람에게는 더욱 가까운 거리를 허용한다.

일반적인 사람들과의 거리는 대개 30~90cm 정도의 공간을 유지하며, 이런 정도의 공간적 거리를 두고 대화하는 경우 친한 친구 관계를 의미한다. 처음 만나 사교적인 관계가 시작될 때는 대개 1~2m의 거리를 유지하는 것이 보통이고, 이는 복도에서의 대화나 사업상의 대화 또는 사무적인 대화에서 보통 유지하는 거리이다. 이처럼 공간과 거리를 연구하는 학문분야를 '프락시믹스(공간학,

Proxemics)'라고 한다.

어떤 학생이 강의실에서 교수와 아주 가까운 거리에 앉는다면 그 학생은 어떤 의미로든 그 교수를 좋아한다는 비언어적 메시지를 보내는 것이 된다. 교수는 앞자리를 선택한 학생의 행동을 보고 자기의 강의를 열심히 듣는 성실한 학생이라고 해석할 것이고, 눈길을 한 번 더 주게 될 것이다. 이처럼 공간의 어느 지점에 위치하며, 어느 정도의 거리를 유지하느냐 하는 것은 서로 다른 비언어적 메시지를 충분히 전달한다.

공간적인 거리의 확보는 의식적이라기보다는 무의식적인 심리작용이므로 언어 메시지보다 훨씬 진실하다고 볼 수 있다.

어려운 문제가 발생하여 고객과 진정으로 마음을 열고 대화하고 싶은가? 그렇다면 앉을 책상이나 의자의 배치부터 동등하게 배열하라. 효과적인 의사소통을 위해서는 의사전달 과정에서 공간적 거리를 통해 전해오고, 또는 전해주는 의미를 최대한 활용할 수 있어야 할 것이다.

(3) 유사언어

유사언어란, 말의 어조·속도·고저·강도 등 말 자체는 아니지만 말을 하는 방법에 관련된 사항을 가리킨다. 빠른 속도 고음의 말과 느린 속도 저음의 말을 상상해보면, 두 경우에 상대방이 받아들이는 의미가 동일하지 않을 것임을 예측할 수 있다. 유사언어란 우리가 "무엇을 말하는가"보다는 "어떻게 말하는가"에 따라 의미가 다를 수 있다는 것이다.

"같은 말이라도 담는 마음에 따라 다르게 들린다"는 말이 있다. 이것은 곧 그 말을 표현하는 과정에서 같은 말이라도 완전히 다른 의미로 받아들일 수 있다는 의미이다. 아래의 예의 경우를 생각해보자.

"네가 그 일을 했다고?"

이 문장에서 어느 부분에 액센트를 주느냐에 따라 완전히 다른 의미를 줄 수 있다. '네가' 라는 부분을 강조하면 다른 사람도 아닌 '너'가 그 일을 했느냐는 의미이고, '그 일'을 강조하면 '그 일'을 한 것에 대한 놀라움을 표현하는 것이 된다. 이와 같이 음성 자체는 의사전달에 있어 중요한 역할을 한다.

상대방의 음색, 말하는 속도 등을 통해서도 상대방을 평가할 수 있다. 대화중 갑자기 말이 느려진다는 것은 머릿속으로 다른 생각을 한다는 간접적인 증거가 되고, 음색이 떨리는 것은 매우 화가 났다든지 공포감을 느낀다는 증거가 된다.

유사언어에 관한 연구결과를 보면, 사람들은 대체로 빠른 속도로 말하는 사람을 더 실력 있다고 평가하는 경향이 있다. 대체로 사람들은 좋은 목소리가 더 영향력 있고, 실력 있고, 정직하다고 느끼는 경향이 있으므로 고품위 서비스 전문가가 되기 위해서는 음성훈련 또한 중요하다 하겠다.

(4) 사용하는 물품을 통한 표현

"옷이 날개"라는 속담이 있다. 의상은 그 사람의 직업이나 사회적 지위를 표현해 준다. 우리가 사용하는 여러 가지 물품들도 의사소통에 영향을 준다. 사용하는 물품이란 가깝게는 지갑 · 시계 · 가방에서부터 차량 · 사무실 · 책상 · 의자 및 모든 가구가 여기에 포함된다.

어떤 고객이 짙은 화장에 다소 화려한 의상, 진한 향수를 사용하였다면 그 고객은 조금은 사치스럽다고 생각해도 무방하며, 그러한 취향을 고려하여 의사소통을 해야 할 것이다. 말끔하면서도 눈에 튀지 않는 정장 차림에 말씨가 조용한 고객이라면 전문직 여성이라고 가정하여 그에 상응하는 접객용어를 구사해야 할 것이다.

이처럼 상대방이 입고 있는 옷, 사용하는 도구, 타고 다니는 차

등 모든 물품들은 상징적인 의미를 내포하고 있으며, 그것을 사용하고 있는 사람에 대해 무엇인가 말해주는 것이다. 따라서 효과적인 의사소통을 위해 우리는 이러한 물품들이 말해주는 의미에 관심을 기울일 필요가 있다.

(5) 시 간

시간 역시 비언어 메시지를 전달하는 요소이다. 약속시간을 정확하게 지키는 사람과 20분 정도 지각하는 것을 당연하게 여기는 사람이 동일한 이미지를 가질 수 있겠는가? 전자와 약속한 상대방은 길이 막혀 약속시간에 늦을 것 같으면 걱정이 되겠지만, 후자와 약속한 사람이라면 아무래도 좀 느긋해질 것이다. 정확히 시간을 지키는 사람에 대해서는 좋은 인상을, 매번 지각하는 사람에게는 부정적 인상을 갖게 됨은 당연하다.

또 시간에는 심리적 측면도 있다. 같은 한 시간이더라도 좋은 사람과 함께 하는 체감시간과 어려운 사람과 같이 하는 체감시간의 흐름이 같겠는가? 시간을 학문적으로 연구하는 분야를 '크로노믹스(시간학, Chronomics)'라 한다.

시간관리와 관련한 의사전달은 대개 서로 만남을 위해 도착하는 시간의 정확도를 통해 잘 말해준다. 만약 만나기로 한 약속시간 이전에 도착하여 미리 상대방을 기다리고 있다면 그 의미는 그 만남을 중요시 여기고 있으며, 만나는 사람에 대해 많은 관심을 보이고 있음을 의미한다. 반면 만나는 시간을 지키지 않고 늦게 도착하게 되면 그 만남 자체에 별 관심이 없으며, 만나는 사람도 그렇게 중요하게 여기지 않음을 암시하는 것이다. 또한 일반적으로 윗사람은 좀 늦어도 되지만 아랫사람이 늦게 도착하는 것은 결례라는 의식이 있어 누가 먼저 도착하는가에 따라 누가 윗사람인가 하는 의미도 내포되어 있다.

그런 이유로 만나는 시간을 얼마나 정확하게 지키는가 하는 것과, 얼마나 오랜 시간 대화를 갖는가 하는 것 모두가 그 만남을 얼마나 중요시여기며, 의사소통의 의지가 어느 정도 강한가를 말해주는 중요한 잣대가 된다.

이상에서 살펴본 바와 같이 우리는 여러 가지 방법을 통해서 의사소통을 하는데, 이 의사소통 과정에는 많은 장애요인이 있어 항상 굴절과 왜곡이 일어날 수 있는 가능성이 내재한다. 그렇다면 의사소통 과정은 어떠한 요소들에 의해 장애를 받는지 커뮤니케이션 장애요인들에 대해 다음 장에서 알아보자.

성공의 비밀

옛날에 불평이 많은 한 청년이 살았습니다.

그는 왕을 찾아가 "인생을 성공적으로 사는 법"을 가르쳐 달라고 졸랐습니다.

왕은 잔에 포도주를 부어 청년에게 주면서 말했습니다.

"이 포도주 잔을 들고 시내 한 바퀴를 돌아오면 성공의 비결을 가르쳐주겠다. 단, 포도주를 엎지르면 네 목을 베리라."

청년이 땀을 뻘뻘 흘리며 시내를 한 바퀴 돌아오자 왕이 물었습니다.

"시내를 돌면서 무엇을 보았느냐? 거리의 장사꾼과 거지를 보았느냐?

혹시 시내 술집에서 새어 나오는 노랫소리를 들었느냐?"

청년이 대답했습니다.

"포도주 잔에 신경을 쓰느라 아무 것도 보지 못했습니다."

그러자 왕이 대답했습니다.

"그래, 바로 그것이 성공의 비결이다. 인생의 목표를 확고하게 세우고 그 일에 집중하면 주위의 유혹이나 비난이 들리지 않을 것이다."

"여러분은 자기의 목표를 세우고 위의 포도주 잔처럼 쳐다보십니까?"

Chapter 9

커뮤니케이션의 장애요인

커뮤니케이션 과정에는 부적합하게 표현된 메시지, 단어의 누락, 상대방의 불신, 어의의 왜곡, 주위에서 일어나는 여러 가지 잡음 등 이루 헤아릴 수 없을 정도로 많은 장애요인들이 있다.

01 ㅣ 심리적인 요인

(1) 인식과정

우선 커뮤니케이션 과정에서 인간 내적으로 거치게 되는 심리적인 과정을 좀더 구체적으로 알아보고, 그 과정에서 일어날 수 있는 굴절과 왜곡의 가능성에 대해 살펴보자. [그림 9-1]를 이해하기 위해 한 가지 예를 들어보자.

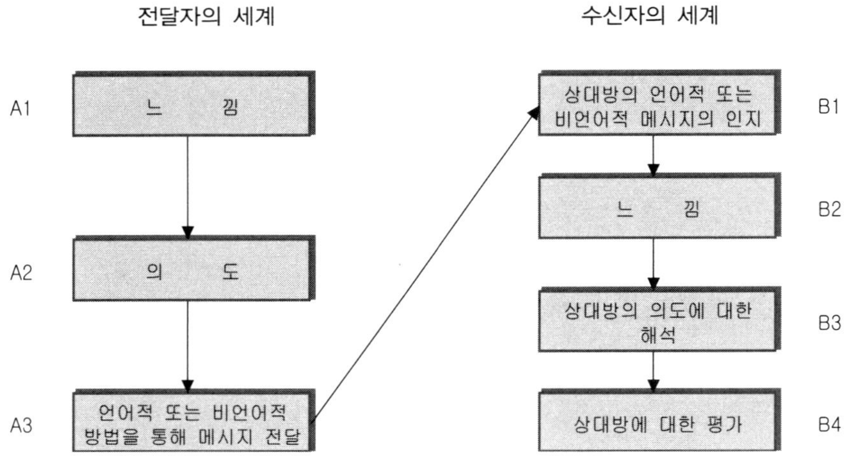

그림 9-1 | 전달자와 수신자의 인식과정

A라는 남학생이 B라는 여학생에게 관심이 있어 사귀고 싶은 마음(A1)을 가지고 있다고 가정하자. 그 남학생은 직접적으로 자신의 상대 여학생에게 관심을 표명하기 위한 의도(A2)로서 그 여학생만 만나면 자꾸 놀리고 농담을 걸고 때로는 성가시게 군다(A3)고 하자.

이에 여학생은 남학생의 그런 행동이나 그의 의사전달 메시지를 인식하고 받아들인다(B1). 그리고 그 남학생의 자신에 대한 행동을 접할 때마다 기분이 나쁘고 싫은 느낌이 마음에 가득하다(B2). 그러면서 여학생은 남학생이 자기에게 왜 그러는지 그 의도를 나름대로 생각하고 해석한다(B3). 아무리 생각해도 남학생이 자신을 여자라고 깔보고 무시하는 것 같다고 생각되어, 상대방 남학생은 행동이 거칠고 예의도 없는 사람이라고 평가한다(B4).

이 과정에서 남학생은 진정으로 자신의 좋아하는 감정을 상대방 여학생에게 전하고자 자신이 생각하기에는 최선의 방법이라고 생각하는 메시지 전달수단을 택해 상대방에게 좋아하고 있다는 메시지를 보내었다. 하지만 상대방이 이를 받아들이는 과정에서는 원래 의도와는 전혀 다른 의미로 받아들였다. 여기서 우리는 의사전달의 한 단계 한 단계 심리적 과정에 이미 굴절과 왜곡의 가능성이 내포되어 있음을 알 수 있다.

전달자는 자신의 감정을 표현하면서 자신의 진정한 의도를 감추고 드러내지 않는 간접화법을 선택하여 올바른 의사전달이 이루어지지 않았고, 수신자는 그 간접화법의 메시지를 올바르게 해독하고 이해하지 못하여 원래 전달자의 의도와는 다른 방향으로 해석하였다.

따라서 [그림 9-1]을 통해 우리는 전달자가 자신의 느낌을 전하는 과정에서부터 수신자가 그 메시지를 인식해서 이해・평가하는 과정까지의 각 단계에 올바른 의사전달의 장애요인들이 숨어 있음을 알 수 있다.

(2) 실체와 상징의 혼돈

이미 앞에서 지적했듯이 우리가 상대방으로부터 메시지를 전달받을 때, 우리는 흔히 표현되는 언어 속에 그 언어가 지칭하고 있는 실체가 있다고 생각한다. 언어는 표현하는 사람의 입장에서 실체를 바탕으로 만들어낸 상징에 불과하다. 이 상징은 실상이 아니라 허상이다. 단순히 받아들이는 사람이 마음대로 만들어낸 상징일 뿐이지 실체가 아니라는 것이다.

따라서 언어와 실체는 다르다. 언어는 언어로서 존재하고 있는 것이지 그것이 곧 실체를 반영한 어떤 의미를 가지고 있는 것은 아니다.

그러한 상징인 언어로 전달된 메시지는 수신자의 머릿속에서 다시 새로운 의미가 부여된다. 언어를 통해 전해온 메시지를 있는 그

대로 받아들여 소화해서 이해하는 것이 아니라 그것을 받아들이는 사람의 입장에서 그것을 재해석하여 의미를 부여한다. 그러므로 전달된 언어는 받아들이는 사람이 처한 시간과 장소에 따라 다르게 해석되고, 또 시간과 장소가 바뀌면 또다른 방식으로 재해석된다.

따라서 언어를 통한 올바른 커뮤니케이션에는 한계가 있다. 우리는 언어적 수준의 커뮤니케이션에서 이러한 한계성을 충분히 이해해야 한다. 그래서 내가 전달자로부터 받아들인 메시지에 부여한 의미가, 전달자가 전하고자 하는 그러한 메시지가 아닐 수 있다는 것을 항상 염두에 두어야 한다.

(3) 개인의 특성

전달받고 전달하는 모든 메시지를 각자의 입장에서 이해하게 되는 이유는 커뮤니케이션에 임하는 개개인이 각기 다른 경험·기대·태도 및 가치관을 가지고 있기 때문이다. 이러한 개개인의 특징은 사회현상과 상대방이 전해주는 메시지를 받아들이고 해석하고, 그리고 상대방에 대해 평가하는 데 영향을 미친다.

"개인의 마음은 화가와 같다"는 말이 있다. 전달되는 메시지를 자신의 경험에 비추어 해석하고 이해하고 그것에 의미를 부여함을 뜻한다.

앞의 남학생과 여학생의 경우 남학생의 행동은 그것을 받아들이는 여학생이 그 동안 어떠한 경험을 가지고 있었느냐에 근거하여 해석하고 이해하는 것이 달라졌다. 만약 여학생이 그간의 경험을 통해서 남학생들이 농담하고 성가시게 구는 것 자체가 그들의 진정한 관심과 호감을 표시하는 방법 중 하나라는 것을 알고 있었더라면, 여학생은 남학생의 메시지에 포함된 의도를 옳게 해석하고 이해했을 것이다.

개인이 가지고 있는 기대감 또한 전달되는 메시지를 해석·이해하는 데 많은 영향을 미친다. 예를 들면 그 남학생은 항상 다른 사람들에게도 농담을 하고 짓궂은 데가 많은 편이라는 것을 알고 있어 당연히 그렇게 하리라고 생각하고 있었는데, 그 남학생이 진지하게 자신의 마음속에 있는 이야기를 그 여학생에게 했다고 가정하자. 그 여학생은 과연 그 남학생의 진지한 태도를 어떻게 이해하겠는가? 적어도 당분간은 또다른 형태의 장난으로 받아들일 가능성이 높을 것이다.

다른 한 가지는 사람이 가지고 있는 태도이다. 여학생이 남학생에 대해 호감과 긍정적인 태도를 가지고 있었다면, 그 남학생이 짓궂은 행동을 통해 전하는 메시지를 아주 긍정적인 것으로 받아들이고 해석하고 이해했을 것이다.

그러므로 이러한 개인마다 가지고 있는 경험·기대·태도 등은 우리가 서로간에 전하고자 하는 메시지를 이해·해석하는 데 많은 영향을 미치고, 전달자와 수신자가 주고받는 메시지를 바르게 받아들여 이해하는 데 장애요인으로 작용한다.

02 | 상황적인 요인

앞에서는 주로 커뮤니케이션의 과정에서 일어나는 장애적인 요소로 심리적인 요인들을 지적해보았다. 이외에도 많은 장애요인들이 있는데 그 중 상황적인 장애요인들의 몇 가지를 살펴보자.

(1) 정보의 과중성

우리에게는 일정한 시간에 소화해서 반응할 수 있는 정보량이 한정되어 있다. 그 이상의 정보가 전해지면 우리는 그 정보를 해석·이해하는 한계성에 부딪혀 효과적인 커뮤니케이션이 불가능해진다. 예를 들어 교수가 중요하다고 생각하여 학습량을 많이 전달하였을 때, 학생들은 그 모든 정보를 해석·이해하는 것은 아니다. 머릿속으로 잠시 딴 생각을 하다가 놓쳐버릴 수도 있고 — 딴 생각 역시 두뇌가 처리하는 정보이므로 — 자신의 경험에서 이해하기 쉬운 내용들만 머릿속에 남을 것이다.

따라서 효과적인 정보전달을 위해서는 주어진 시간 내에 꼭 전해야 하는 정보가 무엇인지 선별하여 전하는 것이 중요하다. 현대와 같은 정보시대에는 다양한 채널(channel)을 통해 일시에 수많은 정보가 대량으로 전달된다. 쉬운 일례로 매스컴을 통해 전달되는 광고를 생각해보라. 여러분의 기억에 남아 있는 광고는 과연 몇 개나 될까?

그런 이유로 그 모든 정보가 전달·소화되어 생활에 변화를 주는 요소로 작용하지 못한다. 이러한 정보홍수 속에서 정말로 우리에게 중요한 정보는 놓쳐버리고 엉뚱한 정보에 파묻혀 버림으로써 효과적인 커뮤니케이션의 기회를 놓칠 수 있음을 늘 인식하고, 가치있는 정보를 선별할 수 있어야 한다.

(2) 시간의 압박

주어진 시간 내에 여러 사람들과 개별적으로 접촉하여 메시지를 전해야만 하는 경우나 다양한 정보를 다양한 사람들에게 되도록 빠른 시간 안에 전해야 하는 경우, 시간의 압박으로 인해 정말로 자신이 전하고자 하는 내용을 상대방이 바르게 이해했는지 확인하면서 지속적인 상호작용을 통해 서로 공통적인 이해의 범위를 넓히기 위한 노력을 할 수 없게 된다.

따라서 메시지의 전달은 매우 피상적이고 서로간의 신뢰성은 점차적으로 약화되어 효과적인 커뮤니케이션은 힘들어지고, 서로간의 신뢰에 금이 갈 수 있다.

시간 압박의 대표적인 예로 공중 커뮤니케이션인 뉴스가 있다. 시간은 한정되어 있고 전달한 내용이 많은 까닭에 시청자의 눈을 사로잡을 수 있는 선정적인 내용과 화면 구성으로 채워진다.

그러다보니 환경오염 · 노인문제 · 빈부격차와 같은 우리가 해결해야만 하는 정보는 게이트 키핑(gate keeping, 전달할 뉴스를 선별하는 과정)에서 걸러져버리고, 뉴스 가치(news value)로서는 자격미달인 내용들만이 전파를 타는 것이다.

이러한 사실을 어느 정도 알고 있는 사람들은 뉴스의 가치와 내용에 대해 회의적이 되고, 결국 커뮤니케이션의 가장 중요한 요소인 신뢰성을 상실하게 되는 것이다.

(3) 커뮤니케이션이 이루어지고 있는 풍토

만약 신뢰와 개방의 풍토가 조성된 분위기에서 커뮤니케이션을 하게 되면, 전달자와 수신자들은 자신들의 느낌을 솔직하게 주고받음으로써 훨씬 효과적인 커뮤니케이션이 가능하다.

하지만 불신과 반목의 분위기가 팽배한 속에서는 아무리 진실된 자신의 감정과 사실을 전하더라도 상대방에서는 그것을 오해하여 왜곡되게 받아들이기 쉽다. 이러한 분위기에서는 진정한 커뮤니케이션이 힘들다.

따라서 커뮤니케이션을 위해서는 우선 신뢰성과 개방의 분위기 형성이 아주 중요한 요소로서 작용함을 인식할 필요가 있다.

(4) 비언어적인 의사전달 수단의 오용

비언어적 수준의 의사전달은 커뮤니케이션에 도움이 될 수 있지만 때로는 방해가 될 수도 있다. 상담하러 교수를 만나러 갔는데 "하고 싶은 이야기가 있으면 다 해"라고 말하면서도 교수가 연신 시계를 보고 전화를 받는다면, 이때 교수가 보여주는 비언어적 메시지는 "나는 바빠"이므로 학생 입장에서는 푸근한 마음으로 진실되게 대화에 임하기 힘들 것이다.

말과 행동의 일치가 신뢰성을 가져다주듯, 말하는 내용과 비언어적인 몸짓·표정·눈빛이 전하고자 하는 메시지와 일치해야 한다.

(5) 주위환경

커뮤니케이션이 이루어지는 장소·주변도구·시기·소음 등을 뜻한다. 다시 말하면 커뮤니케이션이 이루어지는 장소의 분위기·형태·크기나 그 장소에 배치된 집기류 등의 외형적 요소는 비언어적 요소를 결정하는 데 중요한 역할을 한다.

시끄러운 해장국집과 아늑한 분위기의 레스토랑에서 똑같은 커뮤니케이션이 성립될까? 대화내용이 똑같다 치더라도 목소리 크기부터 차이가 나야 할 것이다. 또 주위환경으로 인하여 대화에 집중하는 것과 각자의 자아공개 정도에도 차이가 날 것이다.

일반적으로 대부분의 사람들은 은은한 조명에 칸막이가 처리된 레스토랑의 감성적 분위기에서 보다 자신의 자아를 많이 공개할 것 같다. 레스토랑에 차갑고 인간미 없는 형광등 조명을 처리한 것을 보았는가?

또한 대화의 시기와 시간이 구체적으로 적절한가의 여부가 자유롭고 풍부한 정보교환을 가능하게 하는 요인이 된다.

자아공개의 정도(degree of self-disclosure)

대인 커뮤니케이션의 기본목적은 나 자신이 누구인가를 상대방에게 공개하여 알리고자 하는 데서 출발한다. 정보의 불확실성을 제거하고, 육체적·감정적 욕구를 채워나가기 위해 먼저 자신에 대한 정보를 공개해야 하며, 어느 정도 이를 행하느냐가 실제로 지속적인 커뮤니케이션을 보장한다.

자아의 공개란 "우리 자신에 대한 정보의 자발적이고도 능동적인 공유"

를 의미한다. 공개의 범위는 좁게는 자기의 이름과 신분에서부터 넓게는 내부의 깊은 감정에 이르기까지 다양하다. 사실 커뮤니케이션을 하면서 우리는 우리 스스로를 냉철하게 분석하지 않고 그냥 생각나는 대로 이야기하는 경우가 많다. 그러다보니 오해가 생기고, 상황은 더욱 더 수습할 수 없는 지경이 된다.

그러나 고품위 서비스 전문가라면 고객과의 대화중에도 자신과 고객의 대화를 분석하고, 더 나아가 고객과의 관계형성에서 어느 정도 자아를 노출할 것인지를 생각해보아야 한다.

그렇다면 자아공개가 어떤 방법으로 이루어질 때 대인관계가 촉진되는가?

자아공개의 과정과 유형을 설명함에 있어 '요하리의 창(Johari Window)'에 대한 연구가 적절하다. '요하리의 창'은 대인관계에 있어 상대방에 대한 인지도를 높이는 과정을 묘사하고 있으며, 한 개인에 관한 네 가지 유형의 정보를 예시하는 것으로서 크게 공개영역, 맹목영역, 비공개영역, 미지의 영역으로 나뉜다([그림 9-2] 참조).

I, II : **타인에게 알려진 자아영역**

그림 9-2 | 요하리의 창

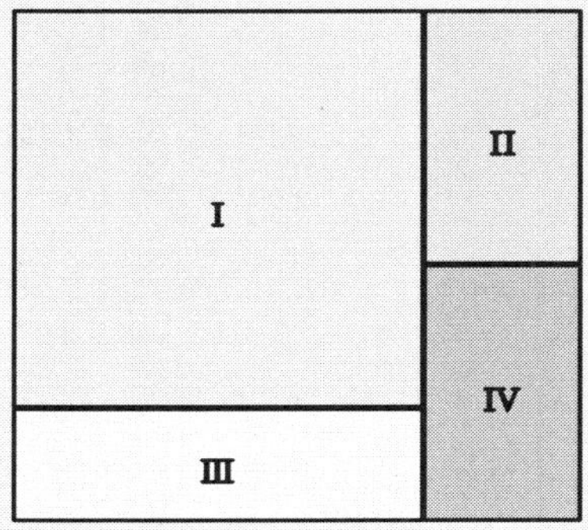

III, IV : **타인에게 알려지지 않은 자아영역**

그림 9-3 | 요하리 창의 영역변화

Ⅰ. 공개된 영역

공개된 영역(open area)이란 자신과 상대방 모두가 알고 있는 자신에 대한 정보영역을 말하며, 대체로 단순한 관찰을 통해서 얻을 수 있는 객관적인 정보나 서로가 숨김없이 나누고자 하는 의욕이 있는 종류의 정보들이다. 예를 들면 상대방의 성별 · 신장 · 외모 등 관찰을 통해 파악되는 정보와 이름 · 고향 · 출신학교 · 전공 · 직장 등 대화를 통해 얻는 정보가 그것이다.

첫 만남에서 대화를 통한 정보공개는 누구나 조심스럽게 진행한다. 따라서 공개된 영역은 처음에는 비교적 좁으나 상호작용을 통해 서로를 보다 잘 알게 되면 점차 확장되고 메시지 양도 많아지면서 커뮤니케이션 효과도 증대된다. 이를 흔히 '열린 자아의 영역'이라고 한다.

II. 맹목 영역

맹목 영역(blind area)이란 다른 사람들은 이에 대해 알고 있으나 정작 자기 자신은 깨닫거나 인정하지 못하는 부류의 정보영역을 말한다. 이를 '닫힌 자아의 영역'이라고도 한다.

흔히 '공주병'이 대표적인 예이다. 다른 사람들 눈에는 그저 그런데도 자신은 예쁜 척 행동하는 것을 보고 '공주병'이라고 하지 않는가? 또다른 사람들 눈에는 예쁜데도 자신의 눈에는 외모의 결함이 왜곡되게 보여 자꾸만 성형수술을 하는 '성형수술 중독증'도 이에 해당된다 하겠다.

위의 예에서 볼 수 있듯이 자신이 스스로 발견하지 못하는 이 같은 사실들로 인해 대인관계, 나아가 사회관계에 치명적인 오류를 범할 수 있다.

맹목 영역이 좁을수록 자기 자신에 대해 객관적으로 파악하고 있다는 뜻이며, 상대방의 나에 대한 인식과 차이가 거의 없어 진실한 커뮤니케이션이 가능해진다. 또 다른 사람들과의 지속적인 대화를 통해 맹목 영역을 축소시킬 수 있으므로 겸허하게 상대방의 의견을 존중하고 받아들일 수 있어야 한다.

III. 비공개 영역

비공개 영역(hidden area)은 맹목 영역과는 달리 의식적으로 남들에게 공개하기를 원치 않는 자신의 사적인 정보영역을 말한다. 비공개 영역을 '숨겨진 자아의 영역'이라고도 하는데, 숨기고 싶은 개인적 정보가 대표적이다. 자신의 단점 · 학력 · 수입 · 재산 · 애정관계 등은 선별하여 노출시키는 것이 보통이다. 따라서 누구에게나 어떤 형태로든 비공개 영역은 존재하며, 이 영역은 자기 자신만이 알고 있다.

비공개 영역이 넓을수록 대인관계는 제한적이며, 관계의 발전을 기대하기 어렵다. 따라서 커뮤니케이션은 지극히 공식적이며 객관적 수준에 그쳐 신뢰를 바탕으로 한 지속적인 관계형성은 사실상 불가능하다.

그러나 만남이 지속되고 서로가 비공개 영역을 조금씩 열어줌으로써 진실한 관계로 나갈 수 있으므로 만남의 가치부여가 선행되어야 할 것이다. 왜냐하면 자신은 비공개 영역을 열었음에도 상대방이 그렇지 않는다면 분명 일말의 배신감을 느끼면서, 나아가 상대방을 나쁘게 평가할 것이기 때문이다.

Ⅳ. 미지의 영역

미지의 영역(unknown area)이란 자신과 상대방 모두 알지 못하는 자신의 모습이고 정보이다. 이같은 정보는 겉으로는 누구도 접근할 수도 알 수도 없으며, 흔히 '무의식'이라고 불린다. 미지의 영역은 최면술이나 마인드 컨트롤과 같은 정신요법을 통해서만 접근이 가능하다. 미지의 영역을 '꿈'이라는 현상을 통해 정신분석학적으로 접근한 대표적인 학자가 바로 프로이드(S. Freud)이다.

미지의 영역은 발견하기만 하면 변화될 수 있고, 새로운 자신의 모습과 정체를 통해 대인관계의 가능성을 열어준다는 점에서 개인의 중요한 정보영역이라 하겠다.

이상에서 살펴본 바와 같이 전달자가 폐쇄적이거나 지나치게 방어적일수록 정보공개를 꺼리는 경향이 높다. 따라서 공개영역은 줄어들면서 비공개 영역을 비롯한 다른 영역이 상대적으로 늘어나게 되고, 진실된 커뮤니케이션은 불가능하다.

상대방과 대화하려는 의욕이나 피드백을 얻고자 하는 노력이 클수록 대인관계에서 자신에 대한 개방성향이 늘어나고, [그림 9-3]에서 보는 바와 같이 공개영역이 확장되면서 커뮤니케이션 효과가 증진될 수 있다.

천당? 아니면 지옥?

젊은 세일즈맨이 때 이른 죽음을 맞자, 영원의 시간을 천당과 지옥 중 어디서 보낼 것인지 선택할 수 있다는 통보를 받았다. 그는 양쪽 모두를 방문해본 후 마음을 정하도록 허락을 받았다.

"천국부터 보겠습니다"라고 젊은이가 말을 하자, 한 천사가 직접 그를 데리고 다니면서 천국을 보여주었다. 천국은 매우 평화로웠고 조용했으며, 그곳의 모든 사람들은 하프를 켜고 있었고 과일을 먹고 있었다. 좋아 보이긴 했지만 세일즈맨은 허구한 날 노래나 부르고 있어야 할 운명에 처하게 될지도 몰라서 당장 결정을 내리고 싶지는 않았다.

"이제 지옥을 볼 수 있을까요?"라고 그가 물었다. 천사는 그에게 엘리베이터를 가리켰고 그는 지하로 내려갔다. 거기서 그는 사탄의 충성스런 추종자들의 환영을 받았다. 다음 30분 동안, 그가 가본 중에 가장 멋진 나이트클럽을 돌아다닐 수 있었다. 사람들은 왁자지껄하게 파티를 하면서 신이나 있었다.

그 여행이 끝났을 때 그는 "천국이 좋아 보이긴 하지만 저한테는 지옥이 더 맞는 것 같습니다. 저는 거기서 지내겠습니다."

세일즈맨은 지옥으로 보내졌다. 그런데 그는 동굴로 던져졌고, 벽에 체인으로 묶였으며, 갖가지 고문을 당하는 것이 아닌가.

"제가 돌아보러 이곳에 왔을 때에는 바와 파티와 멋진 일들로 가득하더니, 지금은 어떻게 된 일입니까?"라고 고통과 분노에 못 이겨 그가 소리쳤다.

그러자 그곳의 악마는 이렇게 대답하였다.

"아, 그거! 그거 광고용이었어……."

Chapter 10

효과적인 커뮤니케이션을 위한 방법

01 | 커뮤니케이션 방법

커뮤니케이션은 단순히 메시지를 주고받는 기계적인 과정이 아니라 인간의 심리적 요인, 인식과정, 비언어적인 몸짓으로부터 얼굴의 표정, 우리들이 사용하는 모든 물건 및 상황적인 요인들이 혼재해서 동시에 일어나는 총체적인 인간과정(personal process)이다.

따라서 기계적인 차원에서 정보흐름의 왜곡을 막는다고 해서 커뮤니케이션의 장애요인을 제거할 수는 없다. 유일한 장애제거 방법이 있다면, 서로 신뢰할 수 있고 상호 이해하려는 풍토의 조성과 함께 자신의 느낌과 생각을 솔직하게 주고받을 수 있는 개방적 관계를 형성하는 것이다.

그리고 지속적으로 자신이 해석하고 평가한 상대방의 메시지가 올바른지 확인하면서, 가능한 한 서로간에 유사한 의미를 만들어내려는 노력이 있을 때 비로소 효과적인 커뮤니케이션이 가능하다.

만약 상대방이 내가 전달한 솔직한 느낌과 의견을 이용하여 나를 공격하고 불이익을 가할 수 있다고 생각하게 되면, 서로간에 마음의 문은 열리지 않고, 설사 대화를 한다고 해도 자신들의 입장만 내세우는 방어적 커뮤니케이션(defensive communication)이 되고 말 것이다. 이렇게 방어적인 커뮤니케이션의 가능성을 차단하고, 개방적인 분위기에서 커뮤니케이션이 가능할 수 있는 몇 가지 방법을 알아보자.

(1) 평가하지 말고 묘사하라

우리는 커뮤니케이션 과정에서 상대방이 전하는 메시지를 통해 받은 느낌을 해석하고 상대방을 평가한다. 만일 메시지를 통해 전달된 상대방의 의견이나 느낌을 자신의 기준에서 “좋다” “나쁘다”라고 평가적인 언어를 통해서 표현하게 되면, 상대방은 자연히 상대방의 평가에서 무엇이 옳았는지 또는 잘못되었는지에 대해 생각하게 되고, 자신에 대한 잘못된 평가에 대해 방어하려는 자세를 취할 것이다.

예를 들어 친구와 어떤 특정문제를 가지고 대화하는 과정에서 친구가 자신에게 “너는 사람이 너무 이기적이다”라고 하는 평가적 언어를 썼다고 가정하자.

그 소리를 듣는 자신의 느낌은 어떻겠는가? 물론 기분이 좋지 않을 것이며, 정말로 이야기하고자 하는 주제보다는 상대방의 자신에 대한 평가에서 무엇이 잘못되었는지를 생각하고, 자신의 입장을 방어하기 위한 방법을 구상하는 것으로 머릿속이 꽉 찰 것이다. 그때부터는 진정으로 자신들이 전하고자 하는 메시지에는 관심이 없어지고, 대화의 초점은 서로간에 무엇이 잘못되었다고 생각하는지로 바뀐다.

그렇게 되면 특정문제에 대해 서로의 이해 폭을 넓히고 의미를 공유하려는 노력은 끝나게 되고, 서로간의 입장 보호를 위한 공방의 연속만이 있을 뿐이다.

따라서 가능한 한 묘사해야 한다. "묘사해야 한다"는 의미는 자신이 보고 느낀 바를 있는 그대로 묘사하고, 과연 자신이 묘사한 내용이 정말 상대방에게 전하고자 하는 의도와 일치하는지 정보를 구하는 작업이다. 그렇게 하면 상대방은 자신이 의도한 바와 다르게 전달되었다는 것을 깨닫고 다른 방법으로 자신의 의도를 다시 표현할 수 있을 것이다. 평가를 하게 되면 신뢰보다는 서로가 자신을 방어하는 데 급급해 커뮤니케이션의 길은 막히게 된다.

(2) 정서적 화법을 구사하라

'도구적 화법'이란 말하는 사람을 중심으로 언어를 사용하는 경우를, '정서적 화법'이란 듣는 사람을 중심으로 언어를 사용하는 경우를 가리킨다. 전자는 자신이 말하고자 하는 목적을 달성하기 위한 측면을 강조하는 목표 중심의 화법인 반면 후자는 서로간에 타협적 관계를 규정하고 시인하는 과정 중심의 화법이라는 차이가 있다.

사실 상대방의 태도나 사고방식을 바꾸려고 생각하는 것 자체에 이미 상대방의 태도와 사고방식에 문제가 있다는 전제를 가지고 접근하는 것이다.

다시 말하면 변화를 유도하려고 한다는 것은 이미 그 사람의 생활태도는 잘못되었고, 사고방식은 삐뚤어졌으며, 자신의 문제를 해결할 수 있는 능력이 결여되었다고 하는 가정이 접근하는 사람의 전제 속에 깔려 있다는 의미이다.

진정으로 상대방에게 문제가 있다고 생각되면 그리고 상대방이 자신의 문제를 바로잡도록 도와주고 싶다면, 먼저 상대방이 자신의 문제를 해결할 수 있는 능력을 가지고 있는 사람이라는 것을 미리 인정하고, 그 사람이 문제를 바로 인식할 수 있도록 도와주려는 자세가 중요하다.

그러므로 먼저 해결책이나 목표나 문제의 접근방법을 제시하여 상대방이 따르도록 유도하지 말고, 문제에 초점을 맞추어 서로의 협력을 통해 무엇이 문제인지를 정의하고 이해하려는 자세가 중요하다. 그리고 같이 고민하고 협조하면서 문제의 해결책을 찾기 위해 노력해야 한다.

이렇게 문제 중심의 대화를 진행하게 되면, 서로 인격에 대한 공격보다는 문제 해결을 위한 아이디어와 정보에 서로의 관심이 모아지고, 이는 곧 아이디어를 존중하여 해결책을 찾는 개방적인 분위기와 서로가 서로를 이해하려는 커뮤니케이션의 분위기를 형성하게 된다.

(3) 전략적인 자세를 피하고 솔직하게 대하라

커뮤니케이션을 하면서 마음속으로 많은 복선을 가지고 상대방을 자신이 원하는 곳으로 유도하려고 하면서도 겉으로는 안 그런 척, 또는 상대방을 정말로 배려하는 척하는 경우가 종종 있다. 특히 판매기술이 그러하다. 그러한 전략적인 방법은 한두 번은 통할지도 모르겠지만 숨겨진 의도가 밝혀지는 순간부터 서로간의 실질적인 커뮤니케이션은 끝났다고 보아야 할 것이다.

진정한 커뮤니케이션을 위해서라면 최대한 솔직해야 한다. 그리고 서로간의 행동이나 제안이 숨겨놓은 어떤 목표를 성취하기 위한 것이 아닌, 자신들의 솔직한 심정에서 나온 것이어야 한다. 그렇게 되면 속고 속이는 게임에서 벗어나 문제해결이나 서로가 서로를 이해하기 위해 의견을 주고받는 구도로 대화를 진행시킬 수 있을 것이다.

서로가 어떤 특별한 의도로 의사나 행동을 하지 않고 그 상황에서 자신이 느끼는 감정이나 사고를 정직하고 솔직하게 표현하게 되면 자신을 방어하려는 본능적인 장벽이 없어지면서 마음의 문이 열리고, 이해의 폭을 넓히려는 노력이 가능하게 된다.

(4) 중립적인 자세를 피하고 상대방을 이해하려고 노력하라

우리는 커뮤니케이션 과정에서 상대방이 자기의 이야기를 귀담아 들어주고 이해하려고 노력하며, 또한 중요한 사람으로 인정해주기를 원한다. 상대방이 그러한 자세를 취해주면 마음속에 있는 모든 이야기를 다 끄집어내도 시원찮을 것이다.

하지만 자신의 이야기를 들어주는 사람이 중립적인 자세에서 조금도 상대방의 입장을 이해하려 하지 않고 잘잘못만을 가려 자신의 의견을 말하는 경우, 그 사람과는 더이상 대화를 지속시키고 싶은 생각이 없어진다.

진정한 대화를 원한다면 감정이입(empathy)이 필요하다. 감정이입은 동정(sympathy)과는 다른 의미이다. 상대방을 동정한다는 의미는 상대방의 입장을 이해하면서도 불쌍하게 생각한다든지 안타깝게 생각하는 것이다. 동정받는 입장에서는 아무리 상대방이 자신을 도와주려고 한다더라도 자존심 상하는 일이다. 설령 일시적으로 도움이 필요해서 받는다고 해도 그렇게 마음 내키는 일은 아니다.

그러나 감정이입을 한다는 의미는 상대방의 입장에 서서 상대방이 처해 있는 상황을 이해하고, 느껴보고, 상대방의 관점을 통해 문제를 바라봄으로써 상대방을 이해하려는 것이다.

이렇게 되면 진정으로 상대방의 느낌과 시각을 이해하게 되어 그가 이야기하는 참된 의미를 알 수 있으며, 또한 그의 느낌 자체를 인정하고 소중하게 생각해준다는 의미가 된다. 따라서 이렇게 상대방의 입장에서 생각하는 자세의 커뮤니케이션은 솔직한 느낌을 부담없이 주고받을 수 있도록 하는 계기가 되어 진정한 커뮤니케이션이 가능하도록 해준다.

(5) 윗사람 입장에서 대화하지 말고 동등한 입장에서 대화하라

어떤 사람들은 자신이 돈이든, 사회적인 지위이든, 지식적인 측면이든 모든 면에서 우위에 있다고 생각하고, 상대방을 아랫사람 대하듯 거만한 태도로 대화하는 경우가 있다. 이렇게 되면 상대방은 터놓고 이야기할 마음이 생기지 않는다. 그러한 태도를 가진 사람은 수신자로 하여금 메시지의 내용에 집중하지 못하게 하고, 전달자의 태도에 대한 불쾌감이나 경쟁심리, 또는 시기심이 앞서 커뮤니케이션의 길을 막아버리는 결과를 초래한다.

진정한 커뮤니케이션은 동등한 입장에서 서로의 의견을 존중하면서 정보를 교환할 때 비로소 가능하다.

(6) 배우겠다는 입장에서 대화에 임하라

자신은 이야기하고 있는 문제에 대한 답을 이미 알고 있는데, 그런 문제를 가지고 뭐 그러느냐는 식의 태도라든지, 자신이 다 알고 있으니 가르쳐주는 대로 따라만 하라는 식의 입장에서 대화에 임하면 상대방은 순간적으로 열등감에 빠지게 되고, 이는 곧바로 자신을 방어하려는 자세로 대화에 임하게 되므로 아이디어를 주고받거나 의견을 교환하는 커뮤니케이션은 단절된다.

배우려는 자세를 취하는 사람은 겸손하게 상대방의 입장을 청취하고, 문제에 초점을 맞추어 자신의 의견을 개진한다. 논쟁을 피하고, 가능하면 문제해결을 위해 다른 사람들이 가지고 있는 새로운 관점을 이해하고 노력하며, 필요한 정보를 받아들이려 한다.

이러한 자세는 다른 사람들이 서로의 생각을 주고받을 수 있는 분위기를 조성하고, 문제해결을 통해 서로가 성장할 수 있는 기회를 제공한다. 반면 자신의 의견만이 옳다고 주장하면서 논쟁하기를 즐긴다면, 다른 사람과 마음의 방어벽만 두텁게 할 뿐 커뮤니케이션은 불가능해진다.

02 | 메시지 전달자에게 요구되는 기술

위에서는 효과적인 커뮤니케이션을 위해 상호 신뢰할 수 있고 개방적인 커뮤니케이션 분위기 조성을 위한 필요사항에 대해 알아보았다. 이제는 좀더 구체적으로 메시지를 효과적으로 전하기 위한 기술적인 측면들을 알아보자.

(1) 명확한 목표 설정

커뮤니케이션은 무조건 자신의 생각이나 느낌을 쏟아내는 작업이 아니다. 전하고자 하는 내용이 무엇인지, 그것을 전함으로써 무엇을 얻을 것인지에 대한 명확한 목표 설정이 있어야 한다.

만약 전하고자 하는 메시지를 상대방이 정확하게 이해하도록 하는 것이 그 커뮤니케이션의 목표라고 하면, 상대방이 그 메시지를 쉽고 정확하게 이해할 수 있도록 필요한 도표나 그림, 보조자료들을 동원해야 한다.

만약 커뮤니케이션을 통해 상대방의 태도변화를 유도하는 것이 목표라면, 상대방의 어떠한 행동이 어떻게 변화하여 어떠한 상태가 되기를 원하는지에 대한 명확한 이해와 뚜렷한 결과에 대한 인식이 있어야 한다.

전하고자 하는 의미가 정확하게 정해져 있으면, 그리고 그 커뮤니케이션을 통해 얻고자 하는 목표가 명확하다면, 우리는 커뮤니케이션 방법을 효율적으로 활용하여 바라는 결과를 위해 상대방과 함께 최선을 다할 수 있다. 그렇지 않으면 엉뚱한 주제에 얽매여 특별한 결론도 없이 대화가 끝날 수밖에 없다.

(2) 적절한 커뮤니케이션 수단의 활용

자신이 전하고자 하는 내용이 확실하고 서로간 커뮤니케이션을 통해 얻고자 하는 결론이 확실하면 다음으로 중요한 것은 커뮤니케이션 방법의 선택이다. 전달하고자 하는 내용을 부호화하여 메시지를 전하는 방법은 그림이나 문자·전자매체·몸짓 등 여러 가지가 있다. 문제는 상대방이 얼마나 잘 이해할 수 있는 방법을 택하느냐 하는 것이다.

예를 들어 그림으로 쉽게 짧은 시간에 전할 수 있는 메시지를 언어라는 수단으로 전한다면 엄청난 노력과 시간을 소비해도 어려울 수 있다.

따라서 효과적인 커뮤니케이션 방법의 선택이 매우 중요하며, 비언어적인 수단과 언어적인 수단을 일치시키는 것도 늘 염두에 두어야 한다. 자신을 보호하기 위해 은근히 돌려서 이야기하는 간접화법을 구사하면서도 그것을 상대방이 다 알아서 이해해주기를 기대하는 것은 과욕이다. 상대방이 가장 이해하기 쉬운 방법으로, 가능하면 직접적으로 의사를 표현해주는 것이 중요하다.

(3) 감정이입적인 커뮤니케이션

감정이입적 커뮤니케이션이란 전달자가 상대의 사고·태도·입장 속으로 들어가 상대방의 눈으로, 가치관으로, 시각으로 문제를 재조명해보는 노력이다. 그래서 논의하고 있는 문제에 대해 서로가 어떤 측면에서 다르게 바라보고 있으며 다르게 해석·이해하고 있는지를 파악하고, 상대방이 이해하기 쉽도록, 그리고 받아들이기 쉽도록 자신의 메시지를 전하는 것이다.

이는 단순히 자신이 전하고자 하는 메시지를 전하고서 거기에서 오는 반응을 기다리는 소극적인 커뮤니케이션의 자세가 아니라 적극적으로 상대방의 입장에서 생각하면서 서로가 이해의 폭을 넓힐 수 있는 최선의 방법을 찾는 적극적인 작업이다.

(4) 피드백의 활용

전달자는 자신의 메시지가 수신자에게 잘 전해지고 있는지, 어느 정도 상대방이 이해하고 있는지 확인할 필요가 있다. 이것을 확인하는 좋은 방법은 상대방이 반응을 보일 수 있는 기회를 제공하는 것이다. 다시 말해 상대방에게 직접적으로 자신이 전하고자 하는 메시지를 어떻게 해석하고 이해하고 있는지 물어보는 것이다. 이렇게 피드백을 활용한 커뮤니케이션이 서로가 유사한 이미지를 만들어낼 수 있는 유일한 방법이다.

피드백의 활용을 위해서는 비언어적인 수단을 통해 전해지는 메시지에 대한 민감성 또한 중요하다.

(5) 상호간의 공감적 관계형성

라볼디(Laborde, 1987)는 상호간에 공감적인 관계형성(rapport) 없이는 실질적인 의미의 커뮤니케이션은 불가능하다고 단언한다. 공감적인 관계는 서로가 신뢰하고 인정하는 관계를 의미하며, 따라서 상호간의 신뢰관계를 형성하려거든 먼저 서로의 능력을 인정하라는 것이다.

서로가 신뢰를 한다는 전제 하에 공감적인 관계를 형성하기 위한 방법으로 라볼디는 서로가 상대방의 모습과 조화를 이루려는

'반사적 작업(mirroring works)'을 권한다. 반사적 작업이란 상대방의 행동에 자신의 행동을 함께 조화롭게 맞추려는 것을 말하는데, 상대방이 의자에 기대어 앉아 있으면 그 상대방과 조화를 이루어 자신도 의자에 비슷한 포즈로 기대는 것이다. 이 반사적 작업으로 라볼디는 네 가지를 권하고 있다.

첫째, 상대방과 말하는 톤이나 속도를 같도록 조절한다. 만약 상대방이 고음으로 말하는데 자신은 그저 평범한 음성의 높이를 유지하고, 상대방이 빠른 속도로 자신의 논리를 펴나가고 있는데 자신은 무관심하게 느릿느릿 이야기해서는 공감적인 관계형성이 어렵다는 것이다.

둘째, 숨쉬는 속도를 같이 조절하라는 것이다. 상대방의 호흡속도와 자신의 호흡속도가 비슷해지면 서로간의 감정교감이 가능해진다는 것이다. 상대방이 격한 감정을 느끼고 있으면 자연히 호흡속도가 빨라질 것이다. 이때 그의 호흡속도와 자신의 호흡속도를 동조(同調, assimilation)하면 곧 그 사람과 깊은 감정의 교감을 갖는다는 것이다.

셋째, 상대방의 움직이는 리듬을 관찰해서 자신도 그와 상응할 수 있는 리듬으로 움직여주라는 것이다. 만일 상대방이 주기적으로 안경을 손끝으로 밀어올리는 습관이 있는 것을 발견했다고 하자. 그러면 상대방이 안경을 올릴 때에 맞추어 자신의 손으로는 팔짱을 꼈다 푼다든지 하면 서로간의 몸동작에 조화가 이루어져 공감적인 관계형성에 도움이 된다는 것이다.

마지막으로 자세의 조화(harmony)를 이루는 것이다. 상대방이 한쪽 다리를 앞으로 내놓고 서 있으면 자신은 반대편 다리를 앞으로 내놓고 서 있으므로 해서 조화를 이루는 것이다.

이렇게 서로가 서로를 신뢰하면서 상호간 움직임이 조화롭게 하모니를 이루어 하나가 되면, 커뮤니케이션을 통해 얻고자 하는 결과를 보다 쉽게 성취할 수 있다는 것이다.

(6) '나 메시지' 사용

자신이 느끼는 감정을 밝히고, 상대방의 행동이나 의견에 대한 나의 반응을 전하고, 상대방에게 행동 변화를 요구하는 효과적인 커뮤니케이션의 기술로서 '나 메시지(I message)'를 들 수 있다. 이 방법은 자신의 느낌에 대해 왜 그러한 느낌을 가지게 되었으며 자신은 어떻게 생각하는지에 대한 문제를, 자신이 본 사실과 그것으로 인한 자신의 감정 변화에 초점을 두고 설명하는 방법이다.

순수하게 자신의 감정과 그러한 감정을 갖게 된 원인을 잘 묘사하여 자신의 생각을 상대방에게 전달함으로써 상대방이 다음에 행동할 때 하나의 정보로서 활용할 수 있도록 하는 방법이 '나 메시지'이다.

어떤 모임에서 친한 친구가 다른 친구하고만 이야기하고 나를 대화에 끼워주지 않았다고 가정하자. 만약 내가 친구에게 "넌 그 모임에서 나는 거들떠보지도 않고 다른 애들과 이야기했지!"라고 하면 이것은 친구의 비언어적인 행동에 대한 단순한 평가이고, 내 자신이 느끼는 불쾌한 감정의 원인을 친구에게 전가하는 것이 된다.

하지만 "네가 다른 애들하고만 이야기하고 내 말에 별로 관심이 없는 것 같아. 정말로 네가 나의 가장 친한 친구인지 하는 생각으로 슬펐어!"라고 표현하면, 이것은 순수하게 당시의 상황을 사실에 입각한 묘사가 되고, 또한 그로부터 받은 자신의 느낌에 대한 순수한 표현이지 그 책임을 친구에게 전가하는 형태는 아니다. 그러면 친구로서는 그 상황에 대한 설명이나 변명을 하게 될 것이고, 앞으로 그와 유사한 상황에서는 나에 대해 좀더 주의를 기울이게 할 수 있는 정보가 된다.

〈표 10-1〉 '나 메시지' 테크닉

You message	I message
· 부정적인 생각 · 관공서 위주의 사고 · 명령형 캠페인 · 상대에게 책임과 잘못건가 예 산에서 내려올 때는 쓰레기를 들고 내려 오십시오.	· 보다 순화되고 상대를 배려 · 상대 기분을 상하지 않고 마음을 전달 · 매너의 출발점 · 나의 시각에서 대화 예 산에 쓰레기를 버리면 산이 아파요.

'나 메시지'를 사용하는 방법은 다음과 같다.

첫째, 내 감정의 원인을 사실에 입각하여 구체적으로 묘사한다.

둘째, 그러한 사실로 인해 내가 어떠한 감정을 갖게 되었는지를 밝힌다.

셋째, 필요하다면 나의 주장 또는 바라는 바를 설명한다. 그 방법으로서는 "나는 당신이 ○○했을 때 ○○하는 느낌이었다. 앞으로 나는 당신이 ○○하게 해주었으면 좋겠다"라는 형태로 자신의 의견을 전하는 것이다.

'나 메시지'의 활용은 곧 나의 감정과 행동을 명백히 전달함으로써 자신의 권리를 보호할 수 있는 좋은 기술의 하나이다.

이제까지 우리는 주로 전달자에게 요구되는 커뮤니케이션의 기술을 살펴보았다. 이제부터는 수신자의 입장에서 전해오는 메시지를 어떻게 수용해야 하는지, 좀더 정확하게 메시지를 받아들이는 데 필요한 기술은 무엇인지 알아보자.

03 | 메시지 수신자에게 요구되는 기술

커뮤니케이션 과정에서 전달자가 아무리 효과적으로 메시지를 전한다고 해도 수신자가 그것을 잘 듣지 않는다면 커뮤니케이션은 이루어질 수 없다. 커뮤니케이션은 전달자와 수신자가 상호 노력을 기울여 메시지를 주고받을 때 가능하다. 하지만 우리는 '듣기'에 많은 노력을 기울이지 않는다.

만약 우리가 말하는 데 신경을 쓰는 만큼 듣기에 신경을 쓴다면 우리의 커뮤니케이션은 좀더 원활해질 것이다.

지금부터는 우리가 듣기를 얼마나 효과적으로 하고 있는지 알아보고, 효과적인 경청(listening)을 위한 방해요인과 효과적인 듣기를 위한 방법에 대해 살펴보기로 하자.

(1) '듣기'에 대한 일반적인 경향

대부분의 사람들은 '듣기'에 아주 미숙하다. 한 연구에 의하면 일반적으로 사람들은 10분간의 연설을 듣고 나서 그 연설내용의 50% 정도밖에 기억하지 못한다. 48시간이 지나면 기억하는 정도는 25%로 줄어든다(Lewis, 1975). 다른 실증적인 연구에서도 비슷한 결과를 보인다.

그렇다면 우리는 청각을 통해 받아들이는 전체 메시지 중 약 25% 정도, 또는 그 이하의 정보만을 기억하고 있다고 볼 수 있다. 따라서 다른 사람과의 커뮤니케이션에서 오해와 굴절의 많은 부분은 '듣기에 대한 주의부족'에서 기인한다고 보아도 무방하다.

사람들은 다른 사람의 이야기를 들으면서 자신과 비교하거나 듣는 순간 판단을 내리느라 그 사람의 이야기에 전적으로 집중하지 않는다. 더 나아가 내 상황이 어려운 경우라면 다른 사람들이 전하는 메시지들이 귀에 들어올 리가 없다.

어떤 측면에서 우리 대부분은 자신만의 사고에 묶여 있는 심리적인 청각 장애자인지도 모른다. 이렇듯 우리는 듣기에 대한 연구나 훈련을 등한시해왔다. 학교의 우리말 교육도 거의가 읽기 · 쓰기 · 말하기에 집중되어 있지 듣기에 대한 훈련은 없는 실정이다.

(2) 효과적인 듣기의 장애요인

듣기(listening)는 라틴어의 lis(ear, 귀)와 ten(attention, 주의) 의미가 합해진 단어이다. 여기서 듣기란 단순한 듣기인 영어 표현 hearing과는 다른 의미로, 수신자의 의도적인 노력이 수반되는 듣기이다. 다시 말해 그냥 주의를 기울이지 않고 들려오는 새소리를 듣는 것(hearing)과 다른 사람들이 전하는 메시지를 듣는 것(listening)과는 다르다.

그렇다면 어떠한 요인들로 인해 효과적인 듣기를 못하고 있는지 방해적인 요소들을 알아보자.

첫째, 상대방의 말을 들으면서 머릿속으로는 엉뚱한 생각(daydream)을 하는 것이다. 일반적으로 사람들이 1분에 생각할 수 있는 단어는 약 500단어 정도라고 한다. 하지만 입으로 말할 수 있는 단어는 약 125~150단어 정도이고, 아무리 말을 빨리 하는 사람도 200단어 이상은 불가능하다고 한다. 우리가 전달자의 메시지에 진실로 귀기울이지 않는다면, 귀로 1분간 150단어 정도 들으면서 나머지 두뇌의 정보처리 용량은 다른 곳에 활용하게 된다. 그렇게 되면 자연히 다른 생각으로 빠지게 되고, 정말 들어야 하는 메시지는 놓쳐버리면서 커뮤니케이션에 오류가 생기게 된다.

둘째, 상대방의 이야기를 들음과 동시에 머릿속에서는 상대방이야기에서 잘못된 점을 지적하고 판단하는 것에 열중한다. 즉 전체 이야기를 다 듣기 전에 수신자가 그 메시지에 대하여 성급한 결론을 내리고, 그것에 대한 반박논리를 머리로 생각하고 정리하는 것이다. 따라서 전달자가 펴고 있는 중요한 논리와 주장은 듣지 못하게 되고, 그가 왜 그러한 주장을 하고 있는지에 대한 정보도 놓치게 된다. 효과적인 듣기를 위해서는 성급한 결론과 평가는 금물이다. 적어도 이야기 전체를 다 들어보고 자신의 생각을 정리하는 것이 바른 자세이고, 효과적인 듣기를 위해 요구되는 자세다.

셋째, 듣기보다 말하기를 선호하는 경향이다. 사람들은 다른 사람의 이야기를 듣기보다는 말하기를 좋아한다. 다른 사람이 말하는 것에는 관심이 없고, 단지 자신이 해야 할 이야기에만 정신을 집중하다 보면 다른 사람이 무슨 말을 하고 있으며, 무엇이 중요한 메시지인지 모르게 된다. 자신이 말하려고 하는 만큼 상대방의 이야기를 듣는데 관심을 기울일 때 비로소 올바른 커뮤니케이션이 가능해진다.

넷째, 메시지 내용에 대한 무관심이다. "다 알고 있는 이야기인데 들을 필요가 있을까?"라고 단정하고 전달자의 메시지에 관심을 보이지 않게 되면, 다시금 그 대화에 집중하기가 힘들어진다. 때로는 전달자의 비언어적 메시지나 반복적으로 쓰는 용어 등에 관심을 두고 정말 전하고자 하는 언어적 메시지에 집중하지 않으면 아무리 좋은 이야기라고 해도 그것은 한날 무용지물이 될 뿐이다.

(3) 효과적인 듣기를 위해 요구되는 방법

우리의 삶에서 노력 없이 얻을 수 있는 것이 아무것도 없듯이 상대방이 전하고자 하는 메시지를 듣기 위해서도 또한 노력이 필요하다. 아래에 제시한 열 가지 방법은 효과적으로 듣기 위해 무엇을 해야 할 것인가에 대한 것이다.

① 말하지 마라

말하려고 하면 들리지 않는다. 또한 말하는 동안 우리는 들을 수 없다.

② 말하는 사람에게 동화되도록 노력하라

수신자는 전달자의 입장에서 문제를 보려고 노력하고, 전달자는 수신자가 그 문제에 대해 어떻게 느낄 것인가를 생각하며, 서로가 공감대를 형성하려고 노력하라.

③ 질문하라

질문은 전달자의 메시지에 관심이 있다는 표현이다. 그러나 전달자를 궁지에 몰아넣기 위한 질문이 아닌, 이해의 폭을 넓히기 위해서 정보를 구하는 자세로 질문하라.

④ 전달자의 메시지에 관심을 집중시켜라

메시지의 내용 · 관련개념 · 느낌 등에 관심을 두고 들으려고 노력해야지 전달자의 신체적인 조건이나 물건 등 다른 곳에 관심을 두어서는 안 된다.

⑤ 진정으로 듣기 원하는 것을 보여주어라

가능한 한 시선을 전달자로부터 떼지 말고 주의를 집중시켜 전달자가 느끼기에 정말로 듣기 원한다는 생각을 갖도록 하라. 전달자가 가장 편안한 상태에서 메시지를 전할 수 있도록 도와주어야 한다.

⑥ 인내심을 가져라

자신의 감정을 가능한 한 억제하고, 전달자가 자신의 생각과 상반되는 이야기를 하더라도 끝까지 들으려는 자세가 중요하다.

⑦ 산만해질 수 있는 요소를 제거하라

주위가 산만하면 정말 전하고 싶은 이야기도 잊어버릴 수 있다. 메시지의 효과적인 전달방법과 관련없는 행동은 자제하고, 조용한 공간을 제공하도록 한다.

⑧ 메시지 내용 중 동의할 수 있는 부분을 찾아라

전달자 입장에서는 수신자가 자신의 메시지 내용에 동의하지 않는다는 것을 확인하게 되면 이야기를 진행시키고 싶은 의욕을 상실하게 된다. 따라서 수신자는 전달자의 메시지 중 동의할 수 있는 부분을 찾고 상대방을 격려해야 한다.

⑨ 전달하는 메시지의 요점에 관심을 두어라

종종 사람들은 전달자가 전하고자 하는 메시지의 핵심에는 관심없고 주로 부차적인 이야기에 관심을 두는 경우가 많다. 그렇게 되면 전체 메시지의 핵심을 놓치게 되어 효과적인 커뮤니케이션이 불가능하다.

⑩ 듣기 전에 말하지 말라

이는 중요하기 때문에 다시 한번 반복한다. 일반적인 대화에서는 상대방의 메시지가 계속되고 있음에도 불구하고 피드백할 내용을 나름대로 미리 준비하고 말하려는 경향이 높다. 물론 커뮤니케이션 중간중간에 전달자의 의도를 정확하게 파악하려는 의도라면 긍정적인 방법이겠으나 대부분은 상대방의 말허리를 자르고 반박하는 경우가 많다. 이렇게 되면 서로가 방어적인 대화로 나아가게 되고, 쓸데없는 오해와 불신을 초래하게 된다. 상대방이 결론을 내릴 때까지 경청하고 그것을 바탕으로 자신의 의견을 이야기하라.

칭찬은 마음의 꽃다발

칭찬 한마디야말로 윤활유처럼 사람과 사람 사이를 부드럽게 이어주고, 삶의 의미를 새롭게 해주기도 하는, 정말 돈이 들지 않고 무한히 베풀 수 있는 '마음의 꽃다발'이라고 할 수 있다.

커뮤니케이션 실무

Chapter 11

01 | 커뮤니케이션 연습

본 연습은 커뮤니케이션에 대한 개념을 이해하기 위한 것이다. 한 학생이 나와서 다음의 그림을 설명하면 다른 학생들은 노트에 설명하는 대로 그림을 그려야 한다. 물론 학생들이 먼저 그림을 보면 아무런 효과가 없다.

[제1단계]는 단지 의사전달(talking)의 경우를 설명하고 있으며, [제2단계]는 커뮤니케이션(communication)의 경우를 설명하고 있다.

끝난 다음에 칠판에 학생들이 설명을 듣고 그린 그림과 실제 그림과 어떤 차이가 있는지 확인해본다. 그리고 단순히 설명만을 한

[제1단계]의 경우와 커뮤니케이션을 한 [제2단계] 경우와는 어떤 차이가 있는지 확인해본다.

[제1단계]

우선 한 학생으로 하여금 [그림 11-1]을 말로 설명하도록 한다. 이때 이 그림을 설명하는 학생은 뒤로 돌아서서 설명하며, 표정이나 다른 손짓·몸짓·표정 등을 교환할 수 없도록 하고, 단지 음성만을 통해 학생들에게 전달하도록 한다.

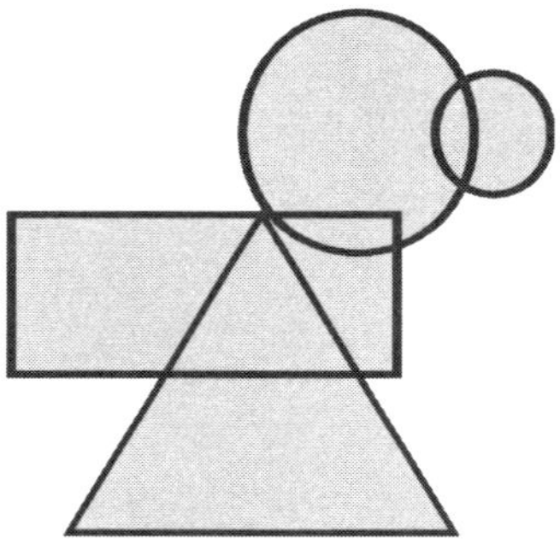

그림 11-1 | 의사전달을 위한 그림

[제2단계]

다른 학생으로 하여금 [그림 11-2]를 설명하도록 한다. 이때 학생은 그림을 학생들에게 보여주는 것을 제외하고는 손짓·몸짓·표정 및 여러 동작을 동원하여 함께 설명할 수 있다. 또한 이 설명을 듣고 이해하지 못하면 언제든지 질문을 하고, 다시 설명을 요구할 수 있다.

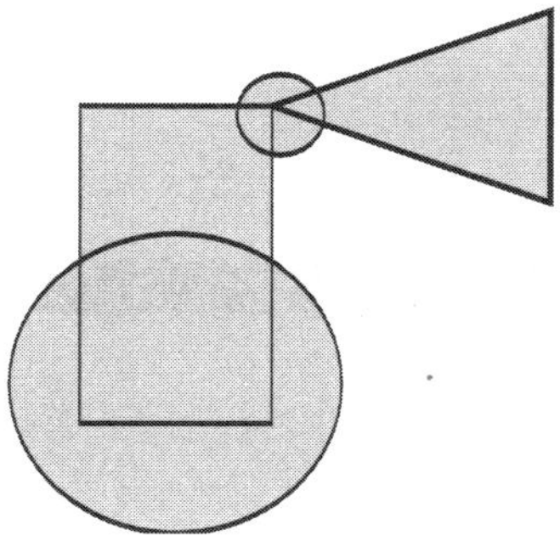

그림 11-2 | 커뮤니케이션을 위한 그림

02 | 커뮤니케이션 적용의 한계성

커뮤니케이션은 인간관계에서 일어나는 무수한 문제를 해결하기 위해 인간이 사용할 수 있는 방법 중 가장 수준 높은 방법이다. 대화를 통한 방법만큼 문제해결에 건전한 방법은 없다.

하지만 이 좋은 방법도 잘못 활용하면 서로간의 관계를 더욱 악화시킬 뿐, 문제해결의 실마리를 제공하지 못한다.

따라서 우리는 커뮤니케이션 과정에서 일어나는 현상, 그 과정에 잠복되어 있는 여러 가지 장애요인들을 바르게 인식해야 한다.

인간관계에서 일어나는 많은 문제를 해결하기 위해서는 커뮤니케이션 방법이나 기술습득 이상의 것이 요구된다. 이 말은 서로에 대한 신뢰와 함께 문제해결을 위해 노력하려는 자세가 근본적으로 형성되어 있어야만 비로소 이러한 방법과 기술들이 활용 가능하다는 것이다.

신뢰를 구축하기 위해서는 우선 서로가 상대방을 인정하고 너와 나는 둘이 아니라 궁극적으로는 하나라는 것을 인식하는 것이다.

커뮤니케이션 실무

첫째, 2개 팀(의사전달팀과 커뮤니케이션팀)으로 나눈다.

둘째, 의사전달 팀에게는 그림을 설명하는 학생은 표정이 나타나지 않게 등을 뒤로하고 단지 음성만으로 그림모양을 전달한다.

셋째, 커뮤니케이션팀에게는 그림을 설명하는 학생은 손짓 · 몸짓 · 표정 등 모든 표현가능한 동작을 동원하여 그림모양을 전달한다. 이해가 되지 않으면 언제든지 질문하고 다시 설명한다.

넷째, 의사전달팀과 커뮤니케이션팀, 양팀간 결과의 차이를 토론한다.

제III부

친절 테크닉과 사례 분석

Chapter 12

친절 테크닉

01 | 친절 경제학

친절은 가슴과 가슴끼리 마주하며 서로가 말없이 통할 수도 있는 "인간 세상의 만국어"라고 한다. 독일의 시인 괴테(J.W. Goethe)는 친절을 이름하여 "사회를 움직이는 황금의 쇠사슬"이라고 노래하였다. 또한 세계적인 경제학자 아담 스미스(Adam Smith)는 "친절로 베푼 유쾌함은 가끔 이자까지 붙어서 되돌아온다"고 이른바 '친절 경제학'을 주장하였다.

친절 경제학자의 그 대표적인 사례로 카네기(Andrew Carnegie : 미국 철강왕)의 유명한 일화가 있다.

> 어느 날 오후 허름한 한 가구점 앞에서 할머니 한 분이 비를 피하기 위해 안타까운 거동을 반복하고 있었다. 먼발치에서 이를 바라보던 가구점 주인은 할머니에게 다가가서 비가 그칠 동안 가게 안에서 기다릴 것을 권했다. 할머니는 웃으시며 승용차가 곧 자기를 다시 태우러 오기로 했다면서 정중히 사양하였다. 그러나 가게주인은 돌아서지 않고 승용차가 올 동안만이라도 가게 안에서 비를 피하며 젖은 옷을 말리라고 다시금 권했다. 얼마 후 비 내리는 가게 앞으로 자동차 한 대가 다가서더니 할머니를 태우고 갔다.
>
> 그로부터 보름이 지난 어느 날, 미국의 대그룹에서 그 가구점의 모든 가구를 사가겠다는 주문서가 날아왔다. 나중에 알고 보니 그 할머니는 미국의 이름난 갑부인 카네기의 어머니였던 것이다. 카네기는 어머니로부터 그 가게주인의 친절을 전해듣게 되었고, 이에 감동한 카네기는 그 가게의 가구를 몽땅 사주는 것으로 보답하기로 했던 것이다.

이처럼 친절은 이따금 이자까지 붙여 사들여주는 것이다.

언젠가 어느 스튜어디스의 감동적인 칭송사례로 화제가 된 적 있다. 국내선 도착장에서 일어난 일이다. 도착장 주변에는 늦은 저녁이라 마중객들이 한산하였는데, 어느 할머니 한 분께서 이리저리 두리번거리며 지나가는 스튜어디스를 붙잡고 도와달라고 하셨다. 그 할머니는 꼬깃꼬깃한 종이에 아들집 주소만 갖고 계셨는데, 거기를 찾아갈 수 있는 교통편을 물어오신 것이다. 알고보니 마중나오기로 한 며느리와 길이 엇갈리신 것이었다.

그 스튜어디스는 낯선 곳에서 당황해하는 그 할머니를 직접 그 주소지를 찾아 모셔드렸다. 길이 엇갈려 집에서 걱정하던 가족들은 할머니를 집 앞까지 모셔드리고 가버린 그 스튜어디스를 수소

문 끝에 찾아 사례하려 했으나, 결코 당연한 일을 한 것뿐이라며 사양하였다. 그 후 진정한 아름다움을 가진 스튜어디스가 근무하고 있는 항공사에 그 가족들로부터 감사의 서신이 날아왔다.

때로는 힘들어 자신도 모르게 매너리즘(mannerism)에 빠져 고객을 맞이하는 경우도 있겠으나 이렇게 보이지 않는 곳에서 아름다운 마음씨를 표현한 그 스튜어디스는 오래도록 많은 사람들의 기억 속에 자리잡고 있을 것이다.

02 | 고객과의 신체 위치로 친절 서비스 극대화

고객의 친절에 대한 느낌은 신체의 위치에 많이 좌우된다. 그런 이유로 고품위 서비스 전문가는 고객과의 신체 위치에 많은 신경을 쓴다.

즉 몸과 얼굴이 함께 고객을 향할 때 정중함과 친절함을 느끼게 되며, 반대로 뒷모습은 거부의 느낌을 전달한다. 몸과 얼굴이 고객을 향하고 있다는 것은 고객의 욕구를 수용하겠다는 의미의 전달로 받아들여지는 것이다.

윗분의 지시를 받을 때, 고객의 주문을 받을 때, 어른이 말씀하실 때, 바로 몸을 부르는 분의 위치로 돌려라.

윗분의 사무실에서 나갈 때도 바로 뒷모습을 보이면 안 된다. 앞모습 그대로 한두 걸음 뒷걸음질로 걸어나간 후 뒤로 돌아서서 나간다.

고객의 주문이나 요구에 몸을 고객 쪽으로 향하게 하면서 조금 낮추어서 정중함을 표현하라. 고객은 일순간 좋은 대접을 받고 있다는 느낌을 받는다.

어린이나 몸이 불편한 분이 오셨을 때는 눈높이를 맞추어 앉아 접객한다면, 어린이뿐 아니라 주변 모두가 우리의 친절함에 기쁨을 느낄 것이다.

고객이 앉아 계신다면 상체를 절제된 동작으로 숙여라.

우리가 계단 위에 있고 고객이 아래에 있는 경우 밝고 가벼운 걸음으로 내려가서 고객의 요구를 들어라. 고객은 올려다보는 것에 익숙하지 않을 뿐 아니라 서 있는 위치 차이만으로도 우리에게 서비스를 받는다는 생각을 갖지 못한다.

고객을 안내할 때도 앞서가면서 우리의 몸이 약간 고객 쪽으로 향하게 하면서 안내하라.

고객이나 윗분을 배웅하는 경우 고객의 차가 모퉁이를 돌 때까지 그쪽을 향하고 바라보라. 혹시 뒤돌아볼지도 모르는 고객에게 오랜 여운으로 우리의 친절함이 남을 것이다.

이러한 신체언어의 사소한 차이가 고객이 느끼는 친절의 극과 극을 구성한다.

우리의 앞모습은 고객의 것임을 명심하라.

03 | 눈맞춤은 친절 테크닉의 기본

우리는 아침에 눈을 떠서 잘 때까지 종일 눈을 뜨고 생활하지만, 하루에 눈맞춤(eye contact)은 한번도 하지 않고 지낼 때도 많다. 하지만 고품위 서비스 전문가는 눈맞춤을 잘해야 한다.

눈맞춤은 그냥 쳐다보는 것이 아니라 고객과 눈을 마주치고 느낌을 주고받아야 하는 것이다. 그 사소한 눈길에서 고객에게는 친절함이 전달되고 상사에게는 근무의욕이 전달된다. 따라서 친절 서비스는 눈맞춤에서 시작해서 눈맞춤에서 끝이 난다고 해도 과언이 아니다.

여러분이 어떤 회사를 방문하였을 때 모두들 각자 일에 바빠 아무도 눈을 마주치지 않아 곤혹스러웠던 경험이 없는지? 혹은 직장에서 동료가 종일 외면하고 있어서 불안하였던 경험은 없는지? 또는 레스토랑에서 종사원을 부르려고 했으나 다른 곳만 쳐다보고 있어 소리내어 부를 수밖에 없었던 기억은?

눈을 마주치지 않는 것은 상대에게 오해를 불러일으킨다. 눈을 마주하지 않으면 아무리 열심히 일을 해도 화난 듯 느껴지고, 또 뭔가 불만이 있는 것 같고, 뭔가 숨기고 있다는 느낌도 준다. 누구도 외면당하는 것을 반기지 않는다.

아주 짧은 시간에 이루어지는 눈맞춤으로 친절과 관심을 표현하고, 고객의 욕구를 알아낼 수 있다. 예절을 표현할 때는 고객의 눈을 바라보라. 얼굴과 몸을 고객을 향하게 하고 바라보라. 동공을 살짝 크게 뜨고 입꼬리에 살짝 힘을 주어 올리고 눈을 바라보라.

그렇다고 뚫어지게 주시하는 것은 아니다. 감사와 관심의 마음을 지닌 채 도와드리겠다는 마음가짐으로 바라보라는 것이다. 고객응대는 눈맞춤으로 시작된다.

04 | 나만의 독특한 친절 테크닉 개발

현대는 개성의 시대라고 한다. 서비스에서도 개성이 요구되고 있다. 정통적인 서비스가 물론 제일 중요하지만 퓨전(fusion) 시대에 걸맞는 나만의 독특한 개성있는 친절 서비스가 하나쯤 준비되어 있다면, 매뉴얼화된 서비스에서 느끼는 고객의 식상함을 덜어 줄 수 있을 것이다.

사람에게는 누구나 남보다 좀더 발달된 부분이 있듯이 친절도 마찬가지이다.

- 고객의 이름과 얼굴을 쉽게 기억한다면 그 부분을 특별히 개발하라.
- 은근히 뒤에서 배려하고 편안하게 하는 점이 당신의 개성이라면, 바로 그 점이 고객의 마음을 사로잡을 당신의 친절 테크닉이다.
- 고객과 대화를 하면 고객이 즐거워하는가? 당신은 즐거움을 나누는 감각이 있다. 고객과 즐거움을 함께하라.

어느 항공사 퍼스트 클래스(first class)에서 근무하던 한 스튜어디스는 비행기에 소모품으로 실리는 여분의 꽃으로 화장실을 아름답게 장식하곤 했다. 누구도 그렇게 지시하지 않았지만 새하얀 린넨(linen)을 접고 그 속에 빨간 카네이션 한 송이를 꼽아 화장실을 장식하는 스튜어디스의 아름다운 모습, 누가 시키지 않아도 사소한 부분까지 고객을 생각하는 마음, 그것이 바로 친절 테크닉이다.

"내가 주인이라면 이렇게 할 텐데……" 하는 점이 눈에 들어오는가?

"이런 서비스를 제공하면 고객이 좋아할 텐데……"고 생각되는 점이 있으면 적극적으로 의사를 표현해보라.

모두가 고객감동을 외치는 지금이야말로 타성에 젖은 매뉴얼화된 서비스보다 신선한 각자의 아이디어를 발휘할 때이다.

05 | 친절 테크닉은 반복적인 연습에서 나온다

어떤 일이든 처음부터 능숙하게 숙달하는 것은 아니다.

배우고, 보고, 연습하고, 지적받고, 경험이 쌓이면서 어느듯 자연스럽게 주어진 상황에 적절히 대응하는 프로가 되어가는 것이다.

일류 서비스를 자랑하는 항공사나 호텔 등에서는 먼저 배우는 교육을 철저히 한다. 두어 달에 걸친 서비스 교육 훈련은 하드 트레이닝(hard trainning) 그 자체이다.

예를 들어 하루에도 수십 번을 반복하며 인사하고 웃으며 인사하는 연습을 하다보면, 자기가 몰랐던 자신의 모습을 바꾸는 길이 반복된 연습에 있다는 것을 알게 된다. 일단 자신의 몸에 인사와 스마일이 익혀지면 이젠 다른 사람들의 경직되고 무표정한 얼굴들이 부담스럽게 다가올 것이다. 자신이 변하면 세상이 변하는 것이다.

부족한 부분을 알지만 혹은 책을 보고 필요성을 느끼지만 변화시키기 힘들 경우, 적절한 친절 교육기관을 이용하여 자신의 모습을 비추어보고 전문가의 도움을 받아 교정하고 훈련하라. 변화된 자신을 가꾸고 부족한 부분을 채워나가는 적극적인 삶의 자세는 어떤 인생에서도 성공의 자양분이 될 것이다.

06 | 친절 서비스는 말과 행동이 병행할 때 이루어진다

서비스는 말과 행동으로 이루어진다. 그 가운데서도 적절하게 말로서 응대하는 것은 친절 서비스에서 매우 중요한 부분이다.

고객이 "무성의하다"라고 느낄 때는 행동만 하고 말을 하지 않을 때이다. 말하지 않고 무표정한 얼굴로 서비스만 잘한다고 만족을 느끼는 고객은 없을 것이다. 고객은 말과 행동이 병행한 서비스를 받을 때 친절함을 느낀다.

만일 고객이나 상사가 부를 때 어떻게 하는 것이 좋을까?

① 그냥 다가간다.
② 다가가서 "부르셨습니까?"라고 말한다.
③ 부르면 즉시 "네" 하고 대답하고, 다가가서는 "부르셨습니까, 손님?" 혹은 "부르셨습니까, 부장님?" 하면서 밝은 목소리로 응대한다.

당연히 ③번이 친절한 응대이다.

단순한 것 같지만 말과 행동을 병행하여 응대하는 것이 친절함을 느끼는 데에 있어 얼마나 큰 영향을 미치는지 보통은 잊어버린다. 아니면 알고도 실천하고 습관화시키는 것에 어려움을 느끼는지도 모르겠다.

말과 행동이 병행하는 몇 가지 응대를 살펴보면 다음과 같다.

"예, 그렇게 하겠습니다."
"예, 지시대로 처리하겠습니다."
"예, 다녀오겠습니다."
"부장님, 부르셨습니까?"
"손님, 무엇을 도와드릴까요?"

"고객님, 잠시만 기다려 주시겠습니까?"

친절이 모자라면 무성의해 보이고, 친절이 지나치면 가벼워 보인다. 당신의 친절 위에 카리스카를 얹어라. 90%의 친절 위에 10%의 카리스마가 얹히면 당신은 부드럽고 위엄있는 서비스맨이 될 것이다(안미헌).

07 | 친절 서비스의 자세

업무와 관련하여 날마다 수많은 사람을 대하고, 또 그들 모두를 만족시키기란 너무도 어려운 과제이다. 서비스는 제공하는 사람의 마음이 상대에게 전해지는 것이며, 서비스 제공의 수치나 값 역시 제공받는 상대편에서만 평가 가능한 일이다. "나는 최선을 다 하는데……"라는 표현은 서비스 종사원에게는 금물이다. 또한 상대의 요청에 의해 제공되는 서비스는 그 빛을 잃을 수밖에 없다.

현장에서 근무하는 서비스 종사원들이 이구동성으로 말하는 애로점은 "고객이 문제이다"라는 것인데, 그런 이유로 서비스 종사원은 자신의 직업에 대한 자긍심과 봉사정신을 가지고 업무 자체를 즐길 수 있는 사람이어야 한다. 물론 친절한 매너는 서비스 종사원들에게만 요구되는 덕목은 아니다.

그러나 서비스를 제공받을 만한 사람에게만 선별적으로 친절 서비스를 제공할 수 없는 것이 현장 종사원들의 숙제이고 보면, 이 과제를 어떻게 해결하느냐 하는 방안을 연구하는 것이 바람직한 서비스 종사원의 자세이다.

친절 서비스는 제공받는 사람이 만족했을 때 비로소 완성되는 것이고(서비스의 개별성), 서비스 제공이 요구되는 시점에서 곧 바로 이루어져야 하며(서비스의 현장성), 제공된 서비스는 수정・보완할 수 없으므로(서비스의 소멸성) 서비스 접점이 이루어지는 현장에서 완성시켜야 한다.

사람의 감정은 겉으로 드러나는 1차 감정과 숨겨진 2차 감정으로 나누어진다. 서비스 종사원들의 대부분은 1차 감정(불친절 신고 사례, 응대자에게 불만을 직접적으로 표현, 감사의 인사, 손짓이나 몸짓 등의 표정 변화 등)만을 만족시키려 하는 경우가 많다. 그러나 숨겨진 2차 감정(무표정, 무응답, 문을 세게 열고 닫는 행위 등)은 당장 표출되지 않는 듯하지만 서비스 종사원의 개별 이미지로 고객의 마음에 저장되고, 이 저장된 이미지가 기관이나 단체 전부의 부정적 이미지로 고착되는 것이다.

서비스 종사원은 자신의 서비스가 정형화되지 않도록 하기 위하여 제공받는 자의 입장에서 서비스를 개발하는 노력이 필요하다.

한마디 합시다!

친절 서비스는 고객이 만족했을 때 완성된다.

고객매너 : 친절한 고객과 훌륭한 서비스

친절한 서비스에 대해 이야기할 때 서비스를 제공하는 사람의 태도나 매너에 대해서만 이야기하는 것이 일반적이다. 그러나 서비스는 그것을 받는 사람의 태도나 매너도 중요하다.

반말이나 불량한 태도로 요구하는 서비스는 서비스를 제공하는 사람의 기분을 상하게 하므로 결코 훌륭한 서비스나 마음에서 우러나는 서비스를 받을 수 없다. 아무리 친절한 종사원이라도 고객이 그 서비스를 제대로 받아주지 않으면 제대로 된 서비스를 제공할 수 없다는 말이다.

또한 아무리 불친절한 종사원일지라도 고객이 웃으면서 존중해주면 저절로 서비스가 훌륭해진다.

고객들은 서비스 종사원들의 서비스 정신 부재를 탓한다. 그러나 고객들도 그들을 얼마나 존중해주었는지, 그들이 하는 서비스를 제대로 받아들이고 있는지 되돌아볼 필요가 있다.

용무가 있을 때 "어이~, 이봐~, 아가씨~, 아줌마~, 아저씨~" 하고 큰 소리로 불러본 적은 없는가? 만약 그런 호칭으로 불려졌을 때 서비스하는 입장에서는 어떤 생각이 들까?

앞으로는 손을 살짝 들면서 이렇게 불러보자.

"여기요~" "여기 잠깐만요!" "사장님!"

듣기에도 부드럽지 않은가?

또 서비스 종사원의 친절한 서비스를 받은 후에는 미소를 지으며 감사 표시를 하자. 서비스 종사원의 기분이 좋아지면 그 다음 고객에게까지 그 기쁨이 전염된다.

친절한 고객이 훌륭한 고품위 서비스 전문가를 만드는 리더이다.

Chapter 13

친절 사례와 서비스 분석

01 | 친절 사례와 서비스 분석

(1) 아스토리아(Astoria Hotel) 호텔의 지배인

작은 친절로 성공한 이 사람을 아는가?

어느 날 필라델피아(Philadelphia)에 있는 작은 한 호텔에 "도시 행사로 호텔마다 만원이라 묵을 곳이 없다"며 도움을 요청하는 노부부가 들어섰다.

이 호텔의 야간근무 종사원은 "여기에도 객실이 없지만 제 방이라도 괜찮다면, 조금 불편하시더라도 쓰십시오"라고 선선히 응대하였다.

이 종사원의 친절을 눈여겨본 노부부는 다음날 아침 자신을 소개했는데, 그가 바로 1976년에 1,900개의 객실을 갖춘 뉴욕(New York)의 월도프 아스토리아(Waldolf Astoria Hotel) 호텔의 경영인 존 제이콥 아스터(John Jacob Astor)였던 것이다. 그는 작은 친절을 베푼 이 야간근무 종사원을 전격적으로 아스토리아 호텔의 총지배인으로 삼았다.

성공하는 사람에게는 세 가지 특징이 있다고 한다.

언제 보아도 활짝 웃는 밝은 미소로 타인을 배려하는 친절과
항상 긍정적이고 감사의 말을 하며,
성실한 태도와 겸손한 자세를 가진다는 것이다.

사례 분석

▷상황 : 필라델피아 작은 호텔, 도시 행사로 호텔마다 만원이라 묵을 곳이 없어 도움을 청하는 노부부

▷친절 : "객실은 없지만 불편하시더라도 제 방을 쓰십시오."

▷서비스 결과 : 이 야간근무 종사원은 전격적으로 뉴욕의 월도프 아스토리아 호텔의 총지배인으로 발탁되었다.

(2) 일본 교토와 나라 사람들

얼마 전 가족과 함께 일본을 여행했을 때 일이다. 우리 가족은 오사카 간사이(大阪関西) 공항에 무사히 도착, 입국심사장으로 들어갔다. 먼저 눈에 띈 것은 일본인 심사대에 비해 상대적으로 적은 외국인 심사대였다. 아이들은 짜증을 내기 시작했으나 별 도리가 없었다. 그러나 걱정은 곧 사라졌다.

여직원이 오더니 일본인 심사대를 가리켰고, 우리말로 "저쪽으로 가세요" 하는 것이었다. 일본인이 아니라고 이야기했으나 직원

은 웃으며 "괜찮아요"라며 일본인 심사대 쪽에 우리를 한 줄로 세운 뒤 "일번", "사번" 하며 친절히 안내하였다.

난바 터미널에서는 일본인 여성 덕분에 쉽게 호텔을 찾았다. 그녀는 웃으며 호텔 입구까지 안내해준 뒤 다시 자신의 길을 갈 정도로 친절한 숙녀였다. 체크인(Check in) 후 수족관을 가기 위해 길을 나섰다. 어두워지고 추워서 택시를 탔다. 택시에 많은 요금을 지급했지만 기사가 수족관 입장시간과 요금에 대해 자세히 알려주어 아깝지 않았다. 또 호텔로 돌아갈 때는 시간 여유가 있으니 버스를 이용해도 좋을 것이라며 정류장 위치와 요금까지 알려주었다.

교토(京都)와 나라(奈良)를 여행하면서 "일본 친절의 뿌리는 우리나라에서 비롯되었을 텐데……"라는 생각을 하였다. 과거 일본에 문화를 전수한 우리나라에도 당연히 이들 못지않게 더 많은 친절한 시민들이 있을 것이라고 기대한다(이혁진).

사례 분석

- 상황 : 가족과 일본여행
- 친절 : ① 외국인에게 자국인 심사대를 이용하여 입국수속 편의 제공
  ② 호텔 입구까지 안내해준 뒤 돌아간 친절한 숙녀
  ③ 관광지의 정보를 상세하게 가르쳐주는 친절한 택시기사
- 서비스 결과 : 일본 교토와 나라의 친절한 시민의식에 찬사

(3) 외국인에 대한 독일인의 배려

안식년을 맞아 지난달 성지순례를 마치고 며칠간의 유럽 배낭여행에 나섰던 박 목사 일행은 자정을 넘겨 독일 쾰른(Cologne : Köln)에서 유스호스텔(youth hostel)을 찾아갔다. 그러나 숙박비를 지불하려는 데 문제가 생겼다. 늦은 시간에 도착해 환전을 못했는데 그곳에서는 오직 독일 마르크(Deutsche Mark)화만 받는다는 것이었다.

유스호스텔(youth hostel) 정사원은 24시간 이용할 수 있는 현금 인출기가 있다며 약도 하나를 그려주었다. 24시간 운행된다는 지하철을 타고 찾아나섰으나 그만 길을 잃고 말았다. 고등학생 정도로 보이는 아들과 길을 가던 50세 전후의 부부에게 길을 묻자, 길가에 세워둔 자기 차에 박 목사 일행을 태운 뒤 함께 찾아보자고 제안하는 것이었다.

이들은 실내등으로 지도를 봤고, 서로 의논하며 이 거리 저 골목을 들어가고 나오기를 반복하였다. 그렇게 1시간여를 박 목사 일행을 위해 배려하였다. 꼭두새벽 집에서 편히 쉴 시간에 이 같은 수고를 끼쳐 몸둘 바를 몰랐고 미안함과 감사의 인사를 드렸다. 그러자 그 분은 "내게는 즐거운 일입니다"라고 말하며, 끝내는 유스호스텔 앞까지 일행을 데려다 주고서야 돌아섰다. 그 신사를 보며 "이것이 이 나라의 힘이구나"라고 감탄했다(박병채).

사례 분석

- 상황 : 독일 쾰른에서 길 잃은 한국인 일행
- 친절 : 50세 전후의 부부가 자기 차에 한국인 일행을 태우고 같이 환전장소를 찾아헤매고 볼 일이 끝난 후 숙소까지 데려다줌.
- 서비스 결과 : 독일이라는 나라의 저력을 느낌.

(4) 양보하는 마음은 곧 무형의 관광자원

제법 이름난 한식점이 있었다. 주말이면 꽤 북적거리고 점심시간에는 대기번호표를 나누어줄 때도 있다. 외국인 관광객이 즐겨 찾기도 한다.

식당이 옛 한옥집이어서 협소할 뿐만 아니라 20여 가지 반찬이 차려진 밥상을 준비하는 데는 많은 시간이 걸리기 때문에 손님들은 적지 않게 기다려야 한다. 애가 탈 정도의 시간이며, 음식을 기다리는 손님들 표정도 각양각색이다.

어느 날 갑자기 차례를 무시하고 뛰어든 불청객이 있었다. 그 사람은 동행한 4명의 외국인 손님을 가리키며 "저분들에게 이 집 음식 맛을 보여주려고 큰맘 먹고 왔는데 차례를 기다리기엔 너무 시간이 없다"면서 발을 동동 구르는 것이었다. 어찌해야 할지 생각했지만 난감할 뿐이었다. 손님을 국적에 따라 특별 대우한다는 것은 말이 안 되기 때문이다. 기다리던 손님들은 이러한 상황을 지켜보았다. 그 중 중후한 한 남자손님이 이렇게 말했다.

"그래! 우리가 양보합시다."

그가 기꺼이 외국인 손님에게 순서를 양보하는 것에서 참 보기 좋은 여유와 자신감을 볼 수 있었다. "고맙다"고 답례하는 외국인 손님의 밝은 표정 역시 기쁨을 주는 것이었다. 마음이 부자인 우리 한국인의 넉넉함을 세계 사람들에게 보여주는 것이 바로 관광자원이라는 생각이 들었다(이두남).

한마디 합시다!

외국인에게 양보하는 마음 또한 무형의 관광자원이다.

(5) H냉면집, 손님 불편 때는 주인이 직접 사과

1950년 서울 수복 직후부터 반세기 동안 자리를 지키고 있는 냉면집이 있다. 바로 종로4가에 있는 H냉면집이다. 주인장과 주방장은 30년 경력, 주방에서 당면과 다대기를 만드는 데 쓰는 고구마가루, 고춧가루, 파는 10여 년째 같은 상인과 거래하고 있고, 카운터를 보는 경리 여직원은 근속 8년차다. 10년, 20년 단골도 수두룩하다.

이 집 배 사장은 "외국에 이민 갔던 단골들이 십수 년 만에 찾아와 '옛날맛 그대로'라고 좋아할 때 가장 기쁘다"며 "손님들이 불편한 일이 없도록 가게문을 여는 오전 9시부터 밤 9시까지 사장과 전무가 식당을 지킨다"고 말했다. 이 식당은 'AB로드' '켄탄' 등 일본 식도락 잡지와 NHK 방송에 여러 번 소개되었다. 1주일에 두세 번씩 오전 비행기를 타고 김포공항에 도착한 일본인 관광객들이 공항에서 직행해 호텔에 짐도 풀기도 전에 냉면 맛부터 보고 가는 것도 이 식당의 자랑이다.

배 사장은 원래 건축학과를 나온 토목기사 출신인데 그의 누이가 근처에 냉면집을 내면서 일을 거들기 시작, 주방관리·서빙·경리 등을 도맡아 하다가, 1988년 함흥 출신 명인이 이어가던 H냉면을 인수하였다. 이 식당에서 잔뼈가 굵은 주방장이 배 사장과 함께 30년 전의 그 맛을 지키고 있다. 배 사장과 죽마고우인 김 전무는 "접객종사원들에게 수시로 친절교육을 시킨다"며 "손님께 기분 나쁜 일이 생기면 사장이나 전무가 즉시 달려가 직접 사과한다"고 했다.

반찬을 홍어무침·김치·무채 등 3~4가지로 줄이고 작은 접시에 담아내는 등 음식 쓰레기를 줄인 공로로, 보건복지부가 실시한 '음식문화 개선 평가대회'에서 우수업체로 선정되어 보건복지부장관상을 받기도 했다.

▌H냉면집에서 배울 수 있는 친절 서비스는 무엇인가?

- 변함없는 맛(철저한 품질관리)
- 고객불만 응대를 사장이 직접 챙김.
- 장기근속 종사원으로 친절이 체화(體化)되어 있음.

(6) 영국 뮤지컬 공연장의 안내직원

친구와 유럽으로 배낭여행 갔을 때 일이다. 첫 방문국인 영국에서 뮤지컬(musical)을 보게 됐다. 공연장에서는 표가 매진되어, 지하철 역사 안에 있는 예매소에서 티켓 2장을 샀다. 그런데 공연장의 수많은 사람 속에서 그만 티켓을 잃어버리고 말았다. 무척이나 당황한 우리는 안내직원에게 사정을 이야기했다.

"혹시 좌석번호를 알고 있느냐?"는 안내직원 물음에 우리가 모른다고 하자, 예약이 되지 않은 자리로 안내해주었다. "조금 뒷좌석밖에 줄 수 없어서 미안하다"는 친절한 말도 덧붙였다. 공연장에서 직접 표를 사지 않았고, 정말 표를 샀는지 확인되지도 않은 상황에서 나온 그들의 가득한 친절에 놀랄 뿐이었다.

그뿐만이 아니었다. 공연 1부가 끝나고 중간 휴식시간에 흡연장소에서 담배를 피우던 내 친구가 그만 옆사람 손등에 담뱃재를 털고 말았다. 우리는 또다시 당황했고 미안해 어쩔 줄 몰랐다. 뜨거움에 잠시 얼굴을 찡그리던 그 사람은 웃으면서 "괜찮습니다. 걱정 마세요"라며 우리 어깨를 가볍게 쳐주었다.

우리는 그날 공연도 너무나 좋았지만 그곳에서 만난 영국인들 친절에 아직도 감사하고 있다. 외국인에게 항상 친절한 그들을 보면 왜 영국이 신사의 나라인지, 왜 관광객이 줄지 않는 나라인지 알 것 같았다. 친절이 영국의 가장 큰 관광자원 중 하나인 것이 분명해 보였다(정유진).

사례 분석

- ▷상황 : 영국의 뮤지컬 공연장에서 티켓을 잃어버린 한국인 여행객
- ▷친절 : 안내직원이 사정 이야기를 듣고 예약되지 않은 자리로 안내해서 관람하도록 배려
- ▷서비스 결과 : 영국은 신사의 나라, 친절이 영국의 가장 큰 관광자원이라고 인식

(7) 신세계백화점 '친절 포켓' 제도

신세계백화점 L점 블라우스 코너(blouse corner)에 근무하는 H씨는 500명의 단골고객을 확보하고 있다. 매 시즌(season)마다 한번은 꼭 들르는 단골고객을 이처럼 많이 확보할 수 있었던 비결은 몸에 밴 친절과 공손함 덕분이라는 게 그녀의 말이다.

그녀에게는 고객을 맞이하는 몇 가지 원칙이 있다. 우선 가게에 들어오는 고객에게는 먼저 인사를 하고, 고객이 찾는 물건에 대해 자상하게 물어보며, 가능한 한 많은 대화를 한다. 고객이 물건을 찾는 이유 등 사적인 이야기를 털어놓을 수 있을 정도로 편안한 대화를 유도한다.

물건을 사지 않더라도 다시 와달라는 인사를 잊지 않는다. 또 물건을 사간 고객이 환불을 원하면 언제라도 바꾸어준다. 한번이라도 방문한 고객들에게는 직접메일(Direct Mail : DM)을 발송하고 '러브 콜(love call)'을 걸어 안부를 묻는 등 지속적인 관심을 쏟는다.

남다른 친절이 고객들의 입에 오르내리면서 작년 말 '친절왕'으로 뽑힌 백씨는 회사의 친절교육을 실천했을 뿐이라며 마음에서 우러나는 친절이야말로 고객을 사로잡는 지름길이라고 말했다.

신세계백화점에서 선보인 '친절 포켓' 제도는 바겐세일(bargain sale) 기간 중 영업장의 전사원들에게 만 원권 지폐를 윗주머니에 꼽게 한 후, 고객들이 서비스에 불만이 있으면 언제라도 가져갈 수 있도록 한 제도이다. 신세계 교육팀 Y과장은 혼잡한 바겐세일 기간이지만 고객에 대한 친절은 변함이 없다는 자신감을 표현하기 위한 것이라고 말했다.

신세계백화점은 불친절하다는 지적을 받은 직원들을 교육시키기 위한 '친절 아카데미'를 각 지점마다 운영하고 있다. 불친절하다는 지적을 2번 이상 받은 직원들은 다음날 근무시간 후 바로

'친절 아카데미'에 입소해야 한다. 여기서 인사나 말투 등 자신이 지적받은 사항을 교정받는다. 강사는 친절이 몸에 밴 판매경력 5~6년 정도의 동료직원들이고, 교육기간은 길면 사흘이다. 만약 교육을 받고도 또 다시 지적을 받으면 퇴점 등 인사상 불이익도 감수해야 하는 '삼진 아웃제'를 실시하고 있다.

반대로 고객들에게 남다른 친절을 보여준 사원들에게는 각종 혜택을 주고 있다. 고객들로부터 '친절하다'는 칭찬을 받으면 사안별로 점수화해 일정 점수가 되면 포상을 하는 '친절 마일리지' 제도가 그 예이다. 친절 마일리지가 100점을 넘으면 최고 100만 원의 상금과 포상휴가를 준다. 또 매월 1명의 친절왕 사원을 선발하여 15만 원의 시상금을 수여하고 있다.

신세계백화점은 이러한 친절 신상필벌(信賞必罰)을 위해 각 매장마다 파란색·빨간색 카드함을 비치해놓고 있다. 고객들이 친절한 사원은 파란색 카드에, 불친절한 사원은 빨간색 카드에 사연을 적어넣으면 이를 수집해 신상필벌에 반영한다.

교육팀 Y과장은 백화점의 경우 글로벌 에티켓(global etiquette)이야말로 가장 중요한 경쟁력이다. 친절을 익히기 위한 각종 제도에 대해 귀찮다는 생각을 하는 직원들도 있지만 친절에서 1등을 하지 못하면 1등 백화점은 있을 수 없다는 것이 회사의 생각이라고 말했다.

토론의 장

신세계백화점의 '친절 포켓' 제도, '삼진아웃제' '친절 마일리지' 제도에 대해 토론해봅시다.

(8) 일본 도쿄의 여직원

일본의 도쿄(東京) 신주쿠(新宿)에는 '고오야'라는 거리가 있다. 이 거리는 일본에서 가장 번화한 곳이자 땅값이 비싼 곳이다. 이 땅을 소유한 사람은 상아이 회사의 이치무라 사장으로 이 땅을 소유하게 된 내력이 전설처럼 내려오고 있다.

1945년 미국의 원폭 투하로 일본은 쑥대밭이 되어 엄청난 혼란에 빠져 있었다. 이치무라는 수도 도쿄의 재건을 염두에 두고 괜찮은 땅을 찾으려고 돌아다녔다. 몇날 며칠을 돌아다니며 정보를 수집하고 분석한 결과 이치무라는 신주쿠의 4번 거리가 최적지라는 판단에 이르렀다. 그는 얼른 그 땅의 주인을 찾아가서 땅 팔기를 간절히 요구하였다. 하지만 백발이 성성한 할머니는 집안의 보물인 땅을 팔 수 없노라고 거절하였다.

눈이 펑펑 쏟아지던 어느 추운 날, 이치무라의 최후통첩에 할머니는 도저히 땅을 팔 수 없다는 뜻을 전하려고 그의 사무실을 찾아갔다. 사무실 안으로 들어서자 한 여종사원이 자리에서 얼른 일어나더니 할머니에게로 다가와 옷에 묻은 눈을 털어주었다. 여종사원은 걱정 어린 목소리로 말했다.

"할머니, 눈길에 오시느라고 힘드셨죠? 얼른 들어오세요."

여종사원은 할머니의 외투를 받아 걸고는 흙이 잔뜩 묻은 할머니의 신발을 벗겨주면서 자기가 신고 있던 따뜻한 슬리퍼를 신겨주었다. 그리고 나서는 할머니를 부축하여 사장실이 있는 3층까지 올라갔다. 할머니는 그 여종사원의 행동에 크게 감동하였다.

"직원이 이렇게 훌륭하다면 사장님 역시 훌륭한 분일 게야!"

사장실에 들어선 할머니는 그 순간 마음을 고쳐먹었다.

"좋습니다! 사장님. 내 땅을 조건 없이 양도하겠어요."

팔 수 없다는 말을 전하러 왔던 노파는 오히려 조건 없이 땅을 내놓았다.

사례 분석

▶상황 : 눈이 펑펑 쏟아지는 추운 어느 날, 한 할머니가 회사 사무실에 토지 매각 문제로 방문

▶친절 : 여종사원이 할머니의 외투를 받아 걸고 따뜻하고 다정한 말로 응대하면서 언 발을 녹일 수 있게 자기가 신고 있던 따뜻한 실내화를 신겨 드리는 공경자세

▶서비스 결과 : 절대로 땅을 팔지 않겠다는 결심을 꺾고 조건 없이 땅을 구매할 수 있게 해줌.

(9) 일본의 친절한 '눈높이' 메뉴판

요즘 일본에서 한국음식 열풍이 불고 있다는 이야기를 들었던 나는, 오사카(大阪)를 방문했을 때 일본인이 운영하는 '양반'이란 이름의 한국음식점을 방문하였다. 그 식당은 닭갈비부터 설렁탕까지 거의 모든 한국음식을 제공하고 있었다.

식당 안은 음식을 기다리는 사람들로 북적댔다. 식당 밖에는 메뉴판이 서 있고, 친절하게도 얼마나 매운지가 각 음식 옆에 묘사되어 있었다. 예를 들어 닭갈비면 고추가 5개, 설렁탕은 2개가 그려져 있는 것이다. "한국음식은 맵다"는 기본지식을 알고 있는 일본인에게 좀더 편하게 한국음식에 도전할 수 있도록 배려한 것이다.

"얼마나 매운지"는 비단 일본인뿐만 아니라 서양인들에게도 무척 유용한 정보이다. 언제까지나 김치를 먹고 고통스러워하는 외국인을 보며 흐뭇해할 수는 없는 노릇이다. 그들에게도 우리 음식을 다양하게 접근할 수 있는 길잡이를 해줄 필요가 있다. 한국은 음식 관광대국으로 발전할 수 있는 독특한 음식을 가지고 있다. 그 음식들이 우리만을 위한 것이라고 고집하기보다, 외국인들이 좀더 쉽게 접근할 수 있는 기회를 만들 필요가 있다 생각한다(강정수).

토론의 장

일본 오사카 한국음식점 '양반'의 메뉴판에서 느낄 수 있는 친절 서비스에 대해 토론해봅시다.

(10) 미국 식료품점의 친절과 고객매너

동네 식료품 '러키(Lucky)'에 달걀을 사러 갔다가 미국 식료품점의 친절함에 탄복한 일이 있다. 미국 식료품점에서 파는 달걀은 종이꾸러미에 포장되어 있어 꾸러미를 열어보지 않고서는 그 안에 깨진 것이 있는지 알 수가 없다. 평소 꼼꼼히 포장을 열어 확인하는 편이지만 그날은 생각 없이 꾸러미를 집어들었다.

때마침 퇴근길에 찬거리를 사러온 사람들이 많아 계산대에는 긴 줄이 늘어서 있었다. 내 순서가 되자 그 바쁜 중에도 계산대의 종사원은 달걀 포장을 뜯어보는 것이었다. 의아한 표정을 짓는 내게 종사원원은 "가끔 깨진 달걀이 발견된다"고 설명하였다.

정말 내가 고른 꾸러미 속에는 깨진 달걀이 하나 들어 있었다. 점원은 "미안하다. 조금만 기다려 달라"고 하더니 자신이 직접 달걀 코너로 달려갔다. 잠시 뒤 돌아온 종사원의 손에는 온전한 달걀이 쥐어져 있었다. 더 놀란 것은 뒤에 줄 서 있는 사람들의 표정이었다. 달걀을 바꾸느라 계산시간이 3~4분은 더 지체되었고, 그 사이에 줄은 더 길게 늘어졌지만 누구하나 짜증내는 사람이 없었다(『조선일보』, 1998.12.8).

사례 분석

▷상황 : 미국 동네 식료품점에서 종이꾸러미의 포장된 달걀 구입

▷친절 : 계산대에 손님이 긴 줄로 늘어서 있음에도 종사원이 달걀 포장을 뜯어 일일이 깨어진 것을 확인하고, 깨진 달걀이 있자 자신이 직접 달걀 코너로 가서 교환해옴.

▷서비스 결과 : 달걀 교환으로 계산시간이 지체되었지만 고객 어느 누구도 모두 짜증내지 않고 성숙한 시민의식을 보여줌.

(11) 포르투갈 리스본의 카센터 서비스 종사원

작년 5월 자동차를 빌려 유럽여행을 하던 때의 일이었다. 스위스 번호판이 달린 7인승 미니밴을 타고 포르투갈(Portugal)의 수도 리스본(Lisbon)에서 30여 분 떨어진 신트라(Sintra)라는 조그마한 시골마을을 찾아갔다.

중세 유적인 페나 궁전과 모로스 성을 관광하고 차를 세워둔 주차장으로 돌아오니 우리 차의 유리창이 깨져 있었다. 노트북 · 컴퓨터와 카메라도 없어졌다. 경찰서에 가서 차량파손과 분실신고를 하고 나니 부슬부슬 비가 내리기 시작하였다. 빗물은 깨진 차창을 통해 들어왔고, 리스본으로 가서 수리를 하지 않을 수 없었다.

리스본의 씨트로엥(Citroën) 서비스센터에 갔으나 마침 우리 미니밴에 맞는 유리가 없다고 했다. 주문해서 도착하기까지는 적어도 4~5일이 걸린다는 것이었다. 비는 계속 내리고 참으로 난감한 상황이었다.

그때 그곳 서비스센터 종사원이었던 30대 초반의 카를로스 안드레 페레이라 씨가 우리 사정이 딱해 보였는지 두꺼운 비닐과 테이프를 가져오더니 임시변통으로 유리창을 만들기 시작했다. 그는 먼저 깨진 자동차의 유리조각들을 말끔히 털어냈다.

내가 보기엔 유리조각들이 조금 남아 있어도 괜찮을 듯싶은데, 페레이라 씨는 그렇지 않고 빗자루로 먼저 유리조각들을 쓸어내린 뒤, 구둣솔 같은 것으로 창문 홈에 들어간 유리조각까지 하나도 남김없이 파내는 것이었다. 그리고는 진공청소기를 가져와 눈에 보이지 않는 조각들까지 깨끗이 청소한 뒤, 자동차가 웬만큼 빨리 달려도 뜯겨지지 않도록 아주 튼튼하게 붙여나갔다. 1시간이 넘게 그런 작업들을 한 뒤, 몇 번이나 "우리 회사에 마침 맞는 유리가 없어서 정말 미안하다"며 여행을 잘하라는 말을 거듭했다. 물론 돈도 일절 받지 않았다.

우리는 그 후 3일 동안 그 비닐 유리창을 달고 다녔다. 자동차를 시속 100km 이상 빨리 달려도 전혀 이상이 없었다. 우리 가족은 하마터면 나쁜 인상만 안고 포르투갈을 떠날 뻔했었는데 페레이라 씨의 꼼꼼한 직업정신과 헌신적인 도움, 마음에서 우러나오는 친절 때문에 더 큰 소중한 추억을 안고 포르투갈을 떠났다(조영호).

사례 분석

▷상황 : 관광지에서 차 유리창이 깨지고 물건을 도난당함.

▷친절 : 서비스센터 종사원이 두꺼운 비닐과 테이프로 아주 단단하게 임시변통으로 비닐 유리창을 만들어줌. 교환할 유리가 없음에 미안함을 거듭 사과하며 무료로 수리해줌.

▷서비스 결과 : 차량이 파손되고 물건을 도난당했음에도 포르투갈이라는 나라에 대한 이미지 제고

(12) 미국 '토이조러스'의 반품정책

남편의 미국 연수생활 초기이던 1997년 7월 초 '토이조러스(Toys "R" Us)'라는 장난감 전문매장에서 겪은 일이다. 매장을 둘러보던 다섯 살짜리 딸아이는 한 인형을 집어들었다. 나이에 비해 어울리지 않는 것 같아 달래보았지만 막무가내였다. 사주는 수밖에 없었다.

그러나 집으로 돌아와서는 마음이 바뀌어 보기 싫다고 고개를 저었다. 비닐포장까지 다 뜯어낸 뒤여서 반품도 어려울 것 같았다. 그래도 "미국에서는 영수증만 가지고 가면 언제든지 반품된다"는 이야기를 들은 기억이 나 일단 상점으로 찾아갔다.

매장에는 반품코너가 마련되어 있었다. 사정을 설명하자 전담직원은 어린아이들은 마음이 자꾸 바뀐다며 흔쾌히 받아주었다. 포장이 뜯어져 미안하다고 하자, 웃으면서 아무 문제가 없다는 것이다. 상품에 손상이 있는지 검사해보고 점원은 지불했던 돈을 고스란히 되돌려주었다. 우리 매장을 이용해줘서 고맙다는 인사와 함께. 장난감가게에 자주 갈 일은 없었지만 필요할 때면 언제나 그 매장만을 찾았던 것은 물론이다.

토론의 장

미국 '토이조러스' 장난감 전문매장의 반품정책에 대해 토론해보고, 우리나라에서 반품시 겪었던 사례들을 이야기해봅시다.

(13) 영국 술집의 입장정원 통제

지난해 영국 옥스퍼드(Oxford) 대학을 방문했을 때의 일이다. 바쁜 일정에 잠시 짬을 내 그곳 술집을 들렀다. 문을 열고 들어가려는 순간 건장한 체격의 남자들이 제지했다. 동양인이라 무시하는 것인지 내 옷차림이 너무 초라해서 그런 것인지 순간 당혹스러웠다. 그러나 그 남자들은 술집 앞에 줄을 선 사람들을 가리키며 차례를 지켜줄 것을 요구하였다.

나중에 알아보니 술집에서는 손님들이 즐길 수 있는 최소한의 공간을 확보해주기 위해서 입장객 수를 제한한다는 것이었다. 그 술집 외에도 대부분의 상점들이 입장 정원을 엄격히 통제한다고 했다. 자리가 비는 만큼만 들어갈 수 있기에 나머지 사람들은 밖에서 대기해야 했으나 모두들 짜증내지 않고 조용히 차례를 기다렸다.

우리나라의 일부 업소와 대비됐다. 손님이 제대로 서비스받을 수 없을 정도로 만원임에도 불구하고 미성년자가 입장하건 말건 눈앞의 이익만 좇아 한푼이라도 더 벌겠다는 심산으로 서비스는 안중에도 없는 경우가 얼마나 많은가? 합리적인 사고방식에 익숙한 사람들 눈에는 이런 행태가 도저히 이해되지 않을 것이다.

공익광고에 "질서는 편하고 아름다운 것"이라는 표현이 있다. 한발 물러서서 여유를 갖고 원칙을 정해 지킨다면 서비스하는 사람도, 받는 사람도 모두가 편하고 아름다운 추억을 만들 수 있을 것이다(신정규).

토론의 장

영국 술집의 입장 정원통제 서비스에 대해 토론해봅시다.

- 한발 물러서서 질서를 지키는 여유로움
- 최선의 서비스 제공을 위해 이익을 좇지 않는 영업방침

02 | 불친절 사례

(1) 백화점과 예식장

1) 백화점의 불친절

사려깊은 한 마디의 말이 고객의 인생에서 아름다운 추억이 될 수도, 생각하기 싫은 기억이 될 수도 있다. 흔히 느끼는 것이지만 백화점에서 일정금액 이상을 구매하면 사은품을 지급하는 판촉이 비일비재하다.

그런데 줄을 서서 구매금액을 확인받고 원하는 물품을 받으러 가면 꼭 구호물품 나누어주듯 덤덤하게 물건을 건네준다. 이때 "고맙습니다" "저희 백화점을 이용해주셔서 감사합니다"라는 메시지를 더한다면 받는 입장에서 훨씬 부담 없고 기분도 나쁘지 않을 것이다.

2) 예식장의 불친절

결혼은 어느 누구에게도 일생에서 중요하게 기억되는 중대사이다. 예식장에 종사하는 사람들이야 늘 보는 일상사이고 직업이겠지만 당사자들은 누구보다도 멋있는 결혼식이기를 원할 것이다. 순결하고 예쁘게 보이고 싶은 신부의 드레스를 땅에 끌려 먼지 묻는다고 높이 들어달라는 부탁이나, 시간이 없다고 폐백을 빨리 끝내라는 성화는 고객의 기분을 한 순간 추락하게 만드는 대표적인 예이다.

▌위의 사례를 읽고 친절 서비스를 위한 제안을 하시오.

- 친절 서비스는 고객의 감정을 함께 공유하고 표현하는 것이다.

(2) 다시 오기 싫은 공항세관

지난해 샌프란시스코(San Francisco)에서 일본을 경유하여 한국에 들어온 적이 있다. 일본에서 날짜를 변경한 항공권 문제로 여러 시간을 기다리다 겨우 항공권을 받아들고 지친 몸을 한국행 비행기에 실으면서 어서 빨리 한국에 도착하였으면 하는 생각이 간절했다.

하지만 공항에 도착해보니 짐을 찾는 일부터 시작해 국제공항이라고 하기엔 미흡한 점이 많았다. 너무 복잡하고 지저분했고, 입국시 종사원이 하는 말은 더욱 기가 막혔다. "이게 뭐야! 웬 짐이 이렇게 많아. 그렇게 오랫동안 뭐하고 왔어?"

고압적인 세관 종사원의 말에 외국 공항의 미소에 익숙해 있던 난 당황했고 얼굴이 화끈거렸다. 나리타(成田) 공항과 샌프란시스코 공항에서 보았던 종사원들의 미소를 기대했던 것은 아니었지만, 간단한 인사 한마디 없이 반말로 묻는 질문들에 다시는 한국 공항을 이용하고 싶지 않다는 생각이 들었다.

외국인들에게는 어떻게 대하는지 모르겠지만, 모든 일은 안에서부터 밖으로 나온다는 말이 있다. 자국민에서 외국인으로 이어지는 꾸며지지 않은 친절과 예의야말로 진정 세계로 나아가는 선진 한국의 밑거름이 되지 않을까?(이기민)

위의 사례를 읽고 친절 서비스를 위한 제안을 하시오.

- 공항은 우리나라를 처음 대하는 접점이므로 누구에게나 동일한 서비스를 베풀어야 한다.

(3) B레스토랑의 들어갈 때와 나올 때 다른 이중적 서비스

지난 화이트데이(white day)에 B레스토랑에 갔다. 평소 가끔 가는 곳인데 종사원들의 서비스가 좋고 인테리어도 근사하며, 기념일이면 무료로 폴라로이드(polaroid) 사진까지 찍어주어, 약간 비싸도 나올 때는 기분이 좋아진다. 그날도 평소처럼 서비스도 좋았고, 여자친구와 함께여서 더 기분이 좋았다. 그런데 식사를 마친 후 문제가 생겼다. 여자친구가 핸드폰을 잃어버린 것이다. 아무리 생각해도 분실장소는 레스토랑인 것 같아 그곳에 다시 갔다.

우리는 종사원의 친절함과 성의를 기대하고 갔었는데, 결과는 예상 밖이었다. 친절하던 여종사원은 우리 말을 듣지도 않았고 오히려 귀찮다는 듯 대했다. 어찌나 불쾌하던지 나는 그곳 점장을 불러달라고 했다. 점장에게 말을 했더니 곧 조치를 취하겠다고 대답했다.

결국 한 시간을 기다린 끝에 핸드폰을 찾기는 했지만, 기다리는 동안 매우 기분 나빴고 지금도 생각하면 불쾌하다. 물론 자신의 물건을 분실한 사람에게도 책임이 크지만, 내가 불쾌했던 것은 그곳 종사원들의 태도변화 때문이다.

식사를 하러 들어갈 때와 나올 때의 친절함이 그렇게 차이가 나다니…….

자기 식당에서 분실한 물건이라면 책임지고 돌려드리겠다는 말도 한 마디 없었다. 그때의 좋지 않은 경험으로 다시는 그곳에 가지 않을 것이다.

위의 사례를 읽고 친절 서비스를 위한 제안을 하시오.

- 고정고객은 이윤창출의 토대이며, 고객은 한순간의 실수로 잃어버리는 유리 같은 존재이므로 언제나 한결같은 서비스를 유지해야 한다.

(4) S마트와 Y전자상가

워크맨(Walkman)이나 CD플레이어를 구입하러 S마트나 Y전자상가에 가본 사람들은 누구나 경험했을 것이다.

이곳에서는 고객들이 마음 편하게 물건을 구경하거나 사도록 놔두지 않는다. 계단을 올라오자마자 에스컬레이터에서 사람들이 내리자마자 양쪽에서 "뭐 찾으세요?" 하며 시끄럽게 호객행위를 한다.

어느 한 가게에서 여유 있게 물건을 고르려고 하면 "이게 제일 잘 나가요. 딴 거 봤자 소용없어요." "이거 정말 싸게 주는 거니까 가져가요. 다른 가게 가봤자라니깐……"라는 말을 하기 일쑤다. 물건을 보다가 다른 가게로 가려고 하면 "사지도 않을 거면서 왜 그러냐" "다른 데 갈 테면 가보라"는 협박을 하기도 한다.

이런 분위기에서는 아무리 싼 가격에 사더라도 기분이 좋을 리 없다. 조금 가격이 비싸더라도 기분 좋게 물건을 사고 싶은 것이 소비자의 마음이니까…….

▮ 위의 사례를 읽고 친절 서비스를 위한 제안을 하시오.

- 편안한 마음의 쇼핑은 고객만족의 첫걸음이다.

(5) 어이없는 덕산의 어느 온천

얼마 전 부모님과 가족여행을 다녀왔다. 국립공원 변산반도에 있는 백제시대의 유명 사찰인 내소사를 비롯하여 곰소항·채석강을 두루 살펴보면서 우리나라가 얼마나 아름다운지 체험할 수 있었다. 돌아오는 길에 조선시대 때부터 유명한 덕산의 한 온천에 들렀다.

도착시각은 오후 7시 30분쯤이었다. 데스크 안내원에게 목욕시간을 물었더니 9시까지라고 해서, 여유를 가지고 목욕할 수 있게 되어 기분이 좋았다. 그러나 그 기분은 그때뿐이었다. 안내 데스크에 귀중품을 맡기려고 하니 "퇴근버스가 8시 5분에 출발하니 8시까지 나와야 합니다. 그 이후에 나오시면 보관품은 못 찾아갑니다"라고 하는 것이 아닌가? 어이가 없었다. 아버지께서 부당함을 지적하셨지만 막무가내였다. 그래서 우리는 30분밖에 목욕하지 못했다.

서둘러 목욕탕에 들어가 몸을 막 씻으려 하는데 이번에는 물을 뿌리며 청소를 하기 시작하였다. 이런 일은 동네 목욕탕에서도 흔히 벌어진다. 분명 외국 관광객도 유명 온천이나 동네 목욕탕을 찾을 것이다. 그 때도 퇴근해야 한다며 귀중품을 일찍 찾아가라고 할 것인가? 영업시간이 끝나지도 않았는데 물을 뿌려가며 나가라고 할 것인가? 우리 가족이 그날 당했던 황당한 일이 외국 관광객들 앞에서 일어나지 않기를 바랄 뿐이다(백지영).

▌위의 사례를 읽고 친절 서비스를 위한 제안을 하시오.

- 글로벌 시대의 서비스업체는 우리나라의 얼굴이며, 친절은 우리의 마음이다.

(6) 일본과 한국의 택시 서비스

큰마음을 먹고 50여 일간 유럽과 일본으로 배낭여행을 갔을 때 일이다. 오후 늦게 교토(京都)에 도착해 짐을 역 코인 라커(coin locker)에 보관하고 시내관광에 나섰다. 다시 역에 돌아온 것은 늦은 저녁시간이었다. 숙소로 이동하려는데 버스가 끊겨 계획에도 없던 택시를 이용하게 되었다.

배낭 2개를 가로수 뒤에 놓고 택시를 잡았다. 기사는 내게 인사만 건넸다. 짧은 일본어로 "큰 짐이 있는데 죄송하지만 트렁크에 실었으면 좋겠다"고 말했다. 그러자 기사는 내 짐을 보지 못해 미안하다는 듯 차에서 내리더니, 짐을 하나하나 트렁크에 실어주었다. 50세가 넘어 보이는 기사는 목적지까지 가는 차 안에서 짧은 영어와 몸짓을 섞어가며 가벼운 대화로 분위기를 이끌었다. 손님 대접을 제대로 받는 기분이었다.

50일간의 여정을 마치고 귀국한 나는 공항에서부터 감미로웠던 여행의 추억을 박탈당했다. 출국할 때 준비해둔 1,000원 지폐로 버스요금을 냈더니 퉁명스러운 한마디가 돌아왔다. "아저씨, 동전 없어요? 거스름돈 없어요!"

터미널에서 택시로 갈아탔고, 기사에게 "짐이 좀 큰 게 있는데 트렁크에 좀 실으면 안 될까요?"라고 물었다. 기사는 대꾸 없이 나를 훑어보더니 뒷 트렁크 열리는 소리만 들렸다. 트렁크에 배낭을 실으며 허탈한 웃음이 나왔고, "아! 내가 고국에 돌아오긴 왔구나!" 하는 실감이 들었다(황규환).

▌위의 사례를 읽고 친절 서비스를 위한 제안을 하시오.

- 우리나라 서비스 종사원 일부의 불친절이 그 업종의 품격을 떨어뜨린다.

(7) 철판구이집의 불친절

얼마 전 두 돌 된 아이를 데리고 꽤 알려진 공항점 'S철판구이'집에 갔다. 아이는 아이스크림을 먹고 싶어했다. 종사원에게 부탁했더니 "계산을 끝내고 집에 돌아갈 때에만 줄 수 있다"는 대답이었다.

식사를 마친 뒤 커피를 뽑으려고 자판기에 동전을 넣었다. 그러나 커피는 나오지 않았고 동전도 반환되지 않았다. 주인에게 사정을 이야기했더니 자판기를 열고 붉어진 얼굴로 동전을 꺼내주었다. 그러나 거기서도 "미안하다"는 말 한마디 들을 수 없었다.

커피 대신 아이스크림을 먹기로 하고 주인에게 아이스크림을 달라고 했다. 주인 말이 어른은 '절대' 먹을 수 없고, 아이 역시 1개 이상은 안 된다는 것이었다. 어른은 절대 안 된다는 말에 기분 나빴지만 아이에게 하나 더 달라고 부탁해보았다. 그러나 내 얼굴은 쳐다보지 않은 채, 또 부탁을 들은 척도 안하고 계산대에 앉아 자기 일만 하는 것이었다. 창피하기도 해서 그냥 아이를 달래며 나왔다.

누구를 위해 서비스를 해야 하는지 전혀 모르는 주인 때문에 그날 하루는 우울했다. "미안합니다" "감사합니다" "시정하겠습니다"란 말에 너무나 인색한 몇몇 한국 사람들에게 실망한 하루였다(김연희).

▮ 위의 사례를 읽고 친절 서비스를 위한 제안을 하시오.

- 친절 서비스의 양은 단골(고정)고객 수와 비례하고, 그 질은 이윤 증대로 이어진다.

(8) 한식당의 물수건 차별

얼마 전 병으로 고생하는 집사람 입맛을 찾아주기 위해, 매우 유명하고 오래된 한식당을 찾았다. 점심시간을 조금 지나서인지 손님은 많지 않았다. 귀를 기울이지 않아도 옆자리 손님들 말소리가 잘 들릴 정도였다. 종사원이 권하는 자리에 앉아 음식을 주문하였다.

여느 식당처럼 위생 물수건 등을 가지고 온 종사원에게 옆 좌석 손님이 아주 조심스럽게 부탁했다.

"저……, 우리도 물수건 좀 주세요."

어느 식당에 가든 물수건은 부탁하지 않아도 갖다주는 것이 일반적이었기 때문에 다소 의아하게 생각했다. 조심스러운 부탁에 종사원은 퉁명스럽게 대답했다.

"거기는 고기를 안 시켰잖아요."

순간 나도 모르게 그 손님 쳐다보기가 왜 그렇게 민망했는지 모른다. 밖에서 어린 자녀들이 놀다 들어와도 손 씻고 밥 먹으라고 하는데…….

위생상 물수건 사용하는 것이 좋지 않다고도 한다. 그러나 어차피 그 식당은 사용하고 있었다. 잠시 후 그 종사원은 고맙게도 물수건을 갖고 왔다. 옆의 손님은 "감사합니다"라고 인사했다. 이에 대해 종사원은 다시 목소리를 높이면서 "달라는데 안 줄 수 있어요?"라고 대꾸하였다. 물론 식당 주인이 종사원 교육을 절대로 그렇게 시켰을 리 없으리라. 그러나 그날 그 자리의 모습이 당분간은 머리에서 지워지지 않을 것 같다(정영모).

▌위의 사례를 읽고 친절 서비스를 위한 제안을 하시오.

- 공평한 서비스가 바로 친절이다.
- 한번 떠난 고객은 다시는 돌아오지 않는다.

(9) 지하철 역무원의 관할구역

얼마 전 지하철 환승역에서 내렸는데 어디선가 계속 경고음 같은 신호음이 들렸다. 소리나는 쪽을 바라보니 계단 위에 휠체어를 탄 장애인이 굳은 얼굴로 있었다. 그 소리는 휠체어 탑승용 전동장치 이용을 위해 역승무원을 부르는 벨소리였다. 벨소리도 요란했고, 지나가는 지하철 이용객의 짜증섞인 시선 때문에 그의 얼굴은 굳다 못해 울 지경이 되어 있었다. 그러나 역무원은 나타나지 않았다.

급한 마음에 계단을 뛰어 역사무실로 달려갔다. 그러나 역무원 대답이 "그쪽은 우리 노선 구역이 아닙니다. 그쪽 담당자가 나갈 겁니다"였다. 어처구니가 없었다. 담당이 누구든 빨리 조치를 취해달라고 언성을 높이자 그제야 그쪽 담당자에게 전화하는 것이었다.

환승 구역이 얼마나 넓다고 네 관할, 내 관할을 찾는가! 장애인은 어떤 상황에서든 우선 보호받아야 한다. 잠시 미국에 유학할 때 그곳 식당은 화장실이 하나밖에 없을 경우에는 모두 장애인용으로 되어 있는 것을 보았다. 미국에 장애인이 특별히 많아서 그런 것이 아니라는 것을 모두 안다. 불편한 이를 먼저 배려하는 마음이 있는 곳이 선진사회라고 생각한다(김혜정).

▮ 위의 사례를 읽고 친절 서비스를 위한 제안을 하시오.

- 서비스는 때와 장소를 가리지 않는다.
- 고객의 눈은 동서남북, 전후좌우, 위아래 어디에나 있다.

영철 Street 버거의 고품위 서비스

고려대 앞 1,000원짜리 햄버거에 콜라 무제한 리필이라는 독특한 서비스로 프랜차이 가맹점까지 낸 '영철 Street 버거'가 있다.

이곳의 차별화된 서비스는 다음과 같다.

- 1,000원짜리 버거를 먹고 돈을 내면 거스름돈을 빳빳한 새돈으로 내준다.
- 대개 길거리 음식점뿐만 아니라, 카페나 식당에서도 두루마리 휴지를 사용하는데 이곳에는 곽 티슈를 쓰고 있다.

외국인들이 한국에서 이해 안 되는 모습 중에 하나가 식당에서 두루마리 휴지를 갖다두는 것이라고 한다.

화장실용을 시가탁에 둔다는 것 자체가 난센스가 아닌가!

영철 Street 버거의 프랜차이즈 가맹점들은 본점만큼의 성과를 거두지 못하고 있다. 이유 '영철 Street 버거'와 똑같은 버거(제품)은 있지만, 창업자가 흘린 땀과 고객에게 주는 감동(고품위 서비스)이 부족하기 때문이 아닐까?(김용섭)

제IV부
고품위 서비스 실무

- Chapter 14___ 고품위 서비스의 이해
- Chapter 15___ 고품위 서비스 사례와 서비스 분석
- Chapter 16___ 고품위 서비스 실천 매뉴얼

Chapter 14

고품위 서비스의 이해

01 | 고품위 서비스의 맵

- 서비스는 사랑이다.
- 서비스는 몸 전체로 표현된다.
- 작은 서비스가 큰 서비스된다.
- 큰 서비스가 바로 고품위 서비스이다.
- 서비스 수행의 부단한 노력이 고품위 서비스를 낳는다.
- 첫인상이 중요하다.
- 밝고 명랑한 표정은 모두가 좋아한다.
- 웃는 얼굴을 연습한다.
- 모든 것을 고객의 입장에서 생각한다.

- 때로 모른 척하는 것이 고품위 서비스일 경우도 있다.
- 고객의 마음을 편안하게 하는 것이 진정한 서비스이다.
- 고품위 서비스는 센스 있는 감각과 다정한 인간미에서 나온다.
- 고객의 요구사항을 내 일처럼 신속하게 처리한다.
- 고객의 불만을 만족으로 바꾸는 지혜가 필요하다.
- 고품위 서비스의 기초는 고객을 긍정적인 시선으로 바라보는 데 있다.
- 고품위 서비스는 고객의 마음을 미리 헤아리는 것이다.
- 서비스는 고객이 미처 기대하지 못한 순간에 이루어져야 감동이 된다.
- 좋은 제품이란 좋은 서비스가 있기 때문이다.
- 고객에게 감동을 주는 서비스가 바로 고품위 서비스이다.

02 | 고객의 욕구와 고품위 서비스

고객이 백화점에서 스카프를 하나 사려고 한다. 이때 고객의 욕구는 자기 취향의 스카프를 찾아내는 것이다. 이것은 눈에 보이는 가시적 욕구이지만 고객 마음의 한쪽에는 보이지 않는 욕구가 남아 있다.

바로 남보다 “특별하게 대우받고 싶다”는 욕구이다. 이것이 바로 자신의 존재를 인정받고 싶어하는 비가시적인 욕구이다.

그런 까닭에 서비스 영역은 표현하는 욕구뿐만 아니라 표현하지 않는 욕구까지도 고려해야 한다. 고객이 미처 표현하지 못하는 잠재적 욕구까지 헤아려 충족시켜 준다면 그것이 바로 고객만족을 넘어 고객감동으로 이어지는 고품위 서비스인 것이다.

다시 말하면 고객은 종사원의 서비스에 불만족하기도 하고 만족하기도 한다. 때에 따라서는 감동하기도 한다.

이제 21세기 대고객 서비스는 종래의 수동적 서비스 차원에서 확장된 능동적 서비스를 해야 한다. 바로 고객감동을 가져오는 고품위 서비스의 시대가 도래한 것이다.

〈표 14-1〉 서비스의 확장된 패러다임

	기존 서비스	확장된 서비스
항목	서비스의 기존 패러다임	서비스의 확장된 패러다임
대상	눈앞의 고객	눈앞의 고객, 잠재적 고객
서비스 범위	가시적 요구사항	가시적 요구사항 비가시적 요구사항 잠재적 요구사항
서비스 제공시간	현재	사전 · 현재 · 사후
핵심요소	친절	친절 · 신속 · 정확 등 다양한 요소 포함

03 | 서비스 철학이 있는 고품위 서비스

이미 세계경제의 흐름은 제조업 중심에서 서비스 중심으로 옮겨졌다. 『포춘(Fortune)』지가 선정한 세계 500대 기업의 65%가 서비스업체인 것만 봐도 알 수 있다.

선진국의 경우 국내총생산에서 서비스 산업이 차지하는 비중을 보면 미국 74%, 싱가포르 70.9%, 일본 64.4%이며, 우리나라도 서비스업 중심으로 산업구조가 바뀌고 있다. 실제로 서비스는 개인이나 기업 경쟁력의 바로미터(barometer)이지만 넓게 보면 한 국가의 삶의 질을 나타내기도 한다.

기업이 추구하는 서비스 목표가 무엇인지 종사원들이 정확히 알고 있어야 한다. 그리고 그것을 경영층이 한결같이 강조해야 한다. 마음에 없는 친절은 사람과 상황에 따라 다르게 나타나며, 한결같지 못하다. 종사원 자신의 컨디션이 좋으면 고객에게 친절하지만 돌발상황이 발생했을 때는 그렇지 않을 수 있다는 뜻이다.

그런 이유로 종사원들과 경영층은 고객의 가치를 공유하여야 한다. "내가 왜 고객에게 친절해야 하는지, 내 일이 지니는 의미가 무엇인지"에 대한 생각없이 단순히 윗사람에게 찍히지 않으려고 인사를 한다면 이는 궁극적으로 기업철학의 부재에서 오는 현상이다.

따라서 고객의 가치와 업무의 비전을 제시하는 서비스 철학(service philosophy)을 세우고 공유한다면 기업의 서비스가 한 방향으로 나갈 수 있는 지침이 될 수 있고, 서비스 철학을 토대로 서비스의 방향이 고객 중심으로 옮겨지면서 고품위 서비스가 실현될 수 있다.

어느 유명 리조트의 서비스 철학은 "고객의 인생에서 가장 아름다운 추억을 남기는 것"이다. 어느 병원의 서비스 철학은 "보살핌과 안락(care and comfort)"이며, 어느 외식업체의 서비스 철학은 "고객이 행복해질 때까지"이다.

철학이 있는 고품위 서비스 전문가는 시간을 때우기 위하여 일하지 않으며, 고객에게 친절과 정성을 베푸는 일 자체에 보람과 행복을 느낀다.

04 | 수평적 인간관계와 고품위 서비스

차량 판매를 하는 박 과장의 얼굴에는 오늘따라 오기와 약간의 분노가 서려 있었다. 그는 자신의 직업에 대해 환멸을 느끼고 있었던 것이다. 고객을 만나 상담하는 것이 자신이 마치 고객의 머슴인 것처럼 느껴지고, 세일즈를 위한 상담이 자신의 비굴함으로 이어졌다. 박 과장은 원래 천성이 남한테 아쉬운 소리를 못하는 스타일이었다. 그런 까닭에 고객과 대화하다보면 왠지 자존심이 상하고, 특히 고객이 반말을 하면 속으로 화가 났다.

고객들은 무조건 복종하고 굽신거린다고 좋아하지 않는다. 요즘 고객들은 왕이 되는 것을 불편해하며, 무조건 수직적으로 받들어 모시는 서비스는 오히려 받는 사람에게 부담을 주기 때문에 그런 서비스는 오래가지 못한다. 무조건 '사장님' '사모님' 하는 가식적인 서비스보다 고객과 동등한 입장에서 컨설턴트 역할을 하였을 때 고객은 신뢰감을 느끼고 더불어 제품의 가치와 신뢰성을 한 차원 높일 수 있다.

"고객은 왕이다. 서비스 종사원은 노예와 같다"는 편협된 생각은 오히려 형식적인 서비스를 유발하게 하며, 서비스의 질을 떨어뜨린다. 카 세일즈맨의 고품위 서비스 전략은 "나 자신을 통해 차의 가치를 알린다"는 각오로 고객을 처음 만나는 자리에서부터 자신을 의지하고 진정한 파트너로 여기도록 전략을 세워야 한다. 고객으로 하여금 큰 믿음을 가지게 해야 한다는 뜻이다. 또한 거절을 당하더라도 무너지지 않는 자신감이야말로 고객의 마음을 다시 돌릴 수 있는 저력으로 작용한다.

고객에게 무조건 복종만 하는 서비스는 원활한 커뮤니케이션으로 이어지지 못해 고객이 요구하는 경우에만 서비스를 하므로 고객을 만족시키기 힘들다. 그러나 수평적 입장에서 서비스를 제공하면 서로간에 충분한 커뮤니케이션이 이루어져 고객이 원하는 바를 감지하여 고객감동을 불러오는 서비스가 가능하게 되는 것이다.

따라서 진정한 서비스란 고객의 마음을 열기 위해 굴욕적으로 순종하는 수직적 인간관계가 아니라 동등하게 의견을 교환하는 수평적 인간관계이다. 고품위 서비스는 고객과 종사원간의 수평적 인간관계를 그 기반으로 한다.

5 | 원 스톱 서비스는 고품위 서비스의 출발

'원 스톱 서비스(one stop service)'를 실시하려면 일선 종사원들에게 충분한 권한을 부여해야 한다. 일선 종사원에게 충분한 재량권이 주어지면 다음과 같이 고품위 서비스에 매우 효과적인 도구(tool)로 작용한다.

① 고객의 질문과 요구에 즉각적으로 대응할 수 있고
② 문제해결의 시간이 단축되며
③ 같은 상황에서도 독특한 아이디어를 낼 수 있고
④ 일에 대한 자긍심이 높아지며
⑤ 고객과 1 : 1 대응 서비스를 유지하게 해준다.

고객을 상대하는 종사원들을 단순히 업무보조로만 여긴다면 좋은 서비스가 나오기 어렵다. 대고객 종사원에 대한 권한부여는 고객과의 1 : 1 대응 서비스를 능률적이고 책임있게 처리할 수 있는 능력을 발휘하게 한다.

우리는 고객과 종사원이 서로 평행선을 그으면서 티격태격하는 모습을 자주 목격할 수 있다. 아무런 권한이 없는 종사원으로서는 회사의 방침만을 주장하게 되고, 고객은 자신이 지불한 만큼의 대가를 원하기 때문이다.

대표적으로 스타벅스(Starbucks)의 사례를 들 수 있다. 스타벅스 로고가 찍힌 컵만 들고 다녀도 수준 있는 커피 매니아로 인정받을 정도로 완벽한 포지셔닝(positioning) 전략을 구축한 스타벅스는 종사원들에게 언제나 "무조건 예(Just say yes)"라고 말할 수 있는 권한을 주고 있다. 물론 "예"라는 대답을 함으로써 생기는 결과에 대해서는 회사가 책임진다. 이런 경우 회사의 방침과 고객의 요구가 같아지기 때문에 문제가 발생하지 않고, 종사원은 충분한 권한을 갖고 고객만족을 위해 나름대로 재량권을 발휘하게 된다.

이렇듯 든든한 뒷받침이 있는 경우라면 종사원은 고객과 실랑이를 벌이지 않게 될 것이고, 고객불만에 대한 신속한 처리는 신뢰성 구축으로 이어져 단골(고정)고객 확보로 이어지게 된다.

06 | 스칸디나비아 항공의 고품위 서비스

1970년대 말 석유파동으로 인해 세계 항공업계는 큰 시련을 맞이하였다. 17년간 연속해서 흑자를 기록하였던 스칸디나비아 항공(Scandinavian Airlines : SAS)에서도 1979년과 1980년 사이의 2년 동안에 3,000만 달러의 적자가 누적되었다.

이러한 위기 가운데 39세의 얀 칼슨(Jan Carlzon)이 이 항공사의 사장으로 취임하였다. 고객이 종사원들과 접촉하는 처음 15초 동안의 짧은 순간이 회사의 이미지, 나아가 사업의 성공을 좌우한다고 강조한 칼슨 사장은 1년 만에 적자를 흑자로 바꾸었다. 뿐만 아니라 스칸디나비아 항공은 1983년도 '올해의 최우수 항공사'로, 1986년에는 '고객 서비스 최우수 항공사'로 선정되었다. 스칸디나비아 항공이 단숨에 위기를 극복하고 최우수 항공사로 도약한 비결은 무엇일까?

(1) 결정적 순간

얀 칼슨

스칸디나비아 항공(Scandinavian Airlines : SAS)은 스웨덴 · 덴마크 · 노르웨이 3개국의 민간과 정부가 공동으로 소유하고 있는 항공사이다. 얀 칼슨은 MOT라는 새로운 개념을 도입하여 위기에 빠진 회사를 구하고, 서비스 품질경영의 전설적 신화를 창조하였다.

칼슨은 MOT(moments of truth)의 개념을 소개하기 위해 불결한 트레이(접시 또는 쟁반)를 자주 예로 들었다. 만약 승객들이 자신의 음식 트레이가 지저분하다는 것을 발견하게 된다면 그들은 그 순간에 자신이 탑승하고 있는 비행기가 불결하다고 느끼게 된다는 것이다. 이처럼 MOT는 서비스 제공자가 고객들에게 서비스의 질(質)을 보여줄 수 있는 극히 짧은 시간이지만, 자사에 대한 고객의 인상을 좌우하는 극히 중요한 순간이다.

MOT란 스페인의 투우 용어인 "Moment De La Verdad"를 영어로 옮긴 것인데, 스페인의 마케팅 학자인 리처드 노먼(R. Norman)이 서비스 품질관리에 처음 사용하였다. 원래 이 말은 투우사가 소의 급소를 찌르는 순간을 말하며, "피하려 해도 피할 수 없는 순간"

또는 "실패가 허용되지 않는 매우 중요한 순간"을 의미한다. 따라서 MOT란 '진실의 순간'이라는 통상적 번역보다 '결정적 순간'이라는 말이 더 적합하다.

일반적으로 항공사 종사원들은 항공기, 정비시설, 사무실, 업무수행 절차 등의 집합이 회사라고 생각하나, 고객들은 항공사로부터 어떤 경험을 하였는가를 이야기한다. 칼슨은 서비스 기업의 본질은 "물적 자산의 집합이 아니라 일선 종사원들이 개별고객에게 제공하는 서비스의 품질"이라고 강조하였다.

1986년 SAS에서는 대략 1,000만 명의 고객이 각각 5명의 종사원들과 접촉했으며, 1회 응대시간은 평균 15초였다. 따라서 1년에 5,000만 번 고객의 마음속에 회사의 인상을 새겨넣는 순간들이 있었다.

칼슨은 "이 15초 동안의 짧은 순간순간이 결국 SAS의 전체 이미지, 나아가 사업의 성공을 좌우한다고 주장하면서 이 순간들이야말로 SAS가 최선의 선택이었다는 것을 고객들에게 입증해야만 하는 때"라고 강조하였다. 진정한 자산은 만족한 고객들이라는 신념 아래 칼슨은 SAS를 고객 중심적 기업으로 변화시키는 일에 착수하였다.

전통적인 피라미드형 조직에서는 고객들과 매일 접하면서 그때그때의 상황을 가장 잘 알고 있는 일선 종사원들이 문제를 처리하는 권한을 갖고 있지 못하다. 또한 경영진의 지시나 방침을 그들에게 전달하는 사람들을 일반적으로 중간관리자라고 부르고 있으나, 엄밀한 의미에서 그들은 '관리자'가 아니라 기업 피라미드의 상부에서 내린 결정을 전하는 '전달자'에 불과하다. 따라서 고객중심적 기업으로 변한다는 것은 기존의 조직구조를 뒤집어놓는 문화적 변혁을 수반하는, 쉽지 않은 과제이다.

(2) 비즈니스 여행객들을 표적고객으로 삼다

1981년 칼슨이 SAS의 사장으로 부임하였을 때 이사회는 극심한 불경기에서도 흑자경영을 실현해야 한다는 한 가지 임무를 부여하였다. 새 사장을 맞이한 직원들은 더욱 혹독한 원가절감 운동이 펼쳐질 것으로 예상하였으나 칼슨의 생각은 달랐다. 일반적으로 비용지출이란 줄여야만 할 필요악이라고 간주되고 있으나, 사실은 경쟁력을 높이기 위한 자원으로 생각해야 한다는 것이었다. 경비가 사업의 목적달성에 효과적으로 사용되기만 한다면 그것은 경쟁력을 높이기 위해 필요한 자원인 것이다.

칼슨은 SAS의 회생전략을 수립하면서 한 가지 분명한 원칙을 정했다. 불경기를 이겨내기 위해 많은 항공사들이 하고 있는 것처럼 비행기를 처분하여 단기적 수익의 개선을 꾀하지 않고, 최고의 서비스를 제공함으로써 성장이 멈춘 시장에서 자사의 점유율을 높이고 이익을 창출한다는 것이었다. 비용을 최대한으로 줄이고 있는 SAS에서 더이상의 비용절감을 추진하는 것은 이미 정지한 자동차의 브레이크를 세게 밟는 것과 같다. 이렇게 무모한 시도를 계속한다면 결국은 브레이크가 자동차의 밑바닥을 뚫고나가 자동차는 운행이 불가능한 상태가 될 수도 있다.

무엇보다 먼저 바깥 세상에 대한 선명한 그림을 그리고, 그 위에 SAS가 설자리를 정해야 했다. 다시 말해서 새로운 사업전략의 개발이 필요하였다. 성장이 멈춘 시장에서 수익을 내기 위한 전략으로서 SAS는 "출장이 많은 비즈니스 여행객들에게 세계 최고의 항공사가 된다"는 전략적 목표를 수립하였다. 비즈니스 여행객들은 시장에서 가장 안정된 고객층이다. 일반 관광여행객들과는 달리 그들은 자신의 마음대로 여행시간을 선택할 수 있는 폭이 넓지 않다. 좋든 나쁘든 사업상 필요가 발생하면 이동해야 하는 사람들이다.

그러나 이들에게는 특별한 요구가 있다. 이러한 요구사항을 잘 충족시켜줄 수 있는 서비스를 개발한다면 할인되지 않은 정상요금으로 그들을 유치할 수 있을 것이다.

(3) 치즈썰기 접근방법의 기업회생 전략은 안 된다

사실 이러한 생각은 기발한 것도 아니고 새삼스러울 것도 없었다. 통상적으로 정상요금을 내고 탑승하는 사람들은 비즈니스 여행객들뿐이기 때문에 이들을 확보하지 못하면 수익을 낼 수 없다는 사실을 다른 항공사들도 다 알고 있었다.

한 가지 차이가 있었다면 이러한 목표를 추진하는 방식이었다. 불황에 대처하기 위해 당시 대다수의 경영자들은 시장의 요구를 불문하고 모든 부문의 업무비용을 일률적으로 삭감하는 '치즈썰기 접근방법(cheese-slicer approach)'을 사용하였으나 SAS는 정반대의 접근방법을 택하였다.

'치즈썰기 접근방법'은 불요불급한 비용을 잘라내는 데는 확실한 효과가 있지만 고객이 원하는 서비스까지도 제거하는 경우가 적지 않아 결국은 경쟁력의 저하로 연결되는 경우가 많았다. 또한

일률적인 비용삭감이 조직내부에 끼친 영향도 심각하였다. 일선 임직원들의 의욕이 감퇴하고 결국에는 "될 대로 되라"는 식으로 일손을 놓아버리는 결과를 초래하였다.

SAS는 모든 자원, 모든 경비, 모든 절차에 대해 면밀히 검토하고 스스로 자신들에게 물어보았다.

"출장이 잦은 비즈니스 여행객들을 모시는 데 실질적으로 필요한 것인가?"

만약 "그렇지 않다"는 대답이 나오면 사내에서 아무리 소중하게

생각되어 왔더라도 거기에 소요되는 비용이나 절차를 단계적으로 제거하기 위한 준비에 나섰다. 이와는 반대로 "그렇다"는 대답이 나오면 경쟁력 강화를 위해 보다 많은 지출이 이루어질 수 있도록 하였다. 또한 필요한 다른 것이 빠져 있으면 그것을 추가시킬 준비도 하였다.

"비즈니스 여행객들에게 서비스한다"는 분명한 목표가 있었기 때문에 잘라내어야 할 일들을 찾는 것이 그리 어렵지 않았으며, 또한 그렇게 하더라도 크게 문제될 것이 없다는 확신을 가질 수 있었다.

기업회생 전략이 가져다준 가장 의미있는 성과 중 하나는 종사원들의 태도 변화였다. 서비스 중심의 항공사로 거듭남으로써 수익을 창출하겠다는 공식적 의지표명은 사풍의 근본적인 변화를 촉발시켰다. 일선 종사원들의 노력이 사내에서 높이 평가되기 시작하면서 사기가 치솟았다. 모든 종사원들이 서비스 제공에 관한 특별교육을 받았으나, 대부분의 사람들에게는 교육의 내용보다는 자신들에게 시간과 자원을 투자하고 있다는 사실 자체가 더 실감나는 것이었다. 예전에는 자신들의 노고가 제대로 인정받지 못한 경우가 많았으나, 이제는 관심과 주목의 대상이 되었다고 믿게 된 것이다.

(4) 유로 클래스(Euro Class)

SAS가 기업회생 전략의 일환으로 추진한 업무 중 사실 새로운 것은 거의 없었다. 전임 경영진들도 보다 더 서비스 중심의 기업으로 변해야 한다는 것을 이미 지적하였다. 실행된 아이디어들의 대부분은 연구보고서나 비망록의 형태로 정리되어 있던 것이었다.

예를 들자면 비즈니스 여행객들을 붙잡기 위한 특별 클래스의 설치 문제도 오래 전부터 논의되어 왔으며, 그것은 또한 참신한 아이디어도 아니었다. 프랑스 항공(Air France), 브리티시 항공(British Airways), KLM 네덜란드 항공(KLM Royal Dutch Airlines) 등에서 벌써 그러한 프로그램을 운영하고 있었다. 출장이 잦은 비즈니스 여행객들에게 최고의 서비스를 제공하는 데 전력을 다하기로 결정한 이상, 그러한 계획의 도입 자체에 대해서는 다른 이견이 있을 수 없었다.

SAS의 문제점 중 하나는 퍼스트 클래스뿐만 아니라 이코노미 클래스까지도 할인요금으로 탑승하는 고객들이 너무 많다는 것이었다. 유럽의 다른 항공사들은 이코노미 클래스의 정상요금에 얼마간 요금을 추가하여 비즈니스 클래스를 운영하고 있었다.

그러나 비즈니스 여행객들이 이코노미 클래스의 정상요금만 지불하더라도 재무상황이 상당히 호전된다는 것을 알게 되었다. 그래서 SAS는 유럽노선에서 퍼스트 클래스를 없애버리고(당시 퍼스트 클래스는 항공사 간부들이 주로 이용하던 세계에서 가장 값비싼 식당 정도의 역할밖에 하지 못했다), 이코노미 클래스의 정상요금으로 훨씬 나은 서비스를 제공하는 '유로 클래스(Euro Class)'를 신설하였다.

할인제도를 유지하기는 하였으나 비즈니스 여행객들에게 초점을 맞추었으므로 초기에는 적극적으로 판촉에 이용하지 않았다.

유로 클래스를 여러 가지 면에서 차별화하고 홍보에 나섰다. 우선 유로 클래스와 다른 클래스의 차이가 눈에 띌 수 있도록 이동식 칸막이를 이용하여 다른 클래스와 물리적으로 구분하였다. 공항 터미널에서는 전화와 텔렉스(telex) 서비스 시설을 갖춘 쾌적한 전용대합실을 마련하였다. 또한 별도의 탑승수속 창구, 보다 안락한 의자, 보다 나은 식사를 제공하였다.

서비스 수준에서도 유로 클래스를 차별화시켰다. 일반 관광여행객들의 탑승수속에는 10분이 소요되었지만 유로 클래스 승객의 경우는 6분으로 단축되었다. 비즈니스 여행객들이 비행기에 가장 늦게 타고 가장 빨리 내릴 수 있도록 배려하였다. 일반승객들보다 기내식을 먼저 들 수 있도록 하고, 술과 신문 및 잡지를 무료로 제공하였다.

성과가 나타나기까지 그리 오랜 시간이 걸리지 않았다. 유로 클래스 도입 첫 해에 2,500만 달러, 이듬해에 4,000만 달러의 수익증가를 목표로 하였지만, 세계 항공시장의 극심한 불황 속에서도 첫 해에 8,000만 달러의 수익이 증가되었다.

수익 외 다른 측면에서도 뜻깊은 성과가 있었다. 1983년 8월 『포춘(Fortune)』지가 실시한 조사에서 SAS는 비즈니스 여행객들을 위한 최고의 항공사로 선정되었으며, 같은 해 『항공운항세계(Air Transport World)』지에 의해 '올해의 최우수 항공사'로 선정되는 영예를 안았다.

여기서 한 가지 짚고 넘어갈 사항은 비즈니스 여행객들에 초점을 맞춘다는 전략이 일반 관광객시장을 외면하거나 무시한다는 것을 의미하지 않는다는 사실이다. 현실은 그 정반대이다. 여기에는 한 가지 중요한 역설(paradox)이 존재한다. 비즈니스 여행객들에게 집중하면 할수록 일반 관광여행객들을 보다 더 저렴한 요금으로 확보할 수 있다. 비즈니스 여행객들이 선호하지 않는 출장날짜나 출발시간이 있기 때문에 빈 좌석이 많을 때가 자주 있다.

그러나 비즈니스 여행객들이 지불하는 정상요금만으로도 비행기 운항에는 아무런 지장이 없으므로 일반 관광객들에게는 덤핑가격으로 빈 좌석을 제공할 수 있다. 이러한 이유로 인해 SAS는 정상요금 지불승객의 비율이 유럽에서 제일 높으면서도, 관광여행객들에게 가장 저렴한 항공권을 판매하고 있다.

(5) 제품 중심 기업과 고객 중심 기업의 차이

1981년 칼슨이 사장으로 부임하면서 내세운 목표는 "비즈니스 여행객들에게 세계 최고의 항공사가 된다"는 것이었다.

당시 SAS는 대형 단거리 비행용으로 최첨단 기술을 수용한 4대의 에어버스를 인수한 직후였는데, 에어버스는 실내공간이 넓고 내부장식 또한 호화로웠다. 4대의 에어버스 구입에 소요된 비용은 1억2,000만 달러였으며, 추가적으로 8대를 주문해놓은 상태였다.

이러한 대규모 발주는 주요 항공사에서 흔히 있는 일이었다. 첨단기술이 적용되어 1마일 비행당 비용이 낮아진 신형 비행기로 교체하는 것은 SAS뿐 아니라 다른 모든 항공사들도 일상적으로 하고 있는 일이었다. 새로운 비행기가 나오면 가능한 한 빠른 시일 내에 구매한다는 것은 사실상 항공사 중역들의 신조와도 같았다.

에어버스의 승객 마일당 비행비용은 당시 SAS의 주력기종이었던 DC-9보다 6% 낮았다. 그러나 에어버스의 좌석 수(240석)가 DC-9의 좌석수(110석)보다 두 배 이상 많았기 때문에 승객을 거의 꽉 채우지 못하면 경제적으로 이점이 없었다. 그러나 에어버스를 구매하고 나서야 그것을 운행하기에는 SAS의 승객 기반이 너무 작다는 사실을 깨달았다.

승객 수가 매년 7~9% 성장하고, 또한 화물 운송량도 같은 속도로 늘어날 것이라는 예측을 전제로 에어버스에 대한 구매결정이 내려졌지만, 예상치 못한 석유파동으로 인해 세계경제가 불황의 늪에 빠져들고 시장은 얼어붙었다. 코펜하겐(Copenhagen)에서 승객을 꽉 채우지 못하면 스톡홀름에서 유럽 대륙의 주요 도시로 운항하는 에어버스(airbus)가 흑자를 낼 수 없었다. 따라서 고객들이 바라고 있는 것처럼 스칸디나비아와 유럽 대륙에 있는 여러 도시들을 직항으로 연결하기에는 적당치 않았다.

고객인 비즈니스 여행객들의 입장에서 이 문제를 바라보아야 했다. 스톡홀름(Stockholm)이나 오슬로(Oslo) 등과 같은 스칸디나비아(Scandinavia) 도시에 근무하고 있는 비즈니스 여행객들은 어떠한 생각을 갖고 있을까? 운항중인 비행기 편수가 적어서 코펜하겐을 경유하더라도 최신의 대형기종인 에어버스를 이용하고 싶을까? 아니면 그들이 근무하고 있는 스칸디나비아의 도시에서 유럽 대륙의 목적지까지 중간 경유지 없이 논스톱(non-stop)으로 연결하는 직항편을 선택할 것인가? 대답은 자명하다. "에어버스를 예비기로 돌리고 DC-9을 사용하라"고 칼슨은 지시하였다.

칼슨의 지시를 받은 직원들은 깜짝 놀랐다. 그것은 마치 새로운 공장을 건설해놓고 준공식장에서 사장이 폐쇄하라고 이야기하는 것과 다를 바 없었다.

그러나 냉정하게 생각해보면 이러한 결정은 현명한 것이었다. 칼슨은 에어버스가 좋지 않다고 말한 것이 아니다. 에어버스 자체는 분명히 우수한 기종이다. 제한된 시장에서 비즈니스 여행객들을 유치하여 경쟁력을 확보하기 위해서는 논스톱으로 목적지에 도착할 수 있는 직항편을 빈번하게 운항시켜야 하지만, 그것을 실행하기에는 에어버스가 너무 대형이었다. 비록 에어버스가 SAS의 정규노선에 투입되지는 않았지만 임대용 전세기로 사용되었다.

에어버스의 구입에 관한 이 사례는 제품 중심의 철학과 고객 중심의 철학이 어떻게 다른지 잘 보여준다. 전통적인 제품 중심의 기업은 생산이나 투자를 먼저한 후 — 이 사례에서는 항공기를 구매한 후 — 에 그것의 운용을 설비에 맞추려 한다.

이러한 사고방식은 항공산업의 성장 초기에는 별 문제 없이 통했다. 그 시절에는 승객들이 어느 정도의 불편을 감수하더라도 진기한 경험을 갖고자 했으며, 신형비행기의 성능향상도 매우 빠르게 진행되었다.

또한 한 나라를 대표하는 국적기라는 생각이 있었기 때문에 시간이 더 걸리고 다소 불편함이 있더라도 자국 비행기를 이용하는 것이 애국심을 표현하는 수단이 되기도 하였다.

그러나 이제는 사정이 달라졌다. 비즈니스 여행객들은 먼저 자신의 일정계획을 세우고 그 일정에 가장 편리한 항공편을 예약한다. 이러한 시장환경 하에서는 여러 직항노선을 빈번하게 움직일 필요가 있다. "비즈니스 여행객들에게 세계 최고의 항공사가 된다"는 목표를 정한 SAS로서는 이것이 무엇보다 중요한 경쟁변수였던 것이다.

SAS의 흑자전환 서비스 경영전략

- 고객 1회 응대시간 평균 15초에 SAS 전체 이미지 개선을 위해 주력
- 출장이 많은 비즈니스 여행객들을 표적고객으로 선정
- 일률적인 업무비용 삭감 대신 경쟁력 강화를 위한 '선택과 집중'
- 유로클래스(Euro Class) 신설로 차별화
- 고객 중심 기업철학 : 에어버스 대신 DC-9를 정규노선에 투입

(6) 스칸디나비아 항공의 사례가 주는 교훈

오늘날 서비스 품질경영의 기본적 용어 중 하나인 MOT는 칼슨이 1987년에 쓴 『결정적 순간(Moments of Truth)』이란 책이 발간되고 나서 급속히 보급되었다. MOT의 개념을 제대로 적용하기 위해서는 다음과 같은 두 가지 면에 특히 주의해야 한다.

1) MOT 사이클 전체를 관리해야 한다

서비스 품질관리에서 MOT, 또는 결정적 순간이란 "고객이 조직의 어떤 일면과 접촉하는 접점으로서, 서비스를 제공하는 조직과 그 품질에 대해 어떤 인상을 받는 순간이나 사상(事象)"을 말한다. 일반적으로 MOT는 고객이 종사원과 접촉하는 순간에 발생하지만, "광고를 보는 순간"이나 "대금 청구서를 받아보는 순간" 등과 같이 조직의 여러 자원과 직접 또는 간접적으로 접하는 순간이 될

수도 있다. 이 결정적 순간들이 하나하나 쌓여 서비스 전체의 품질이 결정된다.

따라서 고객을 상대하는 종사원들은 고객을 대하는 짧은 순간에 그들로 하여금 최선의 선택을 하였다는 기분이 들도록 만들어야 한다.

항공 서비스의 경우를 예로 들어보면, 고객은 다음과 같은 MOT들을 경험할 수 있다([그림 14-1] 참조).

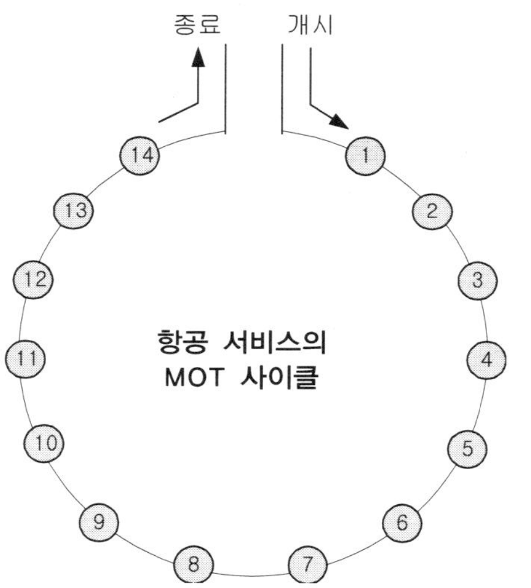

① 정보를 얻기 위해 전화했을 때
② 예약할 때
③ 공항 카운터에 다가갔을 때
④ 순서를 기다리고 있을 때
⑤ 탑승권 판매 종사원과 카운터에서 만났을 때
⑥ 요금을 지불하고 탑승권을 받을 때
⑦ 출발입구를 찾고 있을 때
⑧ 보안검사대를 통과할 때
⑨ 출발 라운지에서 출발을 기다릴 때
⑩ 티켓을 건네고 탑승할 때
⑪ 탑승하여 승무원의 환영을 받을 때
⑫ 좌석을 찾고 있을 때
⑬ 수화물 보관소를 찾고 있을 때
⑭ 좌석에 앉았을 때

그림 14-1 | 항공 서비스의 MOT 사이클(박영택, 1999)

고객과의 접점에서 발생하는 MOT가 특히 중요한 이유 중 하나는 고객이 경험하는 서비스 품질이나 만족도에는 이른바 '곱셈의 법칙'이 적용된다는 점이다. 즉 여러 번의 MOT 중 어느 하나만 나빠도 한순간에 고객을 잃어버릴 수 있기 때문에 MOT 사이클 전체를 관리해야 한다.

흔히 무시되고 있는 안내원 · 경비원 · 주차관리원 · 전화교환원 · 상담접수원 등과 같은 일선 서비스 요원들의 접객태도가 회사의 운명을 좌우할 수 있다. 사실 MOT 하나하나가 그 자체로서 서비스 상품인 것이다.

2) MOT도 고객의 시각에서 관리해야 한다

서비스 제공자가 빠지기 쉬운 일반적 함정 중 하나는 자신이 해당분야의 베테랑(veteran)이기 때문에 고객의 기대와 요구를 고객 이상으로 잘 알고 있다고 생각하는 것이다. 그러나 서비스 제공자의 논리와 고객의 시각이 일치하지 않는 경우가 허다하다. 우리가 이미 살펴 본 SAS의 에어버스 구매사례도 여기에 속한다.

또한 다음의 사례는 이러한 차이를 보다 선명하게 보여준다.

컨벤션센터나 호텔에서 열리는 세미나의 휴식시간에 우선적으로 고려해야 할 5가지 요소를 조사해보았다. 세미나 참석자들은 커피나 홍차가 준비되어 있을 것, 신속하게 나갔다가 다시 돌아올 수 있을 것, 화장실이 가까이 있어서 빠른 시간 내에 이용할 수 있을 것, 자기 사무실에 손쉽게 연락을 취할 수 있도록 전화가 있을 것, 다른 참석자들과 대화를 나눌 수 있는 충분한 공간이 있을 것과 같은 순서로 중요도를 평가하였다.

그러나 연회 담당 전문 매니저에게 동일한 질문을 하였더니 완전히 다른 대답이 나왔다. 이들이 제시한 상위 다섯 가지 항목은 따뜻하고 향이 좋은 커피를 제때 내놓을 것, 기타 다과류(롤, 머핀, 신선한 과일, 주스 등)를 준비할 것, 서비스 장소를 멋있게 꾸밀 것, 깨끗하고 흠집이 나지 않은 식기를 사용할 것, 깨끗한 테이블을 적절히 배치할 것의 순으로 나타났다.

누가 잘못된 것일까? 물론 어느 쪽도 아니다. 연회 담당 전문 매니저들도 전화나 화장실이 있으면 좋겠다고 생각하지만, 테이블 준비나 다과를 보기좋게 진열하는 것에 주의를 집중하고 만다. 그러나 고객들은 휴식시간에 화장실이 청소 때문에 잠겨 있거나 가까이 있는 전화가 장거리용이 아니라면 더 큰 불만을 느낀다.

이처럼 서비스 제공자와 고객의 기본적 시각이 다른 경우가 많기 때문에, MOT를 효과적으로 관리하기 위해서는 항상 고객의 목소리에 귀를 기울여야 한다(박영택).

07 | 고객의 입장에서 생각하는 사고의 전환이 필요하다

고객을 만족하도록 하는 것은 경영의 기초다. 그럼에도 불구하고 진정한 고객만족은 갈수록 어려워진다. 앞서 살펴보았듯이 얀 칼슨은 그의 저서 『결정적 순간』에서 "진정한 고객만족은 고객감동을 추구해야 하며, 그것은 결정적 순간에서 비롯된다"고 말했다.

내가 자주 다니던 강변도로에 퇴근시간에 길이 막히면 나타나는 뻥튀기 장수가 있다. 남들은 뻥튀기 보따리를 짊어지고 여기저기 기웃거리는데 이 아저씨는 뻥튀기를 예쁘게 천 원 어치씩 포장해서 손수레를 끌고다닌다. 머리엔 중절모를 눌러쓰고, 귀에는 신나는 음악이 나오는 이어폰을 꽂고 살랑살랑 춤을 추면서 운전자들에게 미소를 보낸다. 먹지도 않을 뻥튀기지만 이 아저씨를 보면 저절로 사고 싶어진다. 실제 나도 그 뻥튀기를 두 번이나 샀다.

얼마 전 전국이 영하의 혹한 속에 꽁꽁 얼어붙은 무주 스키장에서의 밤이었다. 눈보라가 세차게 몰아쳐 스키장을 찾은 손님도 객실에 틀어박혀 밖으로 나온 사람이 많지 않았다. 그런데도 개인휴대통신(PCS) 시연장에는 도우미와 행사요원이 사람들의 관심을 끌려고 갖은 노력을 하고 있었다. 추운 날씨라 그날은 시연회를 하지 않을 것이라는 내 예상은 빗나갔다. 발도 시린데 도우미들은 스피커에서 울려나오는 음악에 맞춰 신나게 춤을 추고 있었다. 한쪽에서는 커다란 바구니에 담긴 사탕을 리프트에 오르는 스키어들에게 나눠주고 있었다. 고객감동을 위해 나름대로 최선을 다하는 모습이었다. 흔히 고객만족이라고 하면 고객의 관심을 강요하는 것으로 오해하는 사람이 많다.

한 차원 더 높은 고객감동은 고객이 전혀 생각하지 못했던 고객의 필요를 간파하고 그것을 먼저 내놓는 것이다. 일본 소니는 집에서 듣던 오디오를 주머니 속에 들어가는 워크맨(Walkman)으로 줄여 성공하였다. 미국 델의 컴퓨터(Dell Computer)는 유통단계를 줄여 고객의 기다리는 시간과 비용을 줄였고, 고객이 원하는 대로 제품명세를 변화시키도록 해 컴퓨터 시장에 돌풍을 일으켰다(이상철).

진정한 고품위 서비스를 위해서는 사고방식을 바꾸어 먼저 고객의 입장에서 생각하고 서비스해야 할 것이다.

세심한 고객배려가 고품위 서비스 종사원의 의무입니다

레스토랑에서 친지와 식사를 할 때의 일입니다.

저는 식사를 마친 후 테이블에 웨이터를 불러 신용카드로 결제를 부탁했습니다.

잠시 후 웨이터가 오더니, "데스크에 전화가 와 있으니 받아보시겠습니까?"라고 말하였습니다.

저는 무슨 전화인가 싶어 양해를 구하고 데스크로 갔습니다.

그때 웨이터가 말하기를, "고객님의 신용카드에 문제가 있는 것 같습니다. 테이블에서 잠시 오시게 하기 위해 전화가 왔다고 말했습니다"라는 것이었습니다.

저는 기한이 지난 카드를 준 사실을 알고 다른 신용카드로 결제를 마쳤습니다.

저는 그 일을 통해 웨이터의 고객에 대한 배려와 친절한 마음에 몹시 감동을 받아, 그 레스토랑을 자주 찾게 되었습니다.

만일 저의 친지 앞에서,

"카드가 신용불량으로 나오는데 어떡하지요? 다른 카드는 없으신지요?" 라고 말하였다면, 저는 몹시 당황스럽고 자존심이 상했을 것입니다.

이와 같이 우리는 고객을 대할 때 고객의 사정을 염려하고 고객의 위신이나 체면을 세워주는 친절로 고객을 진정 사랑하는 방법을 터득해야겠습니다.

Chapter 15

고품위 서비스 사례와 서비스 분석

01 | 미국 식당에서 받은 감동

미국 오하이오(Ohio) 주도(州都)인 콜럼버스(Columbus) 시내에 '쿠커스'라는 식당이 있다. T시 K호텔 P사장은 두 아들을 만나러 가는 길에 1년에 한두 번씩 4년째 이 식당을 이용하곤 하였다.

지난 연말에 이곳을 찾은 P사장은 고기맛이 예전같지 못해 몇 조각을 남겼다. 후식을 가지고 온 종사원에게 전번보다 맛이 조금 못하다고 이야기한 조금 뒤, 지배인 · 조리장 · 종사원 세 사람이 굳은 얼굴로 테이블에 다가와서는 사과의 말과 함께 새로 고기를 구워오겠다는 것이었다.

1년에 한두 번 정도 찾아오는 고객인데도 그처럼 신경을 써주는 것에 박 사장은 큰 감동을 받았다. P사장은 "내년에 다시 올 테니 그때 맛있는 스테이크를 구워달라"고 한 뒤 돌려보냈다.

음식값을 계산하려고 청구서를 보는 순간 P사장은 또 한번 놀랐다. 자신이 먹은 음식값은 아예 빼고 청구를 한 것이었다(박병채).

서비스 분석

- 상황 : 미국 오하이오 주 콜럼버스 시내의 쿠키스 식당
- 고객불평 : 고기 맛이 예전 같지 않다.
- 고객응대 서비스 : ① 지배인 · 조리장 · 종사원의 고객에 대한 진심어린 사과와 새로 고기를 구워옴.
② 불평고객의 요리값을 아예 빼고 음식값 청구
- 서비스 결과 : 고객감동

02 | 워싱턴 리츠칼튼 호텔 : 최고의 서비스, 그러나 할인은 "노(No)"

1997년 봄 워싱턴(Washington) 교외 리츠칼튼 호텔(Ritz Carlton Hotel)에 "거기서 결혼식을 하고 싶은데 비수기니까 30% 정도 싸게 해달라"는 요청이 들어왔다. 하지만 호텔측은 정중하게 거절하였다.

> "비용을 줄이는 노력은 어느 단계부터는 '가치'를 갉아먹습니다. 서비스가 좋으면 할인을 안해도 고객은 찾아옵니다. 때로는 고객이 우리를 고르는 게 아니라 우리가 고객을 선택합니다. 우리가 파는 건 최고의 서비스죠. 완벽을 원치 않는 사람은 손님으로 바라지 않지요."

리츠칼튼 호텔 타이슨즈 코너의 파디 라마단(Paddy Ramadan) 관리이사는 가격파괴를 거부하는 이유를 이렇게 설명한다. 리츠칼튼의 차별화 전략은 "우리는 신사 숙녀를 모시는 신사 숙녀다"라는 사훈으로 요약된다.

1980년대 말 호텔 객실요금 파괴경쟁이 치열해졌다. 하지만 리츠칼튼은 이를 거부했고, 식당에서도 본차이나를 플라스틱 제품으로 교체하지 않았다. 리츠칼튼의 품질관리 전략은 철저한 고급화 지향이다.

전세계 34개 체인에는 임원급 '품질관리 리더'가 근무한다. 직원들은 20개항의 '서비스 신조 카드'를 늘 양복 가슴 호주머니에 꽂고 다닌다.

리츠칼튼의 서비스 신조 카드

- 고객의 불편을 접수한 종사원은 자기 영역이 아니더라도 직접 책임지고 해결한다. 또한 처리건에 대해서는 고객이 만족하였는지 20분 내에 전화로 확인한다.
- 고객이 원하는 방향만 가리키지 말고 직접 안내한다. 종사원은 걸어다니는 표지판이다.
- 전화로 상대방의 성함을 묻지 않으며, 가능하면 고객전화를 다른 부서로 돌리지 않고 해결한다. "메모를 남겨드릴까요?"라는 말은 하지 않는다. 그것은 진정한 친절이 아니기 때문이다 등등.

만일 동료가 고객불만 해소를 위해 도움을 청하면 만사 제치고 협조해야 한다. 고객불만 해소를 위해서라면 전 종사원이 2,500달러 한도 내에서 재량껏 지출할 수 있다. 만일 실수로 손님의 옷에 커피를 쏟았다면 직접 옷을 사주기도 하고, 객실 배정에 착오가 생겼다면 사죄의 의미로 포도주나 과일 세트를 손님에게 서비스하기도 한다. 자주 들르는 단골고객 정보는 별도로 관리한다.

가령 알레르기가 있는 손님이라면 그 사람이 세계 어느 리츠칼튼에 묵더라도 무자극성 베이비 샴푸가 미리 욕실에 놓여진다. 현재까지 이렇게 고객 기호관리 대상으로 등록된 고객들만 1백만 명에 육박한다.

캐론 쿨렌 이사는 "1993년부터 대부분 체인에서 중역진을 없애고 대신 평사원 중심의 자율업무팀을 구성하고 있다"면서 "현장을 가장 잘 아는 실무진에게 결정권을 준다는 의미"라고 말했다.

리츠칼튼은 종사원 선발부터 다르다. 서비스업이 적성이 맞는지 전문업체에 의뢰해 개발한 52개의 대외비 질문지로 평가한다. 이 설문지는 각국 대기업들로부터 "한번만 보여달라"는 요청이 잇따른다. 교육도 엄격해 리츠칼튼 종사원들은 연간 120시간을 의무적으로 교육받아야 한다.

고객들의 92~97%가 감동을 안고 호텔 문을 나서고, 불황 때도 오히려 매출이 오르는 비결은 이런 데서 나오는 것이다.

리츠칼튼의 고객감동으로 이어지는 고품위 서비스

- **동료가 고객불만 해소를 위해 도움을 청하면 만사 제치고 협조**
- **고객불만 해소를 위해서라면 전 종사원이 2,500달러 한도 내에서 재량껏 지출**
- **단골고객 정보 별도관리**(고객 기호관리 대상 등록고객 100만 명 육박)
- **종사원 선발**(서비스업 적성, 대외비 질문지로 평가)
- **연간 120시간 의무적 교육**
- **고객의 불편접수 종사원은 자기 영역이 아니더라도 직접 책임지고 해결 · 처리건에 대해서는 고객만족 여부를 20분 내에 전화로 확인 : 고객존중 기업철학**
- **고객이 원하는 곳은 방향만 가리키지 않고 직접 안내**
- **전화로 상대방의 성함을 묻지 않으며, 가능하면 고객전화를 다른 부서로 돌리지 않고 해결**

03 | 일본 고속전철 내 이동판매원

지난 여름 친구 3명과 일본 전국일주 여행을 떠났다. 일본 고속전철인 JR을 편리하고 값싸게 이용할 수 있는 JR패스를 이용했다. 여러 도시를 방문했는데, 모든 구간에서 다음과 같은 장면을 목격할 수 있었다.

이동판매 여직원이 손수레를 밀며 열차 내부를 이동하는데, 우선 객실문을 열고 들어설 때는 "폐를 끼치겠습니다"라고 공손히 허리를 굽혀 인사를 했고, 다른 칸 객실로 옮겨가기 위해 문을 나설 때도 "폐를 끼쳤습니다"라며 또다시 허리를 굽혀 공손히 인사를 했다. 이런 공손한 자세를 한 번도 거르지 않았다.

음료수 등을 담은 손수레는 우리나라 열차의 판매대보다 작아서, 손님들에게 그리 불편을 주지 않았다.

우리나라의 경우 열차에 입석자가 있을 때가 많다. 그런 상황에서 이동판매원이 손수레를 밀고 객실로 들어서면 많은 불편을 겪게 된다. 그러나 판매원이 입석 손님들 사이를 비집고 통과할 때나, 다른 객실로 옮겨가기 위하여 문을 나설 때도 미안하다는 말이나 표정을 보기는 쉽지 않다.

서비스 분석

- 상황 : 일본 고속전철 내 이동판매원
- 고객 서비스 : 객실문을 열고 들어설 때
  "폐를 끼치겠습니다".
  다른 칸 객실로 옮겨가기 위해 문을 나설 때
  "폐를 끼쳤습니다".
- 서비스 결과 : 우리나라와 달리 기차 내 이동판매원의 공손한 자세에 감동

04 | 일본 버스기사의 친절

2002년 2월의 일이다. K대학 P교수는 도쿄 대학에 들러 용무를 마치고 교문 앞 정류장에서 버스를 타고 종점인 오차노미즈(お茶の水)역에서 내렸다. 역 주변에는 사람이 거의 없었고, 유학 당시 나름대로 그곳 지리에 훤했지만 세월이 많이 흐른 탓에 갑자기 차에서 내리고 보니 어리둥절했다.

마침 버스를 정차시킨 채 문을 열어놓고 차 안을 살피는 기사에게 메이지 대학의 위치를 물었다. 기사는 즉시 차에서 내려 "저쪽 다리 위를 지나 곧 바로 내려가면 됩니다. 여기에서는 다리로 갈 수 없으니 이 차도를 건너 맞은편으로 가야 합니다"라고 말했다. 그리곤 자기를 따라오라며 달려오는 차를 정지시키고 나를 건너게 해주었다.

일본 사람이 친절하다는 것은 이미 세계적으로 정평이 나 있지만 차에서 내려와 차도를 건너게 배려해준 나이든 기사의 친절에 탄복하지 않을 수 없었다.

서비스 분석

- 상황 : 일본 도쿄의 오차노미즈 역 앞
- 관광객 요구 : 버스기사에게 메이지 대학의 위치 문의
- 고객응대 서비스 : 버스를 정차시킨 뒤 즉시 차에서 내려, 길을 가르쳐준 다음 자기를 따라오라며 달려오는 차를 정차시키고 차도를 건너게 배려
- 서비스 결과 : 친절에 감동

05 | 일본 백화점 남성복 코너

약 12년 전 일본 유학시절 일이다. 일본에 온 지 얼마 안 되었는데 날씨가 갑자기 추워졌다. 한국에서 가져온 옷들이 변변치 않았던 터라 가까운 백화점에 점퍼를 사러 갔다. 형편상 되도록 싼 것을 찾았다.

나는 몸이 큰 편이었기 때문에 그 점포에 있는 대여섯 벌의 점퍼를 입어봐도 도무지 맞는 옷이 없었다. 할 수 없이 포기하고 미안한 마음으로 아르바이트하는 할머니에게 꾸벅 절을 하고 돌아섰다.

그런데 할머니가 끊임없이 "스미마센(すみません : 죄송합니다)"이라고 사과하며 몇 번이나 절을 했다. 도대체 누구에게 하는 인사인 줄 몰라서 뒤를 돌아봤다. 그 곳에는 나말고 아무도 없었다. 그래서 할머니에게 물었다.

"할머니 저에게 인사하는 거예요?"

할머니는 이렇게 말했다.

"손님께서 이 많은 가게 중 저희 가게를 찾아주셨는데 손님께 맞는 옷을 준비해두지 못해 정말 죄송합니다."(이유종)

서비스 분석

- 상황 : 일본 백화점 옷가게의 아르바이트 할머니
- 고객요구 : 사이즈가 맞는 옷이 없어 구입 못함
- 고객응대 서비스 : 많은 가게 중 저희 가게를 찾아주셨음에도 다양한 사이즈를 구비하지 못해 정말 죄송하다는 사과
- 서비스 결과 : 고객감동

06 | 일본 아타미 여관의 생일 케이크

10여년 전 도쿄(東京)에서 열린 고객만족 경영 세미나에 참석한 뒤 온천지역인 아타미의 일본식 여관에 투숙했다. 호텔보다 비싸긴 했지만 청결하게 정돈된 방과 조그마한 정원에 마음이 푸근했다.

저녁식사 때 일행들이 나를 상석에 앉으라고 했다. 나보다 연장자가 2~3명 더 있었기 때문에 사양했으나 계속 권유해 마지못해 앉았다.

앞에 상자가 놓여 있었는데 열어보니 생일 케이크가 있었다. 이어 일행과 종사원들이 생일 축하곡을 합창해주었다. 여관 여주인은 동전으로 만든 거북을 선물했다. 나 자신도 깜빡했던 내 생일을, 고객명단을 보고 파악해 축하해주는 일본 여관의 정성에 가슴 뭉클한 감동을 받았다.

고객만족 경영을 배우러 가서 그보다 한 수 위인 고객감동을 체험한 것이다. 그 감동으로 인해 나는 도쿄에 갈 때면 그 여관을 다시 찾았고, 주위 사람들에게도 권유했다. 내가 그 여관의 '고정고객'이 된 것이다.

요즘 많은 기업들이 고정고객 확보에 사활을 걸고 있다. 고객감동을 위한 고객관계 경영에 중점을 두고 있다고 한다. 우리나라를 방문하는 관광객들에게 조촐한 생일상을 차려줘보자. 이들이 세계화·국제화 시대에서 대한민국 주식회사의 고정고객이 되도록…….(박삼선)

서비스 분석

- 상황 : 일본 아타미의 여관
- 고객 서비스 : ① 고객명단을 보고 저녁식사 때 생일파티
  ② 생일 케이크와 생일 축하곡
  ③ 동전으로 만든 거북 선물
- 서비스 결과 : 고정고객 확보

07 | 후쿠오카의 버스기사

일본 후쿠오카(福岡)에서 시내버스를 타고 가다가 기사에게 미국 대사관 가는 길을 물었다. 젊은 기사는 버스를 세운 뒤 승객들에게 "영어를 아시는 분 계십니까?"라고 물었다. 영어를 아는 한 일본인의 통역을 통해 안내를 받고 버스에서 내렸다. 그런데 기사도 버스에서 내려 따라오는 것이었다. 그리고는 길 건너 한 건물을 가리키며 "저 방향으로 가세요"라고 안내해주었다. 그 모습이 참 여유있어 보였다.

미국 대사관에서 비자 수속을 받는 데 사진이 필요했다. 그날은 마침 비가 내렸고 대사관 근무시간이 얼마 남지 않아 마음이 급했다. 대사관 경비실에서 안내일을 하던 노인은 내 사정을 듣고 잠시 생각하더니 지나가는 차를 세웠다. 그리곤 운전하는 중년신사에게 내 사정을 설명해주었다. 그 중년신사는 방향을 바꾸어 20여 분 운전하여 자동 사진촬영소까지 안내해주었다. 그곳에서는 대사관 근처와 달리 택시를 쉽게 잡을 수 있었기 때문에 대사관으로 바로 돌아올 수 있었다.

그런데 나를 태워준 중년신사가 뒤따라온 것이었다. "잘 도착할지 염려가 되어 따라왔다"는 것이 경비원의 설명이었다. 길을 안내해주던 젊은 버스기사, 아무 불평 없이 조용히 기다려주던 승객들, 과잉친절이라 오해받아도 좋을 만한 중년신사, 대사관저를 지키는 경비실 노인.

수년 전 경험했던 이러한 친절은 일본인의 매너를 한번 더 확인하게 해준다. 아울러 우리의 친절문화를 되돌아보게 만든다(이병준).

서비스 분석

▷상황 : 일본 후쿠오카 시내버스, 승객이 미국 대사관 위치 문의
▷고객응대 서비스 : ① 버스기사는 버스를 세운 뒤 승객에게 영어하는 손님을 찾음
② 통역을 통해 안내를 받고 버스에서 내리는데 버스기사도 차를 세우고 내려서 방향을 안내
③ 대사관 경비실 안내원의 친절
④ 지나던 자가용 운전자의 조건 없는 관광객 편의 제공
⑤ 택시를 이용한 관광객이 염려되어 뒤따라온 자가용 운전자의 배려
▷서비스 결과 : 일본인의 친절에 감동

08 | 일본 벳부의 관광 가이드

일본의 온천지역인 벳부(別府)로 여행을 떠났다. 외국 관광객을 유치하는 일본의 노하우를 참고하기 위해서였다.

벳부 도착 이튿날 버스관광을 했다. 관광코스를 걸을 때마다 아이를 돌봐주는 관광 가이드의 친절에 감동했다. 고객감동이란 사소한 것에서도 받을 수 있다는 사실을 느꼈다. 관광 가이드에게 가장 힘든 상대는 노인분들과 아이들임에도 그 가이드는 5시간 가까운 안내시간 동안 우리들에게 친절히 대해주었다.

관광이 끝날 무렵 아이들과 아내가 "라면이나 국수를 먹고 싶다"고 하자 나이든 운전사와 안내양은 라면가게 앞까지 친절하게 안내해주었다. 우리들은 라면가게 앞에서 내렸고, 관광버스는 종점으로 출발했다. 라면을 주문하고 기다릴 때쯤 누군가 문 안으로

들어오는 것이 보였다. 가이드였다. 그분 손에는 우리 딸 머리핀이 들려 있었다. 사소한 물건이지만 차에 두고 내린 손님의 물건을 찾아주는 그들의 친절함에 다시 한번 감동하였다.

기차역에서 나이드신 분의 짐을 들어주는 일, 표를 구입하는 곳까지 안내해준 일 등은 친절의 B/S(Before Sales Service, 사전 서비스), 또 라면가게 안내 등은 관광을 마친 후에도 고객을 책임진다는 A/S(After Sales Service, 사후 서비스)라는 생각이 들었다. 우리 여행문화에도 하루빨리 A/S와 B/S가 정착된다면 관광한국으로서 손색이 없을 것이다(배정완).

서비스 분석

- 상황 : 일본 벳부 버스관광
- 고객요구 : 관광객이 라면이나 국수가 먹고 싶다.
- 고객응대 서비스 : ① 라면가게 앞까지 친절하게 안내
  ② 관광 가이드가 버스에 두고 내린 승객 머리핀을 가져다줌
- 서비스 결과 : 고객감동이란 사소한 것에서도 받을 수 있다는 사실을 느낌

09 | 영국 은행의 고객감동

1995년 영국에서 어학연수를 했다. 학기가 예상보다 빨리 끝나 남은 수업료와 학비를 다시 한국으로 송금하러 영국 은행으로 갔다.

은행에 들어가 한국으로 보내는 무통장 입금표를 쓰려고 하는데, 한 직원이 "도와드릴까요?" 하며 다가왔다. 그때 나는 우리나라 돈으로 약 200만 원 정도를 송금하려고 했는데, 물론 나에게는 적지 않은 돈이었다. 게다가 외국에서 한국으로 돈을 보내는 일은 처음이라 정확하고 안전하게 송금하고 싶었다.

그런 내 말을 들은 그 종사원은 나를 그 은행에서 과장급으로 보이는 분에게 안내하였다. 그 분은 다시 나를 조용한 고객용 응접실로 안내한 뒤, 그곳에서 입금표 작성법을 옆에서 하나하나 설명해주었다.

한국에서 나는 흔히 말하는 'VIP고객'이 아니었다. 그래서 은행 내부의 사무실에 들어가본 적도 없었다. 나는 그 은행에 큰돈을 예금해놓고 있지도 않았을 뿐 아니라, 단지 송금을 목적으로 그 은행을 찾은 것뿐이었다. 결국 그 은행이 얻는 금전적 이익이라고 해야 약간의 송금수수료가 고작일 것이었다.

그러나 그 과정급 직원은 "우리는 한국의 이 은행에 지난번에도 송금해본 일이 있다"며 나를 안심시켰다. 더구나 입금표 작성을 마치자 다시 처음의 그 종사원이 "일은 잘 마쳤습니까?" 하며 인사를 했다. 그러더니 은행 문 밖까지 따라나와서 "다시 만났으면 좋겠다"라는 인사와 악수까지 건넸다(윤정희).

서비스 분석

- 상황 : 영국의 은행에서 한국으로 송금
- 고객요구 : 외국에서 처음하는 송금이라 정확하고 안전하게 처리하고 싶음
- 고객응대 서비스 : ① 사무실 안의 과장급 직원에게 안내
  ② 조용한 고객용 응접실에서 입금표 작성법을 친절하게 설명
  ③ 처음의 종사원이 처리결과 확인 "일은 잘 마쳤습니까?"
  ④ 은행 문밖까지 배웅하면서 인사와 악수
- 서비스 결과 : 고객감동

10 | 독일 구멍가게의 놀라운 상도의

10여 년 전 한국무역대리점협회 통상사절단을 인솔하고 유럽을 순방했었다. 마지막 방문국인 독일 함부르크(Hamburg)에서 비행기가 연착해, 호텔에 도착했을 때는 이미 식당문이 닫혀 있었다. 우리 일행은 배가 고파서 호텔 밖으로 나와 서성거리다가 작은 등이 켜져 있는 곳을 발견하였다. 채소·나물들을 파는 한 평도 안 되는 허름한 식품점이었다.

진열대를 살펴보니 마침 선반 위에 쇠고기 통조림이 있었다. 그런데 이상하게도 같은 쇠고기 통조림인데도 값이 각기 달랐다. 이리저리 살펴봐도 상표며 무게, 모양새마저 하나같이 똑같았다.

그럼에도 가격 차이가 나는 까닭을 주인 할머니에게 물어보았다. 할머니는 영어를 모른다고 손을 내저은 뒤 뒷방에 대고 뭐라고 말했다. 그러자 할아버지가 천천히 걸어나왔다. 남루한 옷차림에 연세는 고희(古稀)가 훨씬 넘어 보였다. 그 할아버지는 우리들의 질문에 "이 통조림들은 수입품인데 비싼 것은 관세가 높을 때 수입한 것이고, 싼 것은 그 후 관세가 내렸을 때 수입한 것"이라고 설명해주었다. 당연히 관세가 내린 만큼 싸게 판다는 설명이었다.

국영기업도 아니고 그렇다고 정찰제로 판매하는 백화점은 더더욱 아닌 손바닥만한 구멍가게. 그럼에도 불구하고 그들은 놀라운 상도의를 갖추고 있었다. 그래서 많은 세월이 지난 오늘까지 그들이 나에게 준 감동은 내 마음에 각인되어 있다(이창송).

서비스 분석

- ▷상황 : 독일 구멍가게의 쇠고기 통조림 가격 차이
- ▷고객불평 : 동일한 수입품 쇠고기 통조림인데 왜 가격 차이가 있을까?
- ▷고객 서비스 : 비싼 통조림은 관세가 높을 때 수입한 것이고, 싼 통조림은 관세가 낮을 때 수입한 것이므로 당연히 가격차이가 발생. 정직한 가격 제시
- ▷서비스 결과 : 정찰제 판매의 백화점도 아닌 구멍가게의 놀라운 상도의에 감동

11 | 홍콩경찰의 사려 깊은 배려

백화점 근무를 하다 보면 가끔 해외에 나갈 기회가 있다. 얼마 전에는 백화점 물산전 개최건으로 회사 직원 3명과 홍콩으로 출장을 가게 되었다.

3일째 되는 날 일을 마무리한 뒤 저녁 무렵 홍콩 번화가로 나갔다. 이리저리 구경을 마친 뒤 한국음식점에서 저녁을 먹기로 했다. 그 동안 독특한 향료를 쓰는 홍콩음식만 먹다보니 한국음식 생각이 간절했기 때문이다. 그러나 주변이 어두워지면서 완전히 방향감각을 상실했다. 때마침 경찰이 있어서, 그 경찰에게 홍콩시내 지도를 펴놓고 한국인이 경영하는 음식점이 어느 곳인지 물어보았다. 그러자 무조건 자기를 따라오라는 것이었다.

그 경찰은 우리를 안내하면서 여기는 가짜상품을 파는 곳, 여기는 우범지대, 저기는 가격도 싸면서 손해를 안보는 쇼핑센터 등등 가이드처럼 관광에 필수적인 요소를 잘 설명해주었다. 20분 만에 마침내 한국음식점에 도착했다. 그는 우리와 헤어지면서 "좋지 않

은 일이 발생할 때는 연락해달라"며 메모를 건네주었고, "즐거운 여행이 되라"는 말을 빼놓지 않았다.

백화점에서 근무하는 우리는 그 경찰의 사려깊은 배려에 생각할 점이 많았다. 한국에서 경험해보지 못한 경찰의 친절. 우리 일행은 그 경찰에 대한 은은한 감동에 젖어 식사를 했고, 밥 먹을 때의 주된 화제도 바로 그 경찰의 친절이었다. 홍콩의 마지막 밤, 친절한 경찰로 인해 기분 좋은 식사를 할 수 있었다(곽태호).

서비스 분석

- 상황 : 홍콩 번화가에서 관광객의 한국음식점 찾기
- 한국 관광객 : 홍콩경찰에게 시내지도를 펴놓고 위치 문의
- 홍콩경찰 : ① 목적지까지 안내하는 도중 가이드처럼 관광에 필수적인 요소 설명
  ② 20분 만에 목적지 도착, 좋지 않은 일 발생시 연락하라는 메모와 배려
- 서비스 결과 : 사려깊은 홍콩경찰의 배려에 은은한 감동

12 | 철도청 여승무원의 환상적인 서비스

지난 4월 우리 일행은 동강 전구간에 대한 트레킹(trekking)에 나섰다. 트레킹을 마친 뒤 모두 흠뻑 젖어 열차에 올랐고, 객차 내에서 잠시 양말과 등산화를 벗은 채 맨발로 앉아 있었다.

그때 여승무원이 오더니 "열차 내에서 맨발로 계시면 다른 손님들에게 불편을 끼친다"며 신발을 신을 것을 당부했다. 우리는 사정을 말하고 양해를 구했다. 잠시 후 그 여승무원이 다시 우리에

게 다가와 "양말과 등산화를 말려드리겠다"고 하더니 좋지 않은 냄새가 나는 양말 등을 가지고 사라졌다. 덕분에 마른 양말과 좀 덜 축축한 그러나 따끈한 등산화를 신고 강릉에서 열차를 내릴 수 있었다.

객차에서 내려와 "즐거운 여행을 하시라"며 허리 숙여 배웅하는 그녀에게 고맙다는 인사를 하고 역을 나서면서 우리 일행 중 한 명이 이런 말을 하였다. "환상적이군, 우리도 저런 적 있어?"(이천세).

서비스 분석

- 상황 : 동강 트레킹 후 열차 탑승
- 고객행동 : 객차 내에서 젖은 양말과 등산화를 벗은 채 맨발로 앉아 있음
- 고객응대 서비스 : ① 맨발은 다른 승객들에게 불편을 끼치므로 신발을 신을 것을 당부
  ② 양말과 등산화를 가져가 건조시켜 돌려줌
- 서비스 결과 : 환상적인 고객감동 서비스

13 | 기업은행 김 과장의 고객관계관리(CRM)

기업은행 서울 종로 ○가 지점에서 근무하는 K과장은 회사로 출근하기 전에 반드시 들르는 곳이 있다. 바로 인근 동대문종합시장 내 노점상과 식당 70여 곳이다.

아침 7시, '형님' '동생' 사이로 통하는 이들 상인들과 함께 팔소매를 걷어붙인 그의 부업이 시작된다. 물양동이 퍼다주기, 과일상자 날라주기, 식사배달 등 육체노동을 마다않는다. 흔히 은행하면 떠오르는 화이트칼라 이미지는 그에게 더이상 어울리지 않는다.

해가 질 무렵 은행업무가 끝나기 무섭게 다시 시장터로 향한다. 다시 시작되는 짐나르기와 청소, K과장의 하루는 이렇듯 바쁘게 돌아간다.

제1회 매경 신지식인 동상 수상자인 기업은행 K과장은 특유의 성실함과 부지런함으로 '섭외의 대가'로 통하는 인물이다. 하지만 성실하고 부지런하기만 한 것은 아니다. 그에게는 '신지식인'이라고 불릴 만한 그 뭔가가 있다.

그의 고객만들기 비법은 남다르다. 고객만족이 무엇인가를 실제 느끼고 행동으로 옮긴다는 점이 가장 큰 특징이다. 섭외를 나가서 예금가입 권유는 절대로 하지 않는다. 그 대신 "뭐 도와드릴 것 없습니까?"라는 말로 대신한다. 실제로 시장바닥에서 상인들과 함께 땀을 흘린다. 이상한 사람으로 오인받아 경찰 검문을 받기도 하는 등 처음엔 고초가 이만저만 아니었다고 한다.

그의 이러한 정성에 감동받은 상인들은 그를 신뢰하기 시작했고, 곧 'K과장 고객'으로 자처하고 나섰다. 은행에 갈 시간이 없는 상인들이 돈과 통장을 그에게 맡기면서 은행에 입금시켜 달라고 부탁하기에 이른 것이다.

덕분에 그의 별명은 '움직이는 출장소'가 되었다. 그의 고객만들기 노력은 실로 대단하다. 고객의 이름과 연락처뿐만 아니라 인상착의까지 적어둔 책이 열 권이 넘는다. 두꺼운 노트들을 시간 날 때마다 들춰보며 연락하다보니 지점을 옮길 때마다 그를 따라오는 고객이 평균 20~30명은 된다고 한다.

또한 K과장에게는 다른 사람에게서 발견하기 힘든 특징이 있다. 벤치마킹(benchmarking)할 인물을 찾아나선다는 적극적인 자세다. 평상시 언론매체를 통해 소개되는 화제의 인물 등을 유심히 살펴보고 연락처를 알아내 직접 접촉을 시도한다. 전화나 편지를 이용하는 것은 물론 심지어 시간을 내 직접 찾아가기도 한다.

"이 넓은 세상에 제가 배울 만한 사람들이 무수히 많아요. 언론에 보도된 내용만 읽어서는 '그냥 이렇구나!' 하면서 잊게 되지만, 직접 찾아가 그분들과 나눈 생생한 대화는 지금도 잊지 않고 있습니다."

그의 고객은 거창하지도, 추상적이지도 않다. 그들은 부유하지 않은 서민층이었지만 그의 목표(미래의 비전)인 자기 은행의 고객 유치로 연결시켰다. 중요한 것은 그가 가입권유 대신 마음으로 접근하는 방법(전략)으로 실제로 그들을 느끼고 행동에 옮겼다는 것이다. 또 그들의 마음을 움직일 수 있는 밑바탕을 고객의 자세한 정보와 인물에 대한 벤치마킹(분석)으로 접근했다.

우리는 그의 마케팅 전략을 배워야 한다. 기업에서 추구해야 할 고객감동(고객의 신뢰), 부가가치 정보 산출(책 10권), 마케팅 전략(뭐 도와드릴 것 없습니까?), 그리고 마지막으로 컨설팅(벤치마킹 대상 찾아다니기)까지 그는 모든 것을 최적화시켰다. CRM(고객관계관리 : Customer Relationship Management)은 투자(돈)보다 개인(기업) 가치관에 접목되었을 때 무서운 저력을 발휘한다.

서비스 분석

- 상황 : 기업은행 K과장의 고객관계관리
- 고객 서비스 : 동대문 종합시장 내 노점상과 식당 70여 곳
  ① 출근 전과 퇴근 후 시장터에서 짐나르기와 청소
  ② 가입 권유 대신 마음으로 접근, "뭐 도와드릴 것 없습니까?"
  ③ 고객의 자세한 정보와 인물에 대한 벤치마킹 : 고객 이름과 연락처, 인상착의까지 적은 책 10권
- 서비스 결과 : 매경 신지식인 동상 수상, 지점 전근시 따라오는 충성고객 20~30명

14 | 일본 식당종사원의 고품위 서비스

우리 일행은 일본 후쿠오카(福岡)에서 오사카(大阪)를 거쳐 늦은 밤에 초현대식 건물인 교토(京都) 역에 도착하였다. 본 건물과 함께 있는 11층 한식당에 자리를 잡고 식사를 주문하였다. 그런데 주문을 받으러 들어오던 종사원이 갑자기 일어서던 손님과 부딪치면서 들고 있던 물컵을 떨어뜨리고 말았다. 물이 쏟아지고 컵이 깨졌다. 식사하던 다른 손님들은 모두가 놀라긴 했지만 있을 수 있는 일이라 아무 일도 없던 듯이 식사를 계속하였다. 우리들이 이야기를 나누는 사이, 컵을 떨어뜨렸던 종사원은 깨진 컵과 물을 정리하고 닦았다.

시간이 흘러 우리가 주문한 식사가 나왔다. 음식을 갖고 들어온 종사원은 죄송하다면서 이렇게 말했다. "손님들의 신발에 묻은 물기를 모두 닦고 유리조각이 들어갔는지 전부 확인했습니다. 그러나 실내가 조금 어두워 혹시 눈으로 확인하지 못한 물기나 유리조각이 있을지도 모릅니다. 죄송하지만 손님들께서는 나가실 때 다시 한번 확인해 주십시오."

사과하는 것은 어쩌면 당연한 일이다. 그러나 진심으로 자신의 실수를 정중히 사과하고 책임 있는 태도를 보여준 데 대해 놀랐다. 일본을 여행하는 우리 일행 모두에게 잔잔한 감동으로 남았다. 그 종사원에 대한 기억은 교토 여행의 추억으로 길이 간직될 것이다(박승원).

서비스 분석

- 상황 : 일본 교토 역의 한 식당에서 종사원의 실수
- 고객응대 서비스 : 사과하면서 손님 신발의 물기를 닦고 유리조각 확인, 실내가 어두워 확인하지 못한 물기나 유리조각을 다시 한 번 확인하도록 당부
- 서비스 결과 : 진심으로 자신의 실수를 정중히 사과하고 책임있는 태도를 보여준 것에 대해 감동

15 | 일본 택시기사의 고품위 서비스

지난 1991년 일본 도쿄(東京)로 출장을 갔다. 긴자(銀座)에서 업무를 마치고 택시를 타고 호텔로 돌아가게 됐는데, 사전에 택시요금은 2,000엔 정도 나온다는 말을 들었다.

길을 잘 몰라 아침에 눈여겨 보아둔 특징있는 건물을 이야기했고, 우여곡절 끝에 호텔에 도착하였다. 택시 요금은 생각보다 2배나 많은 4,000엔 정도 나왔다.

요금을 지불했는데 택시 운전기사는 "원래 요금이 얼마나 나오느냐" 묻고는, "예상보다 더 나온 것 같으니 반씩 손해를 보자"고 했다. 어리둥절해하는 나에게 운전자는 1,000엔을 돌려주었고, "잘 귀국하세요"라는 인사까지 했다.

7년 뒤 다시 일본으로 출장갔고, 귀국일정이 바뀌어 하루 여유가 생겼다. 디즈니랜드(Disneyland)를 구경하기로 했다. 호텔측에 물어보니 디즈니랜드행 리무진 버스(limousine bus) 노선은 폐지됐다는 것이었다. 내 이야기를 듣던 한 사람이 도쿄 역 앞에 가면 리무진 버스를 탈 수 있다고 했다. 그 말만 믿고 택시를 탔다. 택시 운전기사도 "역 앞에서 리무진 버스를 본 것 같다"고 말해주었다.

운전기사는 도쿄 역에 도착한 뒤 먼저 내려 리무진 정류장을 찾으러 갔다. 그러나 잠시 후 돌아온 그는 낭패 본 표정으로 "2년 전에 없어졌다"며 미안해했다.

나는 그의 친절에 감사하며 택시요금을 지급했다. 그러나 운전기사는 "그냥 내리세요"라며 완강히 요금 받기를 거부하였다. 일본 택시의 친절함은 7년간 변함이 없었다(주양신).

서비스 분석

▷상황 : ① 일본 도쿄 택시 안, 길을 잘 몰라 우여곡절 끝에 호텔 도착
② 리무진 정류장을 찾으려 택시 승차
▷고객 서비스 : ① 원래 요금과의 차이액에 대하여 반씩 손해보자며 요금 할인
② 2년 전에 없어졌다고 미안해하면서 완강히 요금받기를 거절
▷서비스 결과 : 변함없는 일본 택시의 친절함에 감동

16 | 당황하게 될 고객을 재치있게 배려하는 스튜어디스

LA 노선에서의 일이었다.

음료와 주류를 서비스하던 중 "무엇을 준비해 드릴까요?" 하는 스튜어디스의 물음에 어느 중후한 신사께서 이렇게 요구하였다.

"아~ 오늘은 뭘로 할까~ 으음…… 그래! 난 칵테일로 줘요."

순간 스튜어디스는 당황스러웠지만 "무슨 칵테일을 원하십니까?"라고 여쭙게 되면 그 승객은 분명 당황해하실 것이라고 판단

하고 "네, 잠시만 기다리십시오. 칵테일로 준비해 드리겠습니다" 하고는 적당한 칵테일을 믹스해서 서비스하였다. 그러자 주변 승객 모두가 기쁜 표정으로 "나도 칵테일!" 하는 것이 아닌가?

스튜어디스는 승객 분위기에 따라 임의로 각종 칵테일을 만들어 서비스하였는데 모두가 아주 기분 좋아하였다. 승객이 갑자기 칵테일 이름이 하나도 생각나지 않을 경우도 있고, 또 외양과 달리 소박한 사람들은 칵테일 종류나 이름을 모를 수도 있다.

이 경우 "그냥 칵테일이라 하시면 어떻게 해요? 무슨 칵테일이

라고 말씀해 주셔야죠"라고 응대했다면, 그 승객뿐만 아니라 주변 여러 승객들의 마음도 불편해졌을 것이다(길현섭).

고품위 서비스는 상황에 맞게, 그 고객뿐 아니라 주변고객도 의식해야 하는 것을 잊으면 안 된다.

서비스 분석

▷상황 : LA 노선에서 음료와 주류 서비스 중

▷고객요구 : 칵테일의 종류를 모르고 그냥 칵테일이 술이름으로 아는 고객에게

▷고객응대 서비스 : "잠시만 기다리십시오. 칵테일로 준비해 드리겠습니다" 하고는 적당한 칵테일로 믹스하여 서비스함.
주변승객 모두가 기쁜 표정으로 "나도 칵테일!"

▷서비스 결과 : 상황에 맞게, 요청고객뿐만 아니라 주변고객까지도 의식하는 서비스

17 | 고객의 실수도 감싸는 고품위 서비스

중동노선에서 있었던 일이다.

한국 승객 한 분이 큰소리로 스튜어디스를 부르더니 "아가씨, 목마른데 칠업 한잔 주세요" 하는 것이었다. 스튜어디스는 칠업이 무엇일까 생각해보다가 세븐업(Seven-up)이라는 소프트 드링크를 칠업이라 부른다는 것을 깨달았다.

Seven＝칠, up＝업, 그래서 '칠업'.

순간 웃음이 나오려 했지만 "네, 곧 가져다 드리겠습니다" 하고

는 세븐업을 서비스하였다. 그 비행 내내 스튜어디스 사이에서는 세븐업은 칠업이란 이름으로 불리어졌고, 이후 그 스튜어디스에게 세븐업은 항상 칠업이 되었다(길현섭).

이처럼 승객의 사소한 실수도 살짝 감싸주는 것이 바로 고품위 서비스 전문가의 자세이다.

서비스 분석

- 상황 : 중동노선의 비행기 안
- 고객 요구 : "칠업 한잔 주세요."
- 고객응대 서비스 : "네, 곧 가져다 드리겠습니다" 하고는 세븐업을 서비스
- 서비스 결과 : 승객의 사소한 실수도 살짝 감싸는 것이 고품위 서비스 전문가의 자세

18 | 적절한 응급처치로 고객의 생명을 살린 고품위 서비스

뉴욕(New York)에서 한국으로 돌아오는 비행기 안이었다.

기내 서비스에서는 어린이와 노약자를 우선해서 신경쓰는 것이 기본이며, 이들을 안전하게 도착지까지 모시는 것이 스튜어디스의 첫째 임무이다.

항공기 뒤편 좌석에 한복을 입으신 할아버지 한 분이 탑승하셨다. 아들집에 들렀다가 혼자 귀국하시는 길이라 특히 마음이 쓰였다. 다행히 할아버지는 비행기를 좋아하셨고 식사도 잘하셨다. 즐거워하시는 할아버지를 뵈니 스튜어디스들도 덩달아 기쁜 마음이 되었다.

서비스가 끝나고 밤이 깊은 시간, 할아버지가 한 스튜어디스에게 물 한잔을 요구하셨고, 스튜어디스는 물도 드리고 몇 가지 대화도 나누었다. 그리고 반대편 승객과 잠시 대화를 나누다가 할아버지를 바라보니 손에 들고 있던 물잔을 바지에 엎지르고 고개를 숙이고 계시지 않는가? 스튜어디스는 순간 "할아버지가 졸려서 실수하셨나" 하고 할아버지를 불렀으나 의식이 없었다.

그 스튜어디스가 배운 매뉴얼대로라면 방송으로 간호사나 의사를 찾고 구급약을 준비하고 할아버지를 편안한 장소로 모시는 것이 순서였겠지만, 너무 급한 상황이라 그럴 틈조차 없었다.

스튜어디스는 바로 의자를 뒤로 젖히고 할아버지의 바지끈을 느슨하게 한 후 큰소리로 할아버지를 부르면서 뺨을 세게 쳤다. 두 번을 세게 치자 할아버지는 의식을 되찾았다. 그런 후 바로 간호사 한 분이 나와서 할아버지를 진찰하고 보살펴드려 무사히 서울까지 오게 되었다(길현섭).

때에 따라서 고품위 서비스 전문가는 긴박한 순간을 재치있는 판단으로 고객의 고귀한 생명까지 구해드릴 수 있었다.

서비스 분석

- 상황 : 뉴욕발 한국행 비행기 안, 물 한잔을 요구했던 할아버지가 물잔을 바지에 엎지르고 고개를 숙이고 주무시는 것처럼 보임
- 고객응대 서비스 : 바로 의자를 뒤로 젖히고 허리를 느슨하게 한 다음 큰 소리로 부르면서 할아버지 의식회복을 위해 뺨을 세게 침. 의식회복 후 간호사 한 분의 도움으로 할아버지의 생명 구함
- 서비스 결과 : 고품위 서비스 전문가의 순간판단이 고객의 고귀한 생명을 구함

19 | 서비스 차별화를 통한 고품위 서비스

"구두는 주인에게 맡기고 들어가십시오. 맡기지 않은 구두는 책임지지 않습니다."

이런 문구를 입구에 걸어놓고 싼 가격으로 회를 파는 식당이 있었다. 손님이 많아 구두를 잃어버릴 경우가 생길 정도이니, 장사 걱정은 할 필요도 없는 것처럼 보이는 곳이었다. 그러나 손님 입장에서 한번 생각해보면 식사 도중 구두를 분실할 수도 있다는 걱정을 하게 된다. 바로 이 점을 지적한 손님이 있었다.

그는 매우 성공적인 한식당 프랜차이즈 사업을 하고 있는 외식 분야 전문가였다. 그 사람은 당장 그 문구를 떼어내고 그 대신 "구두는 걱정하지 마시고 맛있게 식사하십시오. 구두 분실시 책임지겠습니다"라는 문구를 써서 붙이라고 조언하였다. 손님들이 그 문구를 보면 식당에 대한 신뢰가 더욱 커질 것이라는 설명이었다.

그 식당주인은 조언을 받아들이고 나서 인근 가게까지 인수할 정도로 호황을 누렸다. 물론 그 한마디 바꾼 것 때문에 장사가 잘된 것은 아니겠지만 손님에게 신뢰감을 주느냐 아니냐의 문제는 참으로 중요하다.

> "구두는 걱정하지 마시고 맛있게 식사하십시오. 구두 분실시 책임지겠습니다."

별것 아닌 것처럼 보이는 서비스가 다른 식당과 차별성을 부여한다는 측면에서 특히 그렇다.

또 이런 식당도 있다. 간판에 자기 어머니 이름을 붙여놓은 복어 전문식당인데 겉으로 보기엔 특이한 것 없어 보이지만 늘 손님이 북적거리는 곳이다. 그곳을 드나들면서 성공요인을 파악하게 되었다. 다름 아닌 정성과 진심, 그리고 그것의 적절한 표현이었다.

예를 들어 손님이 "여기 물 좀 주세요"라고 하면 주인은 "예, 세상에서 가장 맛있는 물 한잔 올리겠습니다"라며 서비스한다. 또 "야채 좀 더 주세요" 하면 주인은 "예, 가장 신선한 야채만 골라 왔습니다"라고 손님의 기분을 좋게 한다. 그저 장난기에서 하는 말이 아니라 얼굴에는 정성과 진심이 서려 있다. "여기 밥 좀 볶아주세요"라고 하면 "열과 성을 다해 국내 최고수준으로 맛있게 볶아보겠습니다"라며 밥을 볶는다. 이게 소문이 나고 또 맛도 좋고 해서 가격은 조금 비싸지만 다른 집보다 손님들이 많아진 것이다.

이 식당은 신선하고 맛있는 복어요리를 제공하는 것은 기본이고, 거기에 정성과 진심을 더해 파는 식당으로 자리잡았다.

"예, 세상에서 가장 맛있는 물 한잔 올리겠습니다."

유능한 매니저가 있어서 성공한 경우도 있다.

주문을 받고 음식 나르는 일을 하던 평범한 여종사원이 어느 날부터 고객의 질문과 요구를 눈여겨보고 나름대로 열심히 준비해 대응하기 시작했다. 그 식당의 주메뉴는 쇠고기이었다.

고객이 "이 집은 뭐가 맛있어요?"라고 묻는 경우가 많다는 것을 알고 그날그날 주방장에게 오늘 어떤 고기가 맛있느냐고 미리 물어보는 일을 게을리하지 않았다. 또 어떻게 먹으면 맛있는지 고기 먹는 법도 나름대로 책을 보기도 하고, 주방장에게 물어보기도 했다.

그 이후 "오늘 어떤 고기가 맛있어요?"라는 손님의 질문에 "오늘은 제가 주방에 알아보니까 생등심이 제일 좋습니다"라고 자신있게 대답할 수 있었다. 그저 "다 맛있습니다"라고 얼버무리는 대답에 익숙해 있던 손님들은 그런 여종사원의 권유에서 색다른 만족을 느끼게 되었다.

또 고기는 이렇게 해서 먹으면 맛있다고 시범을 보여주는 세심함과 구색이 다양하지 않은 과일이지만 소화에 도움이 되는 후식이라며 권하는 모습에 손님들은 편안함을 느낄 수밖에 없었다.

이런 노력에 힘입어 그 식당은 나날이 번창하게 되었고, 식당 주인은 그 여종사원을 매니저로 임명해 늘어나는 수입의 일정부분을 나누었다. 그 결과 수입은 더 늘어났고 나머지 종사원들도 새 매니저의 도움을 받아 고품위 서비스를 하는 방법을 배우게 되었다.

"오늘은 제가 주방에 알아보니까, 생등심이 제일 좋습니다."

이들 세 식당은 모두 다른 곳에서는 찾아볼 수 없는 나름대로 독특한 마인드와 서비스를 손님들에게 제공해 성공한 케이스이다(김연성).

질 좋고 값싼 회나 신선한 야채와 맛있는 복요리, 또 맛있는 쇠고기를 제공하는 것은 기본이고, 그 외에 뭔가 손님의 마음을 끄는 것을 제공한 것이 성공의 요건이라고 할 수 있다. 맛이나 메뉴와 같은 것은 그저 최소요건(order qualifier)에 불과하고, 뭔가 차별화된 것들이 우위요건(order winner)을 결정하고 있는 것이다. 이것이 바로 고품위 서비스이다.

서비스의 경쟁력을 논의하는 데 있어서 최소요건을 굳이 강조할 필요는 없다. 최소요건도 갖추지 못하면 그 산업에서 살아남을 수 없기 때문이다.

그보다는 무엇이 경쟁의 우위를 결정하는지 잘 알아야 하며, 앞의 세 식당의 사례에서 보듯이 같은 서비스라도 다르게 전달하는 노하우(know-how)가 있어야 할 것이다. 그렇지 못하면 결국 서비스 경쟁력은 추락하고, 이에 실망한 고객들은 다시 그 업체의 서비스를 이용하려 하지 않을 것이 분명하다.

20 | 택시기사 K씨의 고품위 서비스

비오는 날 택시를 탔을 때의 이야기이다. 그 택시에는 지름 20cm 정도 되는 통이 걸려 있었다. 손으로 만든 것이 역력한 우산꽂이였다.

"기사님, 이것 참 멋진 아이디어네요. 손님들이 좋아하겠어요."

택시기사 K씨는 "이 우산꽂이 덕분에 특별히 저를 찾는 손님이 늘었어요. 이런 손님이 한 달 매출에 80%나 되는 달도 있어요. 또 손님 한 분의 도움을 받아 우리 집도 새로 지을 수 있게 되었어요"라고 대답했다.

흥미가 있어 이것저것 좀더 물어보았는데 다음과 같은 '고객지향' 실천사례를 들을 수 있었다.

K씨는 어느 비오는 날 한복 차림의 여자승객이 젖은 우산을 처리하는 데 애를 먹고 있는 것을 안타깝게 느꼈다는 것이다. 곧바로 철물점에 가서 스토브 연통을 사다가 손수 우산꽂이를 만들었다. 그리고 비오는 날이면 반드시 우산꽂이를 걸고 영업을 하였다.

이 아이디어는 다른 손님들에게도 좋게 인식되어 그를 특별히 불러주는 손님이 늘었다. 그 중에는 우산꽂이 그 자체에 관심을 보이면서 실용신안을 내지 않겠냐고 친절하게 지도해준 손님도 있었다. 우산꽂이 덕분에 손님 수가 늘었을 뿐만 아니라 손님과 이런저런 인연을 맺게 된 것이다.

그 중에서도 가장 좋은 인연으로 발전한 경우의 사례는 다음과 같다.

어느 비오는 날, 가끔씩 K씨의 택시를 이용하는 어느 건설회사 간부(A씨)와 반일 예약을 받았다. 그 후 A씨는 K씨의 택시를 자주 이용하게 되었고, 사적인 이야기도 주고받는 사이로 발전했다.

A씨의 취미는 계류낚시였는데 지금까지 그는 직접 차를 운전해

서 낚시를 다녔다. 그런데 어느 날 아침 "미안하지만 일요일 새벽에 차 좀 태워줄 수 있겠나?" 하는 요청이 왔다. 손님이 낚시를 하는 동안 낮잠이라도 잘 수 있다고 생각되어 흔쾌히 낚시에 동행하였다. 그러던 중 "자네도 계류낚시 한번 해보지 않겠나?" 하면서 낚시 도구 한 세트를 선물받았다. 그 후부터 함께 낚시를 하게 되었고, 낚시 계획도 맡게 되었다. 그러다보니 돌아오는 길에 손님인 A씨가 K씨 집에 들를 기회가 늘었다.

어느 날 A씨가 "자네 집이 꽤 낡았는데 다시 짓는 게 어떻겠나?" 하고 제안을 해왔다. 예산이 없다고 사양하는 K씨의 말을 듣지 않고 "예산이 부족한 건 나한테 맡겨보라"는 식으로 일을 진행하여 결국 착공에 이르렀다. 더 나아가 견적액에서 20%를 할인해 주었을 뿐만 아니라 나머지는 고객인 A씨가 K씨의 대출 보증인이 되어 집을 다시 지을 수 있었다는 것이다.

자동차란 자동차회사에서 만드는 것이어서 어느 것이나 다 똑같고, 비오는 날은 우산이 젖는 것이 당연하다는 생각이 일반적이다. 그러나 K씨는 '고객의 고충'을 파악하여 손수 우산꽂이를 만들어 달았던 것이다. 그리고 손님과 친밀도가 깊어가는 과정에서 손님의 입장에서 손님을 위해 서비스한 것이 결국 자기 자신에게 이득으로 돌아오게 된 이야기다.

이처럼 우리가 하는 일에서도 "자기가 지금 하고 있는 방법이 최고"라고 생각하기 이전에 고객의 고충을 적극적으로 파악하여 해소할 수 있는 새로운 방법들을 생각하고, 또 지속적으로 실천하는 것이 중요하다. 또한 이런 사람들이 성장할 수 있는 풍토를 조성하는 일이 고객지향 활동의 기본임을 강조하고 싶다(품질경영).

서비스 분석

- ▷상황 : 비오는 날 택시 안
- ▷고객 서비스 : 비오는 날이면 스토브 연통을 이용한 우산꽂이를 비치하고 영업
- ▷서비스 결과 : ① 고객의 고충을 적극적으로 파악하여 해소
  ② 고객지향 활동, 고정고객 창출

21 | 헌책방 주인의 고품위 서비스

전역 한 달 전에 휴가를 나와 시내의 한 헌책방에 들렀다. 주인에게 이어령 교수의 전집이 있는지 물었다. 주인은 친근한 말투로 전집을 찾아주면서, 이어령 교수의 약력부터 전집 내용까지 소상히 설명해주는 것이었다. 주인은 법학책을 찾는 손님에게는 고시를 준비하는 사람으로 착각할 정도로 상세히 책 내용을 설명하였다. 현대무용, 항공우주, 영미문학 등도 마찬가지였다.

주인은 내가 구입한 전집을 신문지로 정성스럽게 포장해주었다. 그 신문은 당일 발행된 신문이었다. 이상해서 주인에게 물었더니 "손님을 위해서 가장 깨끗하고, 따끈한 신문지를 사용하는 겁니다"라며 친근히 웃었다.

제대를 한 뒤 다시 그 책방을 찾았다. 주인은 나를 보자마자 신문을 접고 정중히 인사를 건넸다. 책값은 정확히 1만 원이었으나 주인은 깨끗한 1,000원짜리 한 장을 그냥 거슬러주었다. 이상해서 물었더니 "지금 비가 많이 내리고 있습니다. 손님께서 구입한 책들이 비를 맞으면 안 되죠. 편안하게 좌석버스를 타고 가십시오"라고 웃으며 말했다.

그 헌책방 주인의 매력을 살펴보면 두 가지다.

첫째, 그는 책에 대해 아주 해박했다. 장인 수준이었다.
둘째, 그는 단순히 물건을 파는 상인이 아니었다. 책에 감동과 신뢰와 정을 얹어서 팔고 있었다(문철용).

서비스 분석

- 상황 : 헌책방 주인과 고객
- 고객 서비스 : ① 친근한 말투와 책에 대한 해박한 지식
  ② 당일 발행된 신문으로 포장
  ③ 구입한 책들이 비에 젖지 않도록 버스요금을 거슬러줌
- 서비스 결과 : 단순히 책을 파는 상인이 아니라 감동과 신뢰와 인간적 교감을 판매하는 프로 서비스 정신에 감동

22 | 정동진 가이드의 고품위 서비스

지난주 친구와 강원도 정동진에 갔다. 당일 저녁까지 서울로 돌아와야 했기 때문에 마음은 바빴고, 어두운 새벽거리를 걷는 발걸음이 자연스레 빨라지게 되었다.

정동진역 앞에서 관광버스를 탔다. 버스에는 10여 명의 관광객이 더 있었다. 단체여행의 단점은 한두 사람의 이탈행위로 여러 사람이 기다려야 한다는 것이다. 이번 관광에서도 정동진 조각공원을 25분 내로 관람하고 버스에 탑승하기로 약속을 했는데 일행 중 몇 명이 시간 내에 돌아오지 않았다. 제 시간에 온 사람들이 불평을 늘어놓았다.

불만이 높아지던 때에 가이드가 이런 말을 했다.

"기다리느라 힘드시죠. 여러분들처럼 처음 오신 분들도 기다리는 일이 이토록 지루한데 매일 이 일을 하는 저는 오죽하겠습니까?"

순간 기다리던 사람들 얼굴에 미소가 떠올랐다.

"이것도 다 낭만이고 추억이 아니겠습니까? 무엇이든 빨리빨리 보고 지나가다 보면 나중에 집에 돌아가셔도 남는 게 없을 겁니다. 느긋하게 주변을 보시면 모든 게 새롭게 느껴지실 겁니다."

그 순간 아직 오지 않은 사람들을 원망하던 내 자신이 부끄러워졌다. 시간에 쫓긴 다급함 때문에 여행의 참된 낭만을 잠시 잊었던 것이 아닌가 반성해보았다. 비록 비가 내려 일출은 보지 못했으나 삶의 여유와 낭만이 무엇인지 가슴으로 절실히 느낄 수 있었다(강영주).

서비스 분석

- 상황 : 정동진행 관광버스, 조각공원 관광 중
- 고객불평 : 약속시간에 일부 관광객의 지각으로 기다리던 사람들 불평 고조
- 고객응대 서비스 : "기다리느라 힘드시죠. 처음 오신 분들도 기다리는 일이 이토록 지루한데, 매일 반복되는 저는 오죽하겠습니까? 다 낭만이고 추억이 아니겠습니까?"
- 서비스 결과 : 느긋함을 통해 삶의 여유와 낭만을 가슴으로 느낌

23 | 갈비탕 국물과 고품위 서비스

얼마 전 친정 식구들과 경기도 송추에 있는 'H'라는 식당에 갔다. 마침 저녁시간이었고, 도착하니 입구에 종사원들이 나와 친절히 주차안내까지 해주었다.

주변 환경이나 식당 분위기도 60년대 시골의 황토집을 연상케 했고, 아주 깔끔했다. 식사를 주문하고 잠시 후 반찬이 나왔는데 음식 하나하나가 정갈하고 맛있었다. 그런데 된장찌개에 밥을 말아 3살배기 우리 아이에게 주었는데 그만 인상을 찌푸리며 뱉어내는 것이 아닌가? 웬일인가 해서 직접 맛을 보니 찌개가 몹시 매웠다.

떨어진 반찬을 더 주려고 우리 식탁에 다가온 종사원이 이 광경을 보았다. 잠시 후 그 종사원은 뚝배기 하나를 가져왔다.

"된장찌개에 매운 고추가 들어있어서 아기가 먹기는 힘들 거예요. 이 국물에 말아서 주세요"라고 말하며, 따뜻한 갈비탕 국물을 내놓았다.

그 국물에 말아준 밥을 맛있게 먹는 아이. 그 아이를 보면서 어찌나 고맙고 기분이 좋았던지……. 식당을 나와서도 줄곧 흐뭇하였다. 음식맛도 분위기도 좋았지만 지금도 잊혀지지 않는 것은 바로 좋은 인상과 따뜻한 갈비탕 국물을 배려하는 그 마음이다(이순주).

서비스 분석

- 상황 : 경기도 송추의 H식당
- 고객불평 : 고추가 든 된장찌개 때문에 어린아이가 매워서 제대로 먹지 못함
- 고객응대 서비스 : 종사원이 아이를 위하여 맵지 않은 갈비탕 국물을 내어옴
- 서비스 결과 : 아이를 진정으로 위해주는 것에 고마워 잊혀지지 않는 감동 간직

24 | 자장면과 고품위 서비스

초등학교 2학년짜리인 늦둥이 아들녀석은 밥을 먹지 않고 군것질만 좋아한다. 식사 때마다 사정하면서 밥을 먹인다. 남편으로부터 엄마가 버릇을 못되게 가르친다고 핀잔을 들은 것이 한두 번이 아니다.

어느 날 아들녀석에게 "이 세상에서 제일 먹고 싶은 것이 무엇이냐?"고 물었다. 거침없이 '자장면'이란 대답이 나왔다. 남편에게 아들녀석의 희망사항을 전하자 "오늘 저녁에는 우리 가족 모두 중국음식점에 가서 자장면으로 외식을 하자"고 했고, 집에서 가까운 중국음식점을 찾았다.

부부와 딸 2명 그리고 아들몫으로 자장면 다섯 그릇을 주문하였다. 그러자 식당 아주머니께서 "꼬마는 한 그릇이 너무 많아 다 못 먹을 것이니 네 그릇만 시키고, 꼬마는 따로 주면 될 것"이라고 말했다. 얼마 뒤 아주머니는 자장면 네 그릇과 아들을 위해서 조그마한 어린이용 그릇에 포크를 별도로 가져왔고, 아이가 먹기 좋게 가위로 잘라줬다.

그 친절함이 너무나 고마워 계산을 할 때 다섯 그릇 값을 냈다. 그러나 아주머니는 막무가내로 거절하였다. "잘 먹었으면 됐다"는 것이었다. 이어 "아이들이 밥을 잘 먹지 않을 때는 가끔 한번씩 오라"고 말했다. 아주머니의 넉넉한 마음과 친절, 작은 정성에 현혹되어 다음에도 꼭 이 집을 찾겠다고 생각하며 식당을 나왔다(정연자).

서비스 분석

- ▷상황 : 중국음식점에서 부부와 딸 2명, 초등학교 2학년 아들과의 외식
- ▷고객요구 : 자장면 5그릇 주문
- ▷고객응대 서비스 : ① 꼬마는 한 그릇이 너무 많아 주문에서 제외시키고 서비스로 꼬마 몫을 제공
  ② 친절함에 고마워 5그릇 값을 지불했으나 막무가내로 거절
- ▷서비스 결과 : ① 주인 아주머니의 넉넉한 마음과 친절 서비스 수행
  ② 작은 정성에 고정(단골)고객 창출

25 | 일식당의 고품위 서비스

가끔 손님을 모시고 일식당에 가곤 한다. 대부분 음식점이 고급스럽고 음식이 정갈하지만 주문받은 음식을 제대로 내놓지 못해 분위기를 망치는 경우가 종종 있다.

지난해 한 일식당에서 생대구 머리탕, 알탕, 대구지리 등을 주문했다. 그러나 직접 주문받지 않았던 다른 종사원이 음식을 가져와선 "머리 어디죠?"라고 묻는 것이었다. 언뜻 무슨 뜻인지 너무나 황당스러워, 손님과의 진지한 대화가 끊겼고 매우 불쾌했다. 심지어 손님 왼편에 서서 손님 오른편 앞으로 뜨거운 음식을 내놓는 것을 보고, 혹시 엎지를까봐 진땀이 날 지경이었다.

이와 달리 수원 영통동의 일식당에서는 아주 상쾌한 경험을 하였다. 일행 여덟 명이 여섯 가지 음식을 주문한 뒤 이야기하고 있는데, 어느 결에 각자 시켰던 음식이 제대로 주문한 사람 앞에 놓여 있는 게 아닌가?

음식맛, 친절한 종사원도 인상 깊었지만 이렇게 작은 것에 신경

을 쓰는 주인이 너무 고마웠다. 비결을 묻자 "주문받을 때, 상 둘레에 앉은 사람 순서대로 주문내용을 기록하고 그 기록대로 음식을 내놓는다"는 것이었다.

어느 종사원은 아예 네모로 상을 그려놓고 시계방향 순서로 손님마다 무엇을 주문했는지를 표기해 놓는단다. 음식맛도 훌륭했지만 이 작은 정성이 큰 감동을 주었다. 그 집은 다른 모든 면에서도 손님을 배려하리라 생각되어 그 후로 자주 찾는다(조연백).

서비스 분석

- ▷상황 : 수원 영통동의 한 일식당
- ▷고객 서비스 : ① 일행 8명이 6종류의 음식을 주문했는데, 각자 주문했던 음식이 정확하게 손님상 앞에 놓임.
  ② 주문받을 때 주문내용을 기록하여 서빙시 손님에게 다시 물어보지 않는 세련된 서비스
- ▷서비스 결과 : 작은 정성이 큰 감동으로 이어짐. 품위있는 서비스 수행
- ▷고품위 서비스 : 주문했던 고객의 메뉴를 자리별로 정확하게 서빙

26 | 삼겹살집의 고품위 서비스

15개월 된 아기가 있는 주부로서는 음식점에서 모임이 열리면 아기 때문에 늘 고민이다. 상을 휘젓거나 돌아다니는 아이를 혼내면 아이가 울음을 터뜨리고 결국 다른 손님에게 방해가 된다. 또한 우리 부부도 음식을 먹는 둥 마는 둥 곤욕을 치른다.

얼마 전 선배들과 모임이 있어 전주 아중리 쪽의 삼겹살집을 찾았다.

식당 종사원은 아기를 보더니 우리를 방으로 안내했다. 이날도 아이는 수저그릇을 가지고 놀았다. 여느 때와 마찬가지로 아이를 타이르자 안주인이 들어왔다. 그리고는 "엄마 아빠 식사하게 아줌마랑 놀자"며 아이를 안고 나가, 우리 식사가 끝날 때까지 주인 부부가 돌아가며 아기를 돌봐주었다. 아이에게 맞는 음식을 챙겨 먹였고, 나중에 아이를 방에 눕혀 재웠다. 그리고는 우리에게 하는 말이 "아이가 참 순하다"고 하였다.

고기맛도 맛이지만 주인부부의 친절에 너무 감사했다. 친정어머니가 아이를 봐주셔서 마음놓고 식사를 할 때처럼 맛있게 식사할 수 있었다.

또 한 가지, 고기와 같이 반주로 소주를 주문했더니 주인 아저씨가 양주병을 들고 오셨다. 우리가 놀라자 "양주병에 소주 담아 마시면 재밌잖아요"라고 말하는 것이었다.

개업한 지 몇 달 안 된다는 식당주인 부부의 섬세한 친절에 고급음식점에서 먹은 어떤 스테이크보다 더 큰 만족을 느끼고 돌아왔다. 이제 모임은 그 식당에서만 해야겠다고 생각했다(이우정).

서비스 분석

- 상황 : 전주의 삼겹살집, 15개월 된 아기를 둔 부부의 선배와의 모임
- 고객 서비스 : 모임이 끝날 때까지 주인 부부가 돌아가면서 아이를 돌봐줌
- 서비스 결과 : 식당주인 부부의 섬세한 친절에 큰 만족과 감사. 고정고객 창출

27 | 한식당의 고품위 서비스

전주시 덕진동에 자리한 K음식점은 '전통 전주의 맛'을 요즘 구미에 맞추어 빚어내는 곳이다. 비빔밥에서 전골류까지 다양한 메뉴에, 전주 여느 한식당과는 색다른 서비스를 제공하여, 노·장년층뿐만 아니라 젊은이도 즐겨 찾는다. 전주 도심 H식당의 후신으로 4년 전 변방인 이곳으로 자리를 옮기면서 상호도 바꾸었지만 단골손님은 더욱 늘었다.

"종사원들이 지치면 밝은 미소를 선사할 수 없어요. 오전 10시 30분 출근, 밤 10시 퇴근하게 하면서, 손님이 뜸한 오후 3시~5시 30분 사이엔 당번 두세 명을 제외하고 자유로이 쉬게 합니다."

이 집 B사장은 종사원 30명을 대상으로 '친절 인센티브제'를 시행하고 있다. 칭찬을 많이 받는 종사원, 이따금 받지만 '팁'이 많은 종사원이 그달의 '친절왕'으로 뽑혀 보너스를 받는다.

음식점 입구 안내판에 종사원 사진들을 내걸어 손님들이 그 아래에 '칭찬 스티커'를 붙이게 했다. 교수 등 전문가까지 초청, 주기적으로 친절교육도 받는다. 이 식당은 1, 2층을 합쳐 좌석이 280석 정도이지만, 주말에는 대기석에서 기다리는 손님도 많다. 앞 손님 식탁이 정리되지 않으면 절대 자리를 권하지 않기 때문이다. 물론 대기시간도 예고된다. 종사원들은 "기다리는 손님보다 자리에 앉은 손님이 우선"이라고 말한다.

종사원들은 오전이면 주차장·정원·유리창·천장 등 손이 가기 어려운 곳을 요일별로 번갈아 청소한다. 주방에서는 막 담은 김치와 익힌 것을 따로 두는 등 육류와 반찬들이 냉장고 20개에 저마다 달리 보관된다.

비빔밥의 경우 무형문화재가 제작한 놋그릇을 고집하고, 반찬은 '색과 음양이 조화를 이룬' 일곱 가지로 간소화해 식탁 역시 깔끔

하다. 주스나 커피 · 과일 · 다과 등 후식은 홀에 뷔페 요리처럼 진열하여 손님이 마음껏 들도록 했다.

20년 이상 근무하는 종사원도 여럿이다. B사장은 매년 2명씩 일본의 식당 컨설팅업체에 종사원 연수를 보낸다 이 음식점은 지난 3월 한국관광공사에 의해 '깨끗한 식당 베스트 10'으로 선정됐다(조선일보).

토론의 장

K음식점의 고품위 서비스는 무엇인가 토론해봅시다.

친절 인센티브제 시행, 칭찬 스티커, 주기적 친절 서비스 교육, 색과 음양이 조화를 이룬 반찬, 일본 컨설팅업체에 종사원 연수

28 | 한식의 세계화를 통한 고품위 서비스

서울 서초구 뉴욕제과 부근에 있는 W는 한식집이다. 그러나 서비스는 서구식이다. 사장 C씨가 TGI 프라이데이즈(TGIF) 사장 출신이란 점이 한 가지 이유이다.

고급 양식 레스토랑처럼 생겼는데 한식이 나오는 이 식당에 가면 종사원 세 명으로부터 서비스를 받는다. 안내, 음식배달, 테이블 치우기 등으로 종사원 업무가 삼분되어 있기 때문이다. 종사원 50명 중 절반이 관광 관련학과 출신인 이 식당에서 첫째 감동은 주문할 때 받게 된다. 20대 젊은 여종사원이 갑자기 무릎을 꿇고 주문받기 때문이다. "여기가 일본인가"라는 착각에 빠진다. 식당 측은 이를 '눈높이 서비스'라 부른다.

영어 · 일어 메뉴판이 준비되어 있어 외국인과 동행하면 감동이 배가된다. 녹차우유 · 대추꿀차 · 고구마튀김 · 배상면주 등 한국의 멋이 깃들인 다과와 술을 자랑할 수 있다.

아이를 데려가도 기분 좋다. 어린이용 음식 받침대는 종이로 만들어져 있고, 색칠할 수 있게 밑그림이 그려져 있다. 물론 색연필도 준다. 화장실에 데려가면 아동을 위한 변기용품이 있다.

여자 화장실도 감동거리이다. 버튼을 누르면 자동으로 비닐시트가 나온다.

음식 가져올 때 받침대도 같이 가져온다. 그래서 손님 테이블에 쟁반을 얹어놓고 음식을 놓는 장면을 볼 수 없다.

이곳에서 제공하는 음식은 대략 60가지. 220석의 꽤 큰 식당이지만, "주문 뒤 15분 내 음식 제공"이 목표이고, 실제 빨리 나온다. 비결은 한식의 서구화다. '내로라' 하는 주방장이 아니라 체계적인 분업으로 음식을 만들기 때문이다. 예를 들어 된장찌개의 경우 "물 2컵, 된장 3과 2분의 1 스푼, 다시마 크기 3~4cm, 대파 3개, 끓이는 온도는……" 식으로 조리법이 매뉴얼화되어 있고, 공정도 분업화되어 있다. 조리과 출신이라면 1주일 정도 만에 60가지 한식을 만들 수 있게 된다.

'한식의 세계화, 한식당의 현대화'가 모토(motto)라는 C사장은 그러나 "비결은 어머니 같은 편안한 서비스"라고 말했다(『조선일보』).

토론의 장

W한식집의 서비스 차별화에 대해 토론해봅시다!

분업화된 종사원의 업무, 눈높이 서비스, 다국어 메뉴판, 어린이용 음식 받침대, 한식의 서구화, 주문 뒤 15분 내 음식 제공

29 | 인천 어느 일식당의 고품위 서비스

며칠 전 아는 사람과 저녁식사를 하기 위해 가끔씩 가는 인천광역시 연수동의 한 일식당에 갔다. 농어회를 주문하였다. 그런데 일반 일식당이나 평상시 먹는 회는 모두 껍질을 벗기고 회를 떠오는데, 그날은 일부분 껍질을 벗기지 않고 가져왔다. 보기에도 징그럽고 도저히 먹을 수 없을 것 같아서 종사원한테 원래 껍질을 벗기지 않고 내오느냐고 물어보았더니 그렇다고 대답하였다.

그냥 먹으려 했으나 도저히 넘어가지 않았다. 다시 종사원을 불러 회를 가지고 가서 주방장한테 좀 벗겨달라고 부탁하였다. 그러자 "껍질을 벗기면 회가 반으로 줄어 얼마 되지 않는다"고 대답하였다. 그래도 괜찮으니 벗겨달라고 했다.

잠시 후 종사원이 회를 들고 왔다. 그런데 양이 많이 늘어 있었다. "왜 이렇게 많냐?"고 물어보니, 주방장이 "손님에게 어떤 식으로 회를 떠드려야 하는지 종사원이 물어보고 손님이 원하는 대로 해드려야 하는데, 종사원이 물어보지 않아 실수한 것이니 죄송하다"며 다시 회를 떠온 것이라고 하였다. 우리는 주방장의 배려 덕분에 기분좋게, 또 맛있게 저녁식사를 마칠 수 있었다(고석훈).

서비스 분석

- 상황 : 인천 연수동의 한 일식당
- 고객불평 : 회의 일부분 껍질을 벗기지 않아 다시 손질할 것을 요구함
- 고객응대 서비스 : 먼저 손님에게 어떤 식으로 회를 요리할 것인지 묻지 않았음에 사과하는 의미로 손님에게 다시 회를 제공하고, 덤까지
- 서비스 결과 : 기분 좋은 서비스로 고객만족, 고정고객 창출

30 | '떠 있는 호텔'의 고품위 서비스

서울 한남대교 옆 D음식점의 별명은 '떠 있는 호텔(floating hotel)'이다. 바지선을 활용하여 한강에 떠 있는 시설이기 때문만은 아니다. 호텔이 아닌데도 호텔급 서비스를 받을 수 있기 때문이다. 비결은 간부 종사원들에게 있다. 하얏트, 인터콘티넨탈, 삼정 등 특급호텔에서 최고 20여 년 근무한 호텔맨 10여 명이 총지배인·지배인·부지배인·캡틴으로 근무하고 있기 때문이다. 이들이 매일같이 비교적 한산한 시간인 오후 3~5시 사이에 종사원들에게 살아 있는 서비스를 교육하고 있다.

입구에 들어서면 종사원들이 일을 중단하고 몸을 돌려 밝게 인사한다. 앞장서서 테이블까지 안내한 뒤 외투를 받아준다. 이때 반드시 "혹시 휴대전화가 들어 있지 않습니까?"라고 묻는다.

기계에 대한 거부감을 감안해 주문은 일단 종이에 적으며, 손님 눈이 미치지 않는 곳에 가서 '핸드 터미널(hand terminal)'이란 기계로 신속히 주방에 전달한다.

식사하다 보면 종종 다가와 빈 물잔을 채워준다. 잔에 물이 비어 있는 줄 어떻게 알았을까? 비결은 종사원들 시선에 있었다. 종사원들은 테이블에서 3~4m 떨어진 곳에 서서 몸과 시선을 손님 쪽에 맞추고 있다. 손님에 대한 효율적 서비스를 위해 마치 경호원들이 업무를 분담하듯 종사원들은 각기 서 있는 위치도 정해져 있단다.

한강변의 수려한 경관, 그리고 친절하고 정교한 서비스가 소문나 이미 월드컵 공식 스폰서인 아디다스(Adidas)가 이곳에서 국제축구연맹 손님치레를 했고, 리바이스(Levi's), DKNY(Donna Karan New York), 루이비통(Louis Vuitton) 등도 행사를 치렀다.

한국관광협회 호텔등급심사위원인 이곳 K이사는 "특별히 교육하는 것은 없다. 다만 손님은 왕이란 얘기는 자주 한다"고 말했다. 그것뿐이냐고 묻자 "우리 집에 손님이 왔다. 내 사업이라고 생각하라고도 한다"고 덧붙였다(『조선일보』).

떠 있는 호텔의 고품위 서비스

- 매일 비교적 한산한 시간대인 오후 3~5시에 종사원 서비스 교육
- 입구에 손님이 들어서면 종사원들은 하던 일을 중단하고 몸을 돌려 밝게 인사
- 주문은 기계에 대한 거부감을 감안, 종이에 적은 다음 손님 눈길이 미치지 않는 곳에서 '핸드 터미널'로 주방에 전달
- 테이블에서 3~4m 떨어진 곳에서 몸과 시선을 손님 쪽으로 맞춤
- 효율적인 고객응대를 위하여 종사원들의 서 있는 위치가 정해져 있음

31 ㅣ 버섯요리 전문점의 고품위 서비스

"친절이라는 게 간단해요. 손님을 모처럼 찾아온 친정·시댁 식구처럼 대접하면 됩니다."

충북 청주시 봉명동 예술의 전당 부근에 자리잡은 버섯요리 전문점. 이곳을 찾는 손님들은 문을 열고 들어가 식사를 마치고 나올 때까지 적어도 일곱 번 가량 깍듯한 인사를 받는다.

"안녕하세요. 어서 오십시오."

종사원이 자리를 안내하고 주문을 받으면 주방장 겸 주인인 황사장이 정갈하게 차린 요리를 직접 들고와, 재료와 시식방법 등을 자세하게 설명해준다.

"맛있게 드셨습니까? 불편한 점은 없었는지 궁금하군요."

식사가 끝나면 주인이 손님에게 음식에 대해 솔직하게 평가해 주기를 요청한다. 카운터에서 계산할 때, 식당문을 나설 때에도 허리 굽혀 인사하는 것을 잊지 않는다. 승용차를 몰고온 손님은 반드시 도로변까지 나가 안전하게 빠져나가도록 유도해준다.

이 식당에는 주인과 종사원이 따로 없다. H씨와 부인, 미혼의 아들·딸 등 네 식구에 주방과 홀을 담당하는 아주머니 2명 등 6명이 일하지만 하는 일은 비슷하다. 손님상에 반찬이 떨어지면 누구든 그때그때 알아서 가져다주고, 바쁠 때는 H씨도 주방에서 나와 잔심부름을 한다.

"처음엔 친절한 서비스와 인사에 익숙하지 않은 손님들이 거북하다는 표정을 드러내 정말 곤혹스러웠어요."

18살 때 서울 남산 외교구락부에 들어가 호텔신라, 자연농원 양식당 등에서 요리사로 근무한 H씨는 30여 년의 도회지 생활을 접고 1995년 고향 청주에 버섯요리를 가미한 매운탕집을 차렸다. 고급음식점에서 몸에 밴 인사습관을 그대로 적용하자 손님들이 "과잉친절이 부담스럽다" "혹시 일본사람 아니냐"는 등 어색한 반응을 보여 애를 먹었다. 그러나 2~3년이 지나면서 H씨의 식당은 손님들에게 '이상한 집'에서 '편안하고 아늑한 공간'으로 자리잡았다.

"친절은 음식맛을 배가시키는 조미료 역할을 한다고 생각해요. 손님을 극진히 모시는 것이 결국 최상의 서비스이기 때문입니다."

청주시에 의해 친절모범업소로 선정된 H씨의 식당은 업장을 운영중이거나 개업예정인 사람들의 친절 교육장으로도 인기를 끌고 있다(『조선일보』).

서비스 분석

▷상황 : 충북 청주의 버섯요리 전문점
▷고객 서비스 : ① 손님이 들어가 식사를 마치고 나올 때까지 적어도 7번 정도 깍듯한 인사를 받음
② 주방장 겸 주인이 직접 요리에 대해 재료와 시식방법 등을 자세하게 설명
③ 식사가 끝나면 주인이 손님에게 음식에 대한 솔직한 고객평가 요청
▷서비스 결과 : ① 친절모범업소 선정
② 음식업소를 운영중이거나 개업 예정인 사람들의 친절 교육장이 됨

32 | G만두집의 고품위 서비스

식당에서 식사중 밑반찬이나 물이 떨어져서 난감할 때가 있다. 공짜인 반찬을 더 시키자니 종사원을 성가시게 할까 염려되어 망설인 경우가 있을 것이다.

서울 동부 이촌동의 만두·빈대떡 전문식당 G에서는 조용히 동치미 한 그릇 내놓고 의향을 물어온다. 김치는 떨어지기 무섭게 새로 나온다. 종사원들이 항상 손님 식탁을 주시하고 있다는 말이다. 권유하는 종사원의 말도 매우 조용하고 나긋하다. 종사원간 불필요한 잡담이 없고, 주방도 조용해 굳이 큰 소리를 낼 필요가 없기 때문이다. 손님으로서 제자리를 찾은 듯한 기분이었다.

K사장 부부와 아들 2명이 함께 운영하는 이 가게엔 웃는 얼굴이 많다. 종사원들도 친절이 몸에 배어 있다. 주문을 받으면 조용하고 공손하게 복창하는 것이 즐겁고, "그렇게 시키시면 양이 너무

많으실 텐데"라는 간섭이 도리어 유쾌하다. 종사원들끼리 귀엣말로 사담을 나누어, 넓지 않은 식당은 철저히 고객들 차지다.

여러 번 와도 손님들 어깨나 머리 너머로 불쑥 음식을 내놓거나 멀찍이 던져놓는 광경은 볼 수 없다. 음식을 사람 숫자대로 시켜야 한다는 우리네 식당의 불문율도 없다. 5명이 만두국 3개를 주문하면 "알아서 나누어 드시라"고 빈 그릇 2개를 더 갖다준다. 그렇지 않으면 손님들에게 물어보고 한마디 불평없이 5그릇에 나누어 가져온다. 물론 양은 3인분 이상이다. 깨끗한 분위기도 그렇거니와 대식가에게는 말없이 갖다주는 무료 공기밥도 매력적이다.

이곳은 금연이다. 한 손님이 벽에 붙은 금연이란 글자를 못 보고 "재털이 갖다달라"고 부탁하였다. 종사원의 답변은 "금연입니다" 그리고 상냥한 목소리의 "죄송합니다"였다.

김 사장은 "특별히 친절교육을 하지 않지만 손님을 성심성의껏 대해야 한다는 것이 평소 생각이다. 아들에게 우리 음식점을 평생 직장으로 여기라고 가르친다"고 했다(『조선일보』).

서울 G만두집의 고품위 서비스

① 종사원들이 항상 손님 식탁을 주시, 밑반찬이 떨어지지 않도록 늘 배려
② 종사원들의 접객용어 역시 매우 조용하고 나긋나긋함
③ 주문을 받으면 조용하고 공손하게 복창하여 확인함
④ 손님들 어깨나 머리 너머로 불쑥 음식을 서빙하거나 멀찍이 떨어져서 음식을 밀어놓는 광경은 볼 수 없음.

33 | C패밀리 레스토랑의 고품위 서비스

서울 청담동에 있는 C패밀리 레스토랑 3층에 있는 직원전용 화장실에는 '3 Smile Campaign'이라는 영문으로 쓴 종이가 붙어 있다.

3 Smile Campaign

- 굳은 자세로 서 있지 말자, 항상 드라마를 연출하라!
- 눈맞춤(eye contact), 고객의 눈을 보고 늘 웃는 얼굴을 만들자!
- 업장(shop)을 고객의 눈으로 정확히 관찰하자!

2평 남짓한 1층 주방 알림판에는 J일보에서 연재중인 에티켓 기사가 스크랩되어 있고, 곁에는 '좋은 서비스, 나쁜 서비스' 목록이 있다.

청결한 복장, 자연스러운 외국어 회화, 단골고객의 얼굴 기억 등이 올바른 서비스이고, 정돈되지 않은 테이블, 종사원끼리의 잡담, 무표정한 얼굴 등이 고쳐야 할 항목으로 되어 있다. 이곳에서는 재털이에 꽁초가 2개 이상 되면 즉각 새 것으로 바꾼다. 자기 집에 있다고 착각할 만큼 손님의 편안을 위해 최선을 다한다.

친절과 상냥함을 몸에 배게 하기 위해 이 레스토랑은 1주일에 1~2회씩, 3인 1조로 역할연기(role playing)를 한다. 손님(customer)과 근무자(server), 그리고 이를 모니터(monitor)하는 종사원 등 3인이 역할을 번갈아 맡고 이를 일일이 평가한다. 그래서인지 이곳 여종사원들은 반드시 뒷짐을 지고 격식을 갖추면서 물을 따른다. 한 달에 한 번씩 전체 직원회의에서 고객들이 준 서비스 점수와 경영진이 매긴 서비스 점수를 합쳐 'C 스마일 상'을 주고 특별 보너스까지 제공한다.

손님의 취향을 정확하게 알아들을 수 있게끔 전종사원들이 모든 메뉴를 맛보고 평가하기도 한다. "뭐뭐 들어가냐"며 짓궂게 아는 체하는 손님들 질문에 제대로 답변 못하면 '그만둘' 각오를 해야 한다. K사장은 "서빙하는 종사원까지 음식맛을 다 보게 하는 곳은 대한민국에 이곳밖에 없을 것"이라고 자랑한다.

이런 친절이 음식맛까지 돋운다고 이들은 믿고 있다. 음식은 각종 소스를 비롯한 양념을 최소화하여, 재료 본연의 맛이 살아 있게 신경쓴다.

손님들에게 바라는 점은 없냐고 물었더니, 개관 멤버로 지난달 스마일 상을 받은 Y씨는 "안내 없이 아무 자리나 앉는 것도 에티켓이 아니다"고 귀띔했다. 지난해 말 입사한 새내기 L씨는 "매일 9시간씩 서 있다 보니 다리가 굵어졌다"며 "문 닫을 때쯤 우르르 들어와 '내가 누군지 아느냐, 사장이 친구다'며 무작정 술 가져오라는 손님들 대하기가 가장 힘들다"고 말했다.

취중 호기로 굳이 "내 차를 몰고 가겠다"는 지각없는 손님들에 대해서도 일일이 모범택시나 콜택시를 태워 보내고 있다고 한다(『조선일보』).

서울 C패밀리 레스토랑의 고품위 서비스

- 직원전용 화장실에 3 Smile Campaign
- 주방 알림판에 연재중인 에티켓 기사 스크랩
- 1주일에 1~2회씩 친절 서비스 역할 연기
- 한 달에 한 번, 전체 직원회의에서 고객이 매긴 서비스 점수와 경영진이 매긴 서비스 점수를 합산하여 'C스마일 상'과 특별 보너스 지급
- 전종사원이 모든 메뉴에 대해 맛보고 평가

34 | K갈비집의 고품위 서비스

서울 역삼동에 있는 K갈비집의 종사원 몇 명은 이어폰을 끼고 다니며 누군가와 열심히 이야기한다. 때문에 "일하면서 핸드폰으로 잡담하나?" 오해를 받기도 한다. 그러나 종사원은 주방과 통화하고 있다. 손님의 주문을 빨리 전달하기 위한 '친절무기'인 셈이다. 1, 2층 합쳐 450평에 테이블 100여 개에 달하는 대형음식점이어서, 신종무기를 30여 대 구입한 것이다.

업소는 나름대로 정한 규칙이 있다. 우선 간이영수증은 사용하지 않는다. 신용카드로 계산하면 자동적으로 영수증을 주게 되어 있지만 반드시 정식 영수증을 준다. 또 1인분만 시켜도 "안 된다" "더 주문하라"는 말은 하지 않는다. 실제로 일부러 갈비를 1인분만 주문해보았다. 2명이 왔는데 1인분만 시킨 손님이 없었던지 종사원은 잠깐 주춤했다. 그러나 별말 없이 이내 1인분을 가져왔다.

J실장은 "무전기까지 써도 워낙 넓어서 종사원을 불러도 안 온다는 손님들의 불만이 없는 것은 아니다"며 "손님 요구를 파악하기 위해 애쓰고 있다"고 말했다. 그런 노력 중 하나로 이 업체는 매일 종사원들에게 손님이 토로한 불만사항을 적어 제출하도록 하고 있다. 또 오전, 오후 1시간씩 서비스 전문가를 초청해 자체 서비스 교육을 실시하고 서비스 컨설팅도 받는다.

손님들 요구를 받아들여 설치한 것 중 하나가 여자 화장실의 음향기로, 버튼을 누르면 물 내려가는 소리가 나와 옆 칸에 있는 사람에게 용변 보는 소리가 들리지 않게 하는 장치이다. 화장하는 곳과 용변 보는 곳도 분리되어 있었다. 손님이 어린 자녀에게 신경쓰지 않고 식사할 수 있도록, 손님이 요구하면 종사원이 아이를 돌봐주는 제도도 있다.

이 업소 S사장은 "종사원들에게 서비스 직종에 대한 확실한 직업정신을 갖도록 하기 위해 교육하고 있지만, 시설이나 서비스가 완벽하다고는 생각하지는 않는다"며 "하나를 갖다줘도 마음을 담는 서비스를 되도록 계속 노력하겠다"고 말했다(『조선일보』).

서울 역삼동 K갈비집의 고품위 서비스

- 대형음식점으로 손님의 주문을 빨리 처리하기 위하여 30여 대의 이어폰으로 주방과 통화
- 간이영수증을 사용하지 않음으로써 세금에 대한 투명성 확보로 고객신뢰 구축
- 갈비 1인분도 주문 가능
- 매일 종사원들에게 손님이 제기한 불만사항을 제출토록 하여 시정
- 주기적인 서비스 컨설팅
- 여자 화장실의 음향기 설치로 고객의 심리적인 면까지 배려
- 손님이 요구하면 종사원들이 아이를 돌봐줌

35 | 일식당에서 돈까스를 제공하는 서비스

몇 년 전 일이다. IMF 외환위기 때문에 여러 가지 어려움을 겪으면서 가끔씩 하던 가족외식마저 중단한 지 오래된 어느 날 남편이 전화를 하였다. "오늘은 밖에 나가 저녁을 먹을 테니 어디 가서 뭘 먹을지 정해두라"는 반가운 전화였다. 아이들은 환호성을 지르며 좋아했다.

초등학교 2학년인 딸아이는 돈까스를 먹으러 가자 했고, 중학교 1학년인 아들은 생선회를 먹고 싶다고 했다. 나도 생선회를 먹고 싶어 송도유원지 부근에 있는 제법 큰 일식당으로 갔다.

음식점에 들어서자 종사원들이 일제히 큰소리로 "어서 오십시오"라고 인사했고, 기분도 좋았다. 주문한 음식이 나오기 시작했고, 여종사원의 정중하고 친절한 서비스가 마음에 들었다. 그러나 돈까스를 못 먹게 된 딸아이는 내내 뾰로통했고 음식도 잘 먹지 않았다. 그러자 여종사원이 "꼬마 손님은 음식이 마음에 안 드세요?"라고 물었고, 딸애는 돈까스를 먹고 싶어했다고 대답했다.

잠시 후 여종사원이 돈까스 한 접시를 내오는 것이었다. 의아해서 "우린 주문한 적도 없고, 일식집에서 돈까스도 파느냐?"고 물었더니, 여종사원은 "꼬마 손님이 원하시는 것 같길래……"라며 미소짓는 것이었다.

어린 손님이라도 만족할 때까지 최선을 다해 서비스를 하겠다는 듯, 메뉴에도 없는 것을 만들어준 최고의 서비스를 받은 그날 외식은 정말 즐거웠다(이영자).

서비스 분석

- 상황 : 일식당에서 4식구 외식
- 고객요구 : 초등학교 딸의 양식(돈까스) 요구
- 고객응대 서비스 : 메뉴에도 없는 돈까스를 제공
- 서비스 결과 : 메뉴에도 없어 기대하지 않았던 서비스 제공으로 모처럼의 가족외식을 더 즐겁고 만족스럽게 마무리할 수 있어 감동, 고품위 서비스

36 | 편안한 쇼핑의 고품위 서비스

설날과 추석을 제외하고는 단 하루도 쉬는 날 없이 생활전선에서 뛰고 있던 어느 날, 모처럼 황금 같은 하루의 여가가 생겨 들뜬 마음으로 시내에 쇼핑을 나갔다. 재래시장과 할인매장을 구경하고 유명한 백화점에 들렀다.

화려한 조명 아래 헤아릴 수 없이 많은 물건이 진열장을 메우고 있었다. 하지만 가는 곳마다 물건을 팔기 위해 마이크로 큰 소리를 질러댔고, 종사원들은 불쾌할 정도로 따라붙으며 구입을 강요해 설레던 마음이 언짢아졌다.

착잡한 마음으로 돌아오던 길에 상품이 유난히 정갈하게 진열된 한 매장에 들르게 됐다. 문을 열고 들어선 순간 화려하지 않은 조명 아래 잔잔한 음악이 흐르고 있었다. 주인 옷차림도 단정했다. 주인은 "찾아주셔서 감사합니다. 구경하세요"라고 인사를 건네고는 조용히 앉아 읽고 있던 책을 계속 읽었다. 부담없이 여유 있게 물건들을 구경하다가 우연히 일본인이 운영하는 가게임을 알게 되었다.

시간이 얼마 지났을까? 마땅히 구입할 물건이 없어 그냥 나오는데, 책을 읽고 있던 주인이 일어나더니 "찾아주셔서 감사합니다. 다음에 또 오십시오" 하고 공손히 인사를 건네는 것 아닌가?

우리의 부담스러운 상술 행위와 편안한 마음으로 쇼핑할 수 있도록 배려하는 일본인의 상술이 극단적으로 대비되어 마음이 씁쓸했다(김영숙).

서비스 분석

▷상황 : 유명백화점 쇼핑 후 불쾌한 마음으로 유난히 정갈하게 진열된 한 매장에 방문

▷고객 서비스 : ① 주인은 인사를 건네고 손님이 여유있게 쇼핑할 수 있도록 독서
② 구매하지 않고 나서는 손님에게 "찾아주셔서 감사합니다. 다음에 또 오십시오"라고 공손히 인사

▷서비스 결과 : 부담스러운 상술이 아닌 고객이 편안한 마음으로 쇼핑할 수 있도록 배려함에 잔잔한 감동

37 | 손님과 함께 뛰는 고품위 서비스

온천으로 유명한 관광지의 한 호텔에서 강연했을 때의 일이다.

우리의 시중을 들어주던 종사원은 첫 느낌이 참 좋은 사람이었다. 강연을 마치고 8시 기차를 타야 했던 우리는, 길도 잘 모르는 터라 출발시간과 차편을 그 종사원에게 맡겼다. 그리고 나서 강당에서 열린 연회에 참석했는데, 한참 대화중에 일어선다는 것이 어려워 예정 출발시간을 지나서야 연회장을 빠져나왔다. 밖에서는 그 종사원이 걱정스러운 얼굴로 기다리고 있었다.

"서두르지 않으면 열차를 놓칠지도 몰라요. 밖에 차를 대기시켜 놨으니 조금 서두르세요."

종사원은 우리 짐을 실은 수레를 밀며 뛰기 시작했다. 작은 체구에 수레를 밀면서 뛰는데도 그렇게 빠를 수가 없었다.

"어서요, 빨리! 조금만 더 힘을 내세요!"

규모가 큰 호텔이라 연회장에서 정문 현관까지의 거리가 상당하였으므로, 우리는 온 힘을 다해 종사원을 쫓아 겨우 현관에 도

착하였다. 종사원은 기념품가게에서 사탕 한 봉지를 사 들고 뛰어오면서, "이거 열차 안에서 드세요. 다음에 시간 있으실 때 꼭 한 번 놀러오세요. 그때도 제가 모실 수 있었으면 좋겠네요"라고 말했다. 우리가 고맙다고 인사하자 그녀는 밝게 웃으며 공손히 고개를 숙였다.

그녀 덕분에 우리는 예정대로 열차를 탈 수 있었고, 겨우 반나절 머물렀는데도 다시는 안 올지도 모르는 우리를 위해 열심히 시중을 들어준 종사원의 행동은 우리의 마음을 감동시켰다. 강연회나 화려한 연회보다 전력을 다해 함께 뛰어준 종사원의 모습이 더 큰 추억으로 남았다(『일본경제신문사』).

서비스 분석

- 상황 : 온천 관광지에서의 강사와 종사원
- 고객요구 : 고객의 열차 출발시간과 차편을 부탁
- 고객응대 서비스 : ① 열차시간이 얼마 남지 않아 종사원이 온 힘을 다해 고객의 짐을 실은 수레를 밀면서 차편 걱정
  ② 바쁜 중에도 종사원이 사탕 한 봉지를 구입해 다음에도 들러주기를 부탁하면서 선물
- 서비스 결과 : 예정대로 열차를 탈 수 있었고, 최선을 다해 서비스한 종사원의 행동에 감동, 고품위 서비스

38 | 피자헛(Pizza Hut)의 CHAMPS 고품위 서비스

"슈퍼 슈프림 레귤러 사이즈(regular size) 하나 주문하려고 하는데요?"

"주문 처음이신가요?"
"네"
"연락처와 주소를 알려 주시겠습니까?"
"○동 ○아파트 ○동 ○○호 전화번호는 ○○○-○○○○요."
"주문하신 피자는 30분 안에 배달해 드리겠습니다. 또 필요하신 것은 없으십니까?"
"없구요. 30분 안에 도착하는 건가요? 저희 아이가 곧 도서관에 가야 하기 때문에 30분 안에 꼭 도착해야 합니다."
"네, 정확하게 지키겠습니다. 감사합니다."
그리고 30분이 지났다.
"30분 전에 피자 주문한 ○○○인데요, 왜 30분이 지났는데 아직 도착하지 않는 거예요, 30분 안에 도착하겠다고 먼저 약속했잖아요?"
"죄송합니다. 죄송하지만 주소를 다시 한번 확인해 주시겠습니까?"
"아니 됐어요, 무슨 피자집이 그래요?"
통사정을 해가며 겨우 주소를 확인받아 부랴부랴 피자를 다시 구워 집에 도착, 초인종을 눌렀다.
"피자 가져왔습니다."
"아까 취소했잖아요."
"죄송하지만 잠깐 문 좀 열어주시겠습니까?"
문이 열리는 것과 동시에 화난 표정의 고객 얼굴이 들어왔다.
"죄송합니다. 피자헛 D점 점장 김○○입니다. 주문하신 피자를 배달온 것이 아니라 사과드리러 왔습니다. 먼저 이 피자부터 받아 주십시오."
"……."
"죄송합니다. 저희 회사는 모든 주문배달이 전산 관리되고 있습니다. 배달가능 시간에서부터 주소・전화번호까지 컴퓨터 모니터를 통해 확인되고, 또 주문상황을 정확하게 계산하고 배달가능 시간에 맞추어 피자를 만듭니다. 그런데 고객님께서 주문하시고 난 후 바로 저희 컴퓨터 시스템이 멈춰버리는 문제가 생겼습니다. 그래서 부득이하게 약속을 지키지 못했습니다. 앞으로 그런 일이 없도록 하겠습니다. 그리고 이 피자는 부족하지만 사과의 뜻으로 놓고 가겠습니다. 그럼 안녕히 계십시오."

"아니 이럴 것까지는 없는데……."

그리고 며칠이 지났을 즈음 배달갔다 돌아오던 기사의 손에 과일주스 한 박스가 들려 있었다. 피자 맛있게 먹었고 고맙다는 인사로 받아달라는 말과 함께 지난번 그 고객이 주더라는 것이다.

이 내용은 피자헛 D점에서 실제 있었던 일로, 이 일을 겪은 김○○ 점장의 설명이다.

"실제 고객은 그렇게 큰 서비스를 원하는 것은 아닙니다. 서비스의 표준만 잘 지키면 된다는 교훈을 얻었습니다. 물론 그 서비스의 표준을 지킨다는 것이 얼마나 어려운 일인지도 실감했습니다. 그 실천 여하에 따라 우리가 잘못한 일임에도 고객이 서비스를 받았다고 생각하는구나 했습니다. 알고 보면 우리가 잘못한 일이기 때문에 부끄러운 일입니다. 어떻게 보면 그 고객분이 우리보다 앞선 서비스 정신을 갖고 있는 분이겠지요."

이 점장은 1994년 피자헛에 입사하여 홀과 주방에서 4년여를 근무한 후, 회사에서 실시하는 시험을 거쳐 점장으로 진급하였다. 매장에서 근무한 사람만이 점장이 될 수 있는 피자헛의 전통 때문이라고 한다. D점에는 40명이 근무하는데 종사원 교육은 별도로 점내 상주하는 매장 트레이너(trainer)가 담당하고 있는 시스템이다. 서비스 교육의 경우는 전국 피자헛 매장이 매일 한 가지씩의 사례를 주제로 설정하고 실시된다.

예를 들면, 어느 날은 장애인 고객이 방문했을 때의 대응방법, 또 어느 날은 생일을 맞은 어린이 고객이 방문했을 때의 대응방법에 대해 교육을 하는 형태다. 모두 비디오를 통해 현장중심의 교육을 받는다. 이를 통해 얻고자 하는 것은 "절제되거나 정형화된 서비스"보다는 "고객과 친밀감 있는 서비스"를 목적으로 하고 있다.

최근에는 고객의 입장에서 품질은 당연한 것이고, 서비스에 대한 평가가 매장을 다시 찾게 만들 수 있느냐 아니냐의 관건이 되었기 때문에 더더욱 그렇다. 이러한 노력은 일부 매장에 어린이 놀이방을 설치하여 어린이 동반고객이 편하게 피자를 즐길 수 있도록 배려한 것 등에서도 읽어낼 수 있다.

또한 고객에게 조그만 불만사항이라도 발생하면 즉시 개선하려는 노력을 들 수 있다. 예를 들면 주문한 제품이 고객이 원했던 것과는 다르다면 설령 고객이 실수로 잘못 주문했다 하더라도 즉시 원하는 제품으로 바꾸어준다. 90%를 먹고 10%가 남은 피자를 가지고 맛이 없다고 한다면 역시 조건없이 바꾸어준다. 그리고 반품받은 피자는 100% 폐기한다. 전혀 하자 없는 제품이라도 종사원 스스로 버려지는 제품을 만들어내는 일이 없게 하자는 뜻에서 철저하게 지켜지는 일이다.

그러나 무엇보다 피자헛의 이런 서비스는 현재 실시되고 있는 몇 가지 고객만족 프로그램에서 나온다는 사실을 알 수 있다.

우선 그 하나가 CHAMPS의 실시다.

CHAMPS는 Cleanliness(매장의 청결), Hospitality(고객환대), Accuracy(주문의 정확성), Maintenance(시설의 유지보수), Product quality(제품의 품질), Service(신속한 서비스)을 일컫는다. 이를 위해 매월 각 매장에 일반고객으로 가장한 조사요원이 피자를 주문하고 각종 항목에 점수를 매기는 서비스 암행어사(미스터리 고객 : mystery customer)를 파견, 위의 6개 항목을 평가한다. 이 결과는 2~3일 이내에 해당 점장에 통보되고, 향후 인센티브(incentive) 반영자료로도 활용된다.

이와 함께 가정에서 전화 주문하는 홈서비스에 대한 평가도 시행된다. 마찬가지로 미스터리 고객이 전화로 주문하고, 접수자가 전화를 어떻게 받았는지에서부터 배달기사의 복장, 피자 상태, 약속시간 준수 여부, 주문제품이 제대로 왔는지, 영수증은 가져왔는지 등을 세심하게 체크한다. 이 프로그램이 시작된 후 일부 점포에서는 미스터리 고객이 주로 언제 방문하는지 등을 재미삼아 분석하는 해프닝까지 있었다고 한다.

그리고 또 한 가지가 CHAMPS 챌린지 대회.

이 대회는 매장과 똑같은 상황을 연출하여 각 매장, 각 지역 대표들이 서비스 기량을 겨루는 일종의 경진대회로, 계속 1등을 하게 되면 피자헛 세계대회 출전권을 주는 프로그램이다. 이외에도 각 매장에 '고객제안 카드'를 비치하고, 고객으로 하여금 불만사항과 칭찬해주고 싶은 직원을 적어내게 하고 있다. 가장 많은 칭찬을 받은 직원에게는 별도 포상하는 '피자헛 스마일 대회'를 겸하고 있는 프로그램이다.

위에서 몇 가지 사례를 들었지만 사실 피자헛에 다양한 서비스 프로그램이 있는 것은 아니다. 그러나 확실하게 드러나는 것이 있음을 알 수 있는데, 그것은 고객에게 바로 표출되는 서비스보다는 철저한 현장중심의 자연스러운 교육을 통해 고객과 함께 즐기는 서비스를 지향하고 있다는 점이다. 앞모습과 뒷모습이 항상 같은, 그리고 고객이 보이지 않는 곳에서 준비하는 서비스, 이것이 진정한 서비스의 표준이 아닐까(품질경영).

토론의 장

피자헛의 고객만족 프로그램에 대해 토론해봅시다!

CHAMPS, 미스터리 고객 등, 철저한 현장중심의 교육을 통해 고객과 함께 즐기는 서비스 지향

39 ㅣ 펜실베이니아 레스토랑의 불만해결 고품위 서비스

미국의 한 레스토랑에서의 일이다. 펜실베이니아(Pennsylvania)의 큰오빠네 집을 부모님과 방문했을 때였다. 오빠 내외는 모처럼 가족이 왔다고 동네에서 가장 좋다는 스테이크 전문점으로 안내했다. 부모님과 나는 티본 스테이크(T-bones steak)를 주문하였고, 오빠 내외는 휠레미뇽 스테이크(Filet Mignons steak)를 주문하였다. 웨이터는 친절하게 주문을 받았고, 우리 가족은 모처럼 다정하게 대화를 나누며 즐거운 시간을 보내고 있었다.

잠시 후 주문한 음식이 나왔다. 그러나 오빠에겐 휠레미뇽이 아니라 티본 스테이크가 나왔다. 웨이터에게 "주문한 것과 다르다"고 이야기하자, 조금 뒤 레스토랑 총지배인이 달려왔다. 지배인은 우리 테이블로 오자마자 무릎을 꿇었다.

죄송하다고 사죄를 한 뒤 곧 바로 주문하신 것으로 갖다 드린다고 말했다. 총지배인은 이어 오빠에게 "우리의 실수로 음식이 잘못 나와 가족들이 함께 즐거이 식사할 수 있는 시간을 망쳐버렸다"고 다시 사과한 뒤 오빠의 식대는 받지 않겠다고 말했다. 실수는 그쪽에서 했는데 우리 가족 모두가 왜 미안한 감정을 느꼈을까? 그날 우리 가족은 정말로 행복하고 아름다운 기억으로 남는,

정말로 맛있는 저녁식사를 했다(이동신).

서비스 분석

▷상황 : 미국 펜실베이니아의 레스토랑

▷고객불평 : 휠레미뇽을 주문했는데 주문과 다르게 티본 스테이크가 나옴

▷고객응대 서비스 : ① 레스토랑 총지배인이 달려나와 테이블에 오자마자 무릎을 꿇고 사과
② 사과 후 곧 바로 주문한 것을 갖다주었으며, 주문과 다르게 나온 손님의 식대를 계산에서 제외

▷서비스 결과 : ① 고객 일행 모두가 미안함 감정을 가짐
② 행복하고 아름다운 추억으로 남는 저녁식사, 고품위 서비스

40 | 스파게티 전문점의 불만해결 고품위 서비스

이탈리아 음식을 좋아하는 내가 찾는 단골집은 요리를 한국인 입맛에 맞게 조리하는 집이다. 시어머님도 그 집 음식을 맛보곤 피자와 스파게티를 좋아하게 되셨다. 며칠 전 시어머니와 영화를 본 뒤 그 집을 찾았다.

한참 맛있게 먹고 있는데, 긴 머리카락이 나오는 것이었다. 조용히 종사원을 불러 말했다. 연거푸 "죄송하다"고 머리를 조아리던 종사원이 가고 난 뒤, 곧 평소 자주 모습을 드러내지 않던 주인이 시키지도 않은 샐러드와 생과일을 갈아만든 음료수를 아이 것까지 세 잔이나 가져왔다.

"주방에 새 식구가 왔는데 긴장한 것 같습니다. 다시 정성스럽게 음식을 만들고 있으니 잠시만 기다려주세요"라고 말하는 것이었다. 썩 기분이 좋지 않았지만 최선의 서비스로 손님 기분을 풀

어주었고, 후식까지 대접받고 나니 불쾌했던 마음도 사라졌다. 게다가 주인은 한사코 식대를 받으려 하지 않았다. 시어머님이 "경우가 아니다"며 억지로 계산하자 "정 그러시다면 다음번에 무료로 음식을 드실 수 있도록 쿠폰(coupon)이라도 가져가시라"고 권유하는 것이었다.

평소 그 식당에 갈 때마다 "외국음식을 우리 입맛에 맞게 조리하느라 얼마나 노력했을까" 궁금했었다. 그날 이후 음식뿐 아니라 손님에 대한 최대한의 배려와 서비스를 아끼지 않는 훌륭한 정신도 간직하고 있음을 알았다(한미란).

서비스 분석

- 상황 : 스파게티 전문점에서의 고부간 식사
- 고객불평 : 음식에서 긴 머리카락이 나와 기분 상함
- 고객응대 서비스 : ① 연거푸 죄송하다는 사죄와 함께 주인이 직접 주문하지 않은 샐러드와 생과일주스 제공
  ② 주방의 새 식구가 긴장하여 실수를 하였다며 양해를 구하고 다시 정성스럽게 주문한 음식 제공
  ③ 실수에 대하여 식대를 받지 않으려 하였고, 계산을 마치자 무료 쿠폰 제공 권유
- 서비스 결과 : 손님에 대한 최대한의 배려와 서비스를 아끼지 않는 훌륭한 정신을 갖춘 업소로 각인

41 | 가구 총판점의 불만해결 고품위 서비스

M씨는 가구 총판점을 경영하는 사람이다. 그는 평소부터 소비자의 불만사항과 같은 나쁜 말도 구체적으로 자신에게 전하도록

종사원들을 수시로 교육했다.

어느 날 종사원 한 명이 단골도매상에 다녀와서는 그 집 주인이 크게 화를 내고 있다고 보고했다. 도매상 주인은 "당신네 물건을 소매상에 팔았는데 서랍 손잡이가 잘못됐다고 전부 반품당했다. 나는 당신들을 믿고 거래했는데 이럴 수가 있느냐? 당신 주인은 다시는 상종 못할 사람이다"라고 했다는 것이다.

M씨는 즉시 그 도매상으로 달려갔다. 그는 도매상 주인에게 "화나신 것에 대해 변명할 길이 없습니다. 우리 직원에게 다 들었습니다. 대단히 죄송합니다" 하고 정중히 사과하였다. 그러자 도매상 주인은 "아이고 송구스럽습니다. 흥분해서 지나치게 화를 냈는데 당신네 직원이 그대로 전하리라고는 꿈에도 생각 못했습니다. 오히려 제가 얼굴을 들 수가 없군요" 라고 말하는 것이었다. 이 일이 계기가 되어 M씨는 그 도매상과 특별한 교분을 쌓게 되었다.

M씨는 평소부터 종사원들로 하여금 모든 소리를 듣고 자유로이 말할 수 있는 분위기를 만들어놓았기 때문에 종사원들도 고객(도매상)의 불평을 서슴없이 보고할 수 있었다. 불평을 듣고 그것을 개선해나가는 과정에서 판매의 비법은 자연히 몸에 익혀지는 것이다(조관일).

서비스 분석

- 상황 : 가구총판점, 평소 소비자의 불만사항을 보고하도록 종사원에게 교육
- 고객불평 : 서랍 손잡이에 문제가 있어 전부 반품시킴
- 고객응대 서비스 : 사장이 즉시 문제점이 발생한 도매상으로 달려가 정중이 사과
- 서비스 결과 : 이 일을 계기로 그 도매상과 인간적인 거래관계 형성

42 | 열차 승무원의 고객응대 고품위 서비스

지난 일요일, 새벽부터 분주하게 외출 준비를 했다. 이모님이 맏사위를 맞는 기쁜 날이었기 때문이다. 이 세상에 안 계신 어머니를 대신해 나는 화사한 한복을 차려입고 거울을 몇 번이나 들여다보고 하얀 고무신을 한 번 더 닦아 신고 집을 나섰다. 새출발하는 신랑신부를 축복하러 가는 길인데다 일출시간에 첫 기차를 탄다는 생각에 내 마음은 몹시 들떠 있었다.

차표를 사고 기차에 올라 자리에 앉았다. 차창 밖 들녘에 아침 햇살이 일렁이고 있었다. 좋은 사람이 옆에 없고, 내 주머니 비록 가난해도 이게 행복이구나 싶었다.

그런데 누군가 정중하게 "실례합니다" 하고 물어오기에 돌아보니 승무원 아저씨가 서 있었다. 차표를 검사하는 중이었다. 얼른 차표를 내밀었더니 아저씨는 내 쪽으로 몸을 낮추고 차표의 한 부분을 볼펜으로 동그라미 치며 "이거 있으신지요?" 하고 묻는 것이었다. "예, 있습니다"라고 대답하면서 가슴이 뭉클해졌다. 아저씨가 동그라미 친 부분은 바로 '장애인'이란 단어였다.

"즐거운 여행 되십시오."

꾸벅 인사하고 돌아서는 아저씨의 뒷모습을 바라보며 표현할 수 없는 고마움에 눈물이 핑 돌았다. 옆 사람이 들을까봐 그래서 내 마음이 다칠까 몸을 한껏 낮추어 '장애인'이란 단어에 동그라미를 치는 것으로 '장애인증'이 있느냐는 물음을 대신한 그 세심한 마음.

30년이 넘는 세월 동안 장애인으로 살아오면서 불혹을 넘긴 나이에 처음 느껴보는 정말 귀한 배려이자 사랑이었다.

아저씨는 알고 계실까요? 아저씨의 그 한 마디를 이렇게 오래도록 고마워하며 아저씨의 건강과 무사고를 진심으로 기원하고 있다는 것을……(좋은 생각).

서비스 분석

- 상황 : 결혼식에 참석하러 새벽 기차에 탑승한 장애인
- 고객 서비스 : 차표를 검사하는 승무원의 장애인에 대한 배려 : "이것 있으세요?"
- 서비스 결과 : 장애인 고객의 마음을 헤아린 세심한 배려에 오래도록 감동

43 | 덴마크 최고급 호텔의 고품위 서비스

20여 년 전 덴마크(Denmark)에 있는 한 최고급 호텔에 묵게 되었다. 약 100년이 넘었다고 하는 최고급 호텔이라고 해서 몹시 긴장하고 갔는데, 막상 도착해보니 겉보기로는 유럽 스타일이지만, 우리나라의 장급 여관이나 진배없는 낡은 호텔이었다.

짐을 잔뜩 가지고 갔는데도 짐 들어주는 벨맨(bell-man)은커녕 도어맨(door-man)조차 없었다. 그리고 들어서자마자 마루가 낡아 걸어가려니 삐꺽삐꺽 소리가 나, 마치 유령이라도 나올 것 같은 옛날 성 같은 맛이 풍기는 호텔이었다.

프런트(front)에는 70세가 좀 넘어 보이는 할아버지가 안경 너머로 이쪽을 쳐다보면서 나를 맞이하였다. 내 앞에는 다른 외국인이 체크인(check-in, 숙박수속)하기 위해 접수중이었는데, 할아버지는 그 외국인과 체크인 수속을 하면서도 내게 말을 걸었다.

"우리나라에는 꽃이 많은데, 어떤 꽃을 좋아하세요?"

"네, 장미와 카네이션을 무척 좋아합니다."

계속해서 음식이며 스포츠 등 한 5분 가량 이런저런 이야기를

나누고 3층 방으로 올라가 문을 열고 들어서는데, 방 안에서 뜻밖에도 우리 민요 「아리랑」이 은은히 흘러나오고 있었다. 그때의 감격은 이루 말로 표현할 수 없다.

그야말로 오랜 여행 끝에 쌓인 피로가 한꺼번에 풀리는 것 같았다.

침대 쪽으로 가니 테이블 위에는 장미와 카네이션이 꽃병에 예쁘게 꽂혀 있었다. 또 한번 감격하고 말았다.

"야, 일류호텔이란 다름 아닌 바로 이런 것이구나!"

아까 호텔 외관만 보고 실망했던 나 자신이 촌스럽게 느껴졌다. 규모가 크고 화려한 장식에 고급시설들을 갖추어야만 일류호텔이라고 생각했던 한국식 고정관념을 여기서 깰 수 있었다.

호텔에 들어서면서 느낄 수 있었던 포근함, 즉 앞사람이 체크인(check-in)할 때 뒤에서 지루함을 느끼며 서 있는 내게 노신사(호텔 프런트맨)가 걸어온 따뜻한 말씨, 그 순간부터 이국이라는 이미지를 잠시 잊어버릴 수 있었던 것이다.

일류호텔에 가면 기다리는 손님의 지루함을 해소해주기 위해 수속중인 사람보다 오히려 뒤쪽에 줄 서 기다리고 있는 사람을 더 배려해준다고 한다. 단 한 마디 "잠시 기다려주십시오"라는 짧은 말일지라도 뒤에서 기다리는 사람은 "아, 내게도 신경을 써주는구나" 생각하며 지루함을 잊는다고 한다.

마찬가지로 심리학자들의 말을 빌자면 물건을 팔 때도 지금 계산중인 손님보다는 뒷줄에 서서 기다리는 손님에게 말을 걸거나 배려해줄 때 더욱 감동하게 된다고 한다(안성묵).

서비스 분석

▷상황 : 여행에 지친 관광객과 덴마크의 유서 깊은 최고급 호텔
▷고객 서비스 : ① 수속중인 사람보다 뒤에 서서 기다리는 고객에게 더 많은 배려로 심리적인 시간 단축
② 체크인 수속중 대화로 고객의 기호와 취향 등을 파악하여 미리 객실에 서비스
▷서비스 결과 : 따뜻한 말씨, 관광객의 향수를 달래주는 세심한 배려에 감동

44 | 참는 것이 고품위 서비스

밤 9시 20분쯤 서울 천호동에서 시내버스를 탔다. 타는 순간 굉장히 역한 술냄새가 나면서 노랫소리까지 들렸다. 취객이 자기 안방인 양 큰 소리로 노래를 부르고 있었다.

그 승객은 큰 소리로 "여기가 7호선이여?"라고 여러 번 소리쳤다. 버스 운전기사는 친절히 몇 번이고 "7호선은 잠실역에서 내리시면 됩니다"라고 대답하였다. 술취한 승객은 계속 짜증나게 "여기가 7호선이여?"라고 물으며 자리에서 일어났다. 운전기사는 "잠실역은 좀더 가셔야 합니다. 자리에 앉아 계시면 알려드릴게요"라고 친절히 대답하였다.

드디어 7호선을 갈아타는 잠실역에 도착하였다. "손님, 잠실역입니다. 여기서 내리시면 됩니다"라고 운전기사가 말했다. 얼마 되지 않아 그 취한 승객은 내리면서 "운전 똑바로 안 해?"라면서 욕설을 퍼부었다.

이를 지켜보던 내가 오히려 화가 났다. 그러나 운전기사는 웃으

며 "조심해서 가세요"라고 인사했다. 아니 세상에…… 어떻게 그런 인사말이 나올 수 있을까?

그날 버스 운전기사를 통해 정말 많은 것을 배웠다. 수많은 고객만족 이론보다도 그날 겪었던 이 일이야말로 가슴 깊은 감동을 남겨준 사례였다(박현희).

서비스 분석

- 상황 : 술 취한 승객이 버스 안에서 횡포
- 고객 서비스 : 술이 취해 몇 번이나 내릴 곳에 대해 말하는 승객에게 그때마다 친절히 대답하고, 원하는 목적지에 하차시켜 드리면서 정중히 인사함
- 서비스 결과 : 차에 탔던 승객들이 기사의 인내심과 프로 서비스 정신에 깊은 감동

45 | 남아프리카 민박집의 고품위 서비스

남아프리카로 여행 갔을 때 일이다. 그 나라에서는 버스를 타기 위해 미리 예약을 해야 하는데, 일정이 어떻게 될지 몰라 미처 예약을 못하고 숙소에 왔다.

생각보다 일찍 관광이 끝나, 다음날 그 다음 목적지로 향하려고 계획을 세웠다. 그런데 버스 터미널이 외곽에 있어 쉽게 갈 수가 없었다. 택시를 이용하려니 왕복요금이 부담스러웠고, 그곳으로 가는 버스노선도 알지 못했다. 전화로 예약하려니 언어문제 때문에 힘들 것 같았다. 혹시나 하는 마음에 숙소 주인에게 부탁했더니 흔쾌히 승낙해주었다.

그런데 마침 그날이 일요일이었고, 어떤 사정에서인지 전화가 연결되지 않았다. 그러자 숙소 주인은 날 태우고 직접 먼 거리를 운전해 가 예약을 하도록 도와주었다. 다음날엔 새벽 버스 출발시간에 맞추어 아침식사를 차려주고 터미널까지 바래다주었다. 하필이면 버스가 연착되었는데 무사히 출발하는 것을 확인하기 위해 한 시간을 같이 기다려주었다.

배낭여행을 하면서 유스호스텔과 민박집을 많이 이용했는데, 모든 주인들이 한결같은 친절함으로 대해주었다. 언제나 미소를 지으며 불편한 게 없는지 수시로 물어보고 여행지 정보까지 자상하게 알려주던 그 사람들. 우리네 민박집을 떠올리면 아찔한 생각이 든다. 하룻밤 머물고 간다고 생각할 뿐 개인적인 배려는 전혀 없지 않은가! 외국인들은 어떤 기억을 가지고 떠날까?(강경미)

서비스 분석

▷상황 : 남아프리카 여행중 다음날 목적지로 갈 버스 예약이 되어 있지 않음

▷고객 서비스 : ① 숙소 주인이 직접 관광객을 태우고 버스 터미널로 가서 예약을 도와줌
② 다음날 아침 일찍 식사를 제공하고 버스 터미널로 데려다줌
③ 버스 연착을 같이 기다려주면서 안심시키는 배려

▷서비스 결과 : 유스호스텔과 민박집 주인들의 한결같은 친절함에 감동하면서도 우리나라와 비교되어 서글픈 생각이 들었음

46 | 고객지향의 일본 골프장 고품위 서비스

한국에서 30년째 살고 있는 일본인 로비스트 이케하라 마모루(池原 衛) 씨는 『맞아죽을 각오를 하고 쓴 한국, 한국인』이란 그의 저서에서 제주도 상인들의 바가지 상혼을 이렇게 꼬집었다.

"제주도 상인들은 일본 사람보다 한국의 신혼부부를 더 선호합니다. 그 사람들이 일본 관광객보다 돈을 더 잘 쓰거든요. 일본인들은 국내를 여행하는 것보다 한국에 오는 비용이 더 싸니까 찾아오는 거고, 또 적은 돈으로 여행을 하자니 한푼이라도 더 깎으려 듭니다. 이에 비해 한국의 신혼부부들은 일생에 한 번뿐인 추억을 망치지 않으려고 요모조모 따지지 않고 달라는 대로 줍니다. 상인들은 바로 이 점을 노리지요."

이케하라 씨는 "제주도 상인들은 신혼여행 때 좋은 인상을 받은 부부들이 해마다 결혼기념일이 되면 다시 그곳으로 오고 싶어할 거라는 생각은 하지 않는 것 같다"며 단 한 번의 만남에서 최선의 친절과 봉사로 그 손님을 평생단골로 만드는 일본인들의 서비스 정신을 은근히 내비쳤다.

사실 한국의 서비스 문화에는 문제가 많다. 관광지 상인들의 바가지 상혼뿐만 아니라 도심지 대중 영업장에서도 손님은 봉이다. 골프장도 예외가 아니다.

그린 피(green fee)니, 캐디 피(caddy fee)니, 클럽하우스의 식대니 하면서 한 사람당 평균 20만 원 넘게 챙겨가면서도 그들을 위해 뭔가 해주려는 서비스 차원의 배려는 찾아보기 어렵다.

우선 클럽하우스의 프런트에 가보라. 이곳은 숫제 새벽부터 장터다. 예약명단을 확인하려는 사람, 티오프 시간과 코스를 묻는 사람, 그린 피 계산하는 사람 등. 국내 골프장들은 그린 피 계산부터가 조단위의 합산이다. 따로따로 받거나 개별정산도 없다. 프런트에서는 한 사람이 동료들의 돈을 거두어 내거나 카드로 대표결제하는 방식만 통용된다. 아직 골프채를 꺼내지도 않았는데 그린 피는 물론이고 카트 피(cart fee)와 캐디 피까지 선납하고 필드에 나서는 꼴이다. 상황이 이러하니 프런트는 매일 시끌벅적 사람범벅이다.

5년 전 기자는 언론인 해외연수차 일본 오사카(大阪)에서 1년을 산 적이 있다. 그때 짬짬이 퍼블릭(public) 연습장에 나가 골프도 쳤다.

하루는 하숙집 주인 내외가 “당신이 신문에 골프칼럼을 쓰고 있으니 한 수 가르쳐 달라”며 동반 라운딩을 청해왔다. 유학생 주제에 그린 피가 부담스러웠으나 오기로 나섰다. 18홀 내내 그린 피 신경을 쓰다가 라운딩을 마친 뒤 프런트에 갔다.

“오전 10시 팀인데……, 우리 얼마죠?”

직원은 의아한 눈치로 되물어왔다.

“실례지만, 선생님 성함은?”

가르쳐주니 그 직원은 내 이름이 적힌 개인별 청구서를 내밀었다. 그곳에는 나에게 해당하는 그린 피와 캐디 피, 그리고 내가 먹은 식음료비만 적혀 있었다. 하숙집 주인 내외의 것은 없었다.

“여기서는 계산을 각자 따로 합니다.”

직원의 말은 이어졌다.

“골프장에서는 회원과 비회원간 그린 피가 다릅니다. 또 손님들 가운데서도 점심 때 스키야키를 드신 분이 있는가 하면 라면으로 요기한 분도 계신데 어떻게 같이 계산할 수가 있습니까?”

자기가 내야 하는 그린 피와 음식값이 상대방의 그것과 다르다면 계산서 역시 따로 나와야 된다는 거였다. 그렇기 때문에 일본에서는 음식을 주문하면 종사원이 손님 개개인의 사인을 받아 각각 계산서에 따로 올린다는 것이다.

한국의 골프장들은 어떤가? 같이 라운딩한 멤버들의 그린 피와 카트 피, 그리고 음식값까지 모두 합산해 한 팀의 소요경비를 한 장의 계산서에 모두 담아 청구하고 있다. 멤버들 가운데 누가 회원이든 비회원이든, 식당에서 어떤 사람이 어떤 메뉴를 청해 먹었는지 따지지 않는다. 그것은 손님들끼리 해결할 문제로 치부된다.

상황이 이러하니 회사 동료나 친구지간인 골퍼들은 매주 인원수에 따라 총액에서 '나누기 3'이나 '나누기 4'를 해 각자 분담금액을 정한다. 이 바람에 티오프 시간에 쫓겨 아침에 물 한 모금 못 먹은 사람이라도 먼저 온 친구들이 먹은 식사와 커피 값을 부담해야 된다.

이처럼 골프장에서의 경비정산 방법 하나만 봐도 일본과 한국의 서비스 문화는 엄청나게 먼 거리가 있다. 일본에서는 손님들간에 불미한 마찰이 없도록 하기 위해 오래 전부터 골프장들이 미리 알아서 교통정리를 해주는데 한국은 뻔히 알면서도 모르는 체, 아직까지 계산상의 불합리를 묵인하고 있다.

일본 골프장의 고객 서비스는 여기서 끝나는 게 아니다. 손님이 개별정산을 끝내면 영수증 외에 또 한 장씩의 카드를 준다. 할인우대권이다. 다음에 이 카드를 갖고 오면 일정액의 그린 피를 할인해 주겠다는 증표다.

골프장에서 발행하는 우대권 가운데는 그린 피의 20~30%를 깎아주는 것도 있고, 현금으로 2,000~3,000엔을 할인해주는 것도 있다. 오사카 우매다(大阪 梅田)에서 자동차로 40분 거리인 히라카다(枚方) 국제골프장에선 올 2월 한 달 동안 이 우대권을 소지한 방문객에게 주중 요금을 14,000엔만 받았다. 이 금액은 정상요금(20,550엔)에서 6,550엔이나 할인된 것이다.

교토(京都)에 있는 카사기 CC는 이달부터 동계 우대권을 가진 손님에게는 주중요금을 15,200엔씩 30% 할인해주고 있으며, 후쿠이(福井)의 저팬센트럴 CC는 아침식사까지 포함해 13,000엔(주중)

에 특별 서비스하고 있다. 오카야마(岡山)의 사쿠슈무사시 CC는 우대권을 갖고 오는 방문객에게 무조건 3,000엔씩 깎아주고 있다.

우대권은 골프장마다 약간의 차이는 있지만 대부분 뒷면에 사용자 이름을 네 명까지 기재할 수 있게 되어 있어 한 장만 있으면 네 명이 할인혜택을 받을 수 있다. 카드 한 장을 네 명이 이용함으로써 두번째 방문 때부터는 16명의 할인가능 고객이 생기게 돼 골프장으로서는 할인 서비스를 하면서 동시에 4배수 예비고객을 창출할 수 있기 때문이다. 손님은 요금할인 혜택을 받아서 좋고, 골프장은 손님이 많아져서 좋은 것이다.

일본 골프장들의 고객을 겨냥한 서비스 항목은 참 다양하다. 각 골프장마다 자기네 사정에 맞추어 특정기간을 정해놓고 그 기간 동안 찾아오는 손님들에게는 그린 피를 대폭 할인해주는 이벤트가 너무 많아 열거하기도 힘들 정도이다.

그렇다면 일본은 골프의 천국인가? 그렇지는 않다. 경제가 오랜 기간 침체해 있다보니 골프장 사정도 별로다. 때문에 그들의 서비스 밑자락에서 한 명의 손님이라도 더 끌어들이기 위한 장삿속이 보이지만 분명한 것은 그들이 고객을 위해서 최선을 다하고 있다는 사실이다. 한국은 어떤가? 고객을 위한 서비스는커녕 오히려 골프장이 시혜자이고 손님은 봉이다. 한국의 선량한 골퍼들은 언제쯤 제주도로 간 신혼부부의 신세를 면하게 될까(이건실).

토론의 장

우리나라와 일본의 골프장 서비스 문화의 차이를 토론해 봅시다!

〈표 15-1〉 우리나라와 일본의 골프장 서비스 문화

	우리나라	일 본
서비스 질	서비스 부재	고객 서비스, 그린 피 할인 등 다양한 이벤트 개최
경비정산 방법	라운딩한 멤버들의 그린 피와 카트 피, 음식값을 모두 일괄 계산한 한 장의 계산서 제공	개개인 소비액 개별 정산
멤버간 서비스	계산상의 불합리 묵인	골프장에서의 합리적 정리
고객 서비스	낮다	할인 우대권, 할인혜택 등 할인 서비스를 통한 잠재고객 및 예비고객 확보

47 | 신지식인의 고품위 서비스

피터 드러커(Peter F. Drucker)에 의하면 지식이란 "일하는 방법을 개선·개발·혁신함으로써 부가가치를 높이는 것"이라 한다. 그렇다면 지식인이란 "자신의 위치에서 끊임없이 일하는 방법을 개선·개발·혁신함으로써 일의 부가가치를 높이고 지식을 다른 사람들과 공유하는 사람"으로 정의할 수 있다.

신지식이란 전통적인 의미의 학문적 지식이 아닌, 현장경험을 통해 얻어진 실용적 지식을 뜻한다. 그 동안 지식이라고 하면 교수나 학자·기술자 등 일부 엘리트 계층의 전유물이라고만 인식해왔으나 지식경제라고 부를 때의 지식은 의미가 다른 것이다.

세계적 경영학자인 톰 피터스(Tom Peters)는 미국 지식인의 전형으로 리츠칼튼 호텔에서 청소부로 일하고 있는 '버지니아 아주엘라(Virginia Azuela)'를 꼽았다.

그녀는 필리핀 출신의 이민자로 고졸 학력의 청소부였는데, '청소'라는 업무를 표준화해 생산성을 높였다. 그 결과 그녀가 근무하는 리츠칼튼 호텔은 미국의 권위있는 생산성품질 대상인 '말콤 볼드리지 대상(Malcolm Baldridge National Quality Award)'을 차지했다.

그녀는 단골고객의 취향을 파악해서 그에 따라 다른 종류의 잡지를 넣어주는 것을 비롯해서 객실의 침대시트를 정리하고 욕실을 청소하는 자질구레한 작업에서도 효율을 높이고 고객을 만족시킬 수 있는 방법을 끊임없이 개발하였다. 그녀에게 청소는 '단순한 허드렛일'이 아니라 '고품위 고객 서비스'였던 것이다.

『매일경제신문』은 우리나라의 신지식인으로 중국집 배달부인 조태훈씨를 선정한 바 있다. 그는 중국집에서 음식배달을 하면서 철저히 고객중심의 사고를 갖고 음식배달에 관계되는 방법들을 끊임없이 개선하고 혁신함으로써 고객만족과 고객감동을 이끌어 낸 사람이다.

그의 고객만족 사례는 우연하게 시작되었다. 자신이 일하는 중국집에 연인으로 보이는 남녀 한 쌍이 들어와서는 한참 망설인 끝에 자장면 하나, 짬뽕 하나를 주문했다. 그리고는 서로 조금씩 나누어먹었다. 대부분 사람들이 무심코 지나쳤을 이 장면을 보고 조태훈씨는 무엇인가가 반짝 떠올랐다. 항상 자장면을 먹으면서도 "다소 느끼한 맛만 해소하면 정말 좋을 텐데……" 하고 생각했는데, 이 한 쌍의 연인에게서 그 해답을 얻은 것이다. 다음날부터 그는 자장면을 배달하면서 서비스로 짬뽕국물을 준비해갔다. 결과는 고객감동 100%였다.

그밖에도 요리를 많이 시키면 으레 서

비스로 제공하던 군만두를 소주 두 병으로 교체하는 등 고객의 입장에서 생각하고 느낌으로써 많은 것을 개선·개혁하며 '고객만족'이라는 가치를 만들어냈다.

48 | A항공사의 고품위 서비스

1998년 어느 일요일 오후 오고가는 손님들을 분주하게 서비스하고 있는 와중에 '딩동' 하는 수화전용 서비스벨이 울렸다. 수화전용 카운터 설치 이후 처음 들어보는 소리였고, 한편으로는 어설프게 배운 수화로 과연 상대방과 의사소통이 가능할까 하는 두려움과 반가움이 교차하는 마음으로 손님을 맞이하였다.

어설픈 동작으로 "안녕하십니까?" "무엇을 도와드릴까요?"로 시작하며 체크인(check-in, 탑승수속)을 해드렸다. "안녕히 가십시오"라고 수화를 하면서 그 동안 열심히 배운 수화실력에 대하여 스스로 대견스러워하면서 기쁜 마음을 억누르고 있었다.

그러나 잠시 후 총괄(station manager)로부터 연락이 왔다. 조금 전 체크인한 농아인이 탑승을 하지 않았다는 것이었다. 급히 출발장 대합실로 내려가보니 그 농아인은 의자에 앉아 있었다. 몇 번이나 반복된 탑승 안내방송을 듣지 못하고 비행기를 놓쳐버린 것이다. 당황해하는 손님을 진정시키며 다음 비행기 탑승까지 곁에 있기로 하고 수화를 건넸다. 이름, 나이, 자신이 선천성 청각장애인이었다는 사실, 어머니도 청각장애인이셨는데 자동차 경적소리를 듣지 못해 교통사고로 돌아가셨다는 이야기, 아버지의 재혼, 새어머니의 학대, 그리고 가출 등 누구에게도 말할 기회마저 없었다던 자신의 이야기까지를 털어놓는 것이었다.

수화와 필담이 섞인 대화를 계속하면서도 연신 시계를 들여다보며 다시 비행기를 놓쳐 나에게 "똑같은 일로 또 신세를 지면 안 되는데……" 하는 것이었다. 그리고 비행기 탑승시간이 되어 청각장애인 김씨가 기내로 들어가는 뒷모습을 바라보면서 저며오는 가슴속의 복받치는 감정은…….

이 내용은 아시아나항공이 지난 10월 '아름다운 사람들 서비스 실천사례 발표회'에서 한 스튜어디스가 발표한 사례다. "누군가 있었으면 하는 곳에 저희가 있습니다"라는 아시나아항공 캐치프레이즈(catchphrase)를 그대로 실천한 서비스 사례다.

"항공사에서의 상품은 서비스밖에 없습니다. 항공기도 회사도 아닙니다. 비행기 좌석 하나하나가 서비스죠. 빈 좌석은 부족한 서비스를 상징적으로 나타내주는 것입니다."

아시아나항공 고객만족센터 L팀장의 설명은 항공사의 서비스를 함축적으로 나타내주고 있다.

이러한 아시아나항공이 살아남기 위해서 필요한 것은 무엇이었을까? 두말할 것도 없이 차별화된 서비스였다. 타 항공사와는 차별화된 서비스만이 후발주자로서 살아남을 수 있는 유일한 길이었던 것이다. 그래서인지 이 회사는 서비스의 종류로 치면 서비스 백화점이라 불릴 만큼 다양하고 독특한 서비스를 실천하고 있다.

'수화 서비스'는 국내 전 공항지점에 청각장애인을 위한 전용 카운터를 설치, 항공기 이용에 불편함이 없도록 하는 서비스이다.

그리고 빼놓을 수 없는 서비스가 '항공마술 서비스(flight magic service)'. 이 서비스는 장시간의 항공여행에서 생기는 지루함을 해소시켜 즐겁고 유쾌한 여행이 되도록 하고, 고객과 스튜어디스들 간의 친밀감을 형성하여 안방 같은 편안한 분위기를 위해 기내에서 마술쇼, 생일축하 생음악 공연, 식사 서비스 시간의 칵테일쇼 등을 보여주는 서비스이다. 이 두 가지 서비스는 전세계 항공사 중 유일하게 아시아나항공에만 있는 서비스이다.

이외에도 기내에서 고객 호출시나 어린이 접촉시 스튜어디스가 무릎을 꿇고 고객을 대하는 '눈맞춤 서비스'도 서비스의 철학을 보여주는 것 중 하나다.

이 회사는 고객만족센터를 운영하고 있다. 종전에 다른 항공사에서는 쉽게 찾아볼 수 없는 조직이다. 대개는 고객만족팀이나 고객만족실 정도로 운영되고 있다고 한다. 아시아나의 고객만족센터도 그 동안 몇 번의 변신을 거쳤다.

1991년에 처음으로 고객서비스실이 부사장 직속으로 설치되었고, 이어 1995년에는 고객만족실로 승격되면서 사장 직속부서로 바뀌었다. 그리고 1997년 고객만족팀으로 새출발을 했고, 1999년에는 고객만족센터로 완전히 독립하였다. 여기서 '독립'이라는 것은 어떤 부서의 통제도 받지 않은 순수 고객센터로서 사장의 직속라인이 된 것이다.

센터에서는 각종 서비스의 기획부터 고객불만까지를 원스톱으로 처리한다. 그래서 그만큼 권한도 많다. 일종의 감찰업무까지 수행한다. 또한 약 165개 지점을 1년에 2회씩 서비스 평가를 실시하는 일도 고객만족센터의 고유업무다. 이같은 서비스 평가제도는 내부경쟁 체계를 가능케 하여 전체적인 서비스의 질을 높일 수 있다.

센터의 성격은 "아시아나항공 소속이 아닌 고객과 아시아나항공 사이에 존재하는 조직"이라고 한다. 그래서 고객이 센터로 전화하면 이 센터의 팀장이 직접 전화를 받는다. 여종사원이 받아 1차 상담을 하거나 전화를 바꾸어주는 것이 아니라 결정권자가 직접 전화를 받아 바로 처리와 그 결과를 알려줄 수 있도록 하여 고객이 다시 전화하는 불편을 없앤 것이다.

"제가 비행기를 탑승하고 얼마 지나지 않아 헛구역질을 하며 토하는 순간 지나가던 스튜어디스가 그것을 손으로 받아내는 것을 보고 감사함과 미안함, 그리고 무엇보다 그것은 감동이었습니다."

"비행기에 타서 좌석에 앉자마자 바퀴벌레가 기어다니고 있었습니다. 제가 스튜어디스에게 '아가씨 웬 바퀴벌레가 있습니까?'라고 하자 그 스튜어디는 바로 무릎을 구부려 그 바퀴벌레를 직접 맨손으로 잡아 놓치지 않으려고 주먹을 꼭 쥐며……."

이 내용은 아시아나항공을 이용한 고객이 보내온 편지 중의 일부다. 이런 편지와 선물이 이 회사에는 자주 날아든다고 한다. 그렇다면 이러한 서비스의 힘은 어디에서 나오는 것일까?

"살아남기 위해서입니다. 더 나아가서는 최고의 서비스를 위해서지요. 우리 스튜어디스들이 그 대가로 월급만 받는다고 생각하면 도저히 불가능한 서비스들입니다. 정말 자신을 사랑하고, 또 회사를 사랑하는 마음만이 만들어낼 수 있는 서비스입니다. 이것은 진정한 직업의식이기도 합니다."

L팀장이 설명한 종사원 서비스의 힘이다.

이 회사에서는 종사원을 내부고객으로 분류한다. 그래서 회사 차원에서 종사원들을 위한 서비스, 기내에서 종사원에게 문제 발생시의 보호지침 등을 마련하고 있다. 고객만족 지수는 신뢰도 지수(reliability index)에서 나오고, 신뢰도 지수는 곧 내부고객에서 유발된다는 것이다. 이는 신뢰도 지수가 높을수록 생산성이 향상된다는 데이터에서 기인한다.

신뢰도 지수의 경우 사내에서 전종사원을 대상으로 조사하여 최고경영층에 직접 보고되는 체계를 가지고 있다. 여기서 나온 자료를 경영에 즉시 반영될 수 있도록 하기 위해서다.

이러한 서비스 철학은 다양한 서비스 개발에도 크게 기여하고 있다. 손을 복부에 살짝 올리고 허리를 부드럽게 구부리는 인사법, 어린이 고객이 혼자 탑승했을 때는 비행기 안에서 어린이에게 일어난 모든 일은 물론 스튜어디스가 어린이와 대화하면서 느낀 점들을 엽서에 적어 부모에게 전해주는 일도 아시아나만의 서비스이다. 특히 인사법은 이 회사가 처음 선보였지만 지금은 백화점에서까지 사용될 정도라고 한다.

이외에도 기내 특수휠체어 비치, 공항청사에서의 장애인 특수차량 운영, 신혼여행 승객을 위한 웨딩케이크 서비스 등 독특한 서비스는 이루 헤아릴 수 없다.

학력이 전부는 아니겠지만 이 회사 모든 스튜어디스는 4년제 정규대학 졸업자이다. 최근 국내선은 전문대학 졸업자도 채용하고 있다. 이들은 12주 이상의 교육을 제대로 통과해야만 한다. 교육의 대부분은 서비스 교육이다. 이러한 서비스 교육과 인력구성이 새로운 서비스의 개발과 서비스의 질을 높여주는 중요한 요소로 꼽힌다.

서비스를 그저 구호로서만이 아닌 실천하고 고객이 필요로 하는 것이 무엇인지를 간파한 서비스야말로 진정한 서비스가 아닐까? "정말 서비스를 받았구나" 하는 느낌이 이런 것은 아닐까?(최봉욱)

아시아나항공의 고품위 서비스

- 청각장애인을 위한 수화전용 카운터 운영
- Flight Magic Service
- 눈맞춤 서비스
- 사장 직속 고객만족센터 운영
- 보여주는 서비스를 위한 다양한 서비스 개발

49 | S병원의 환자중심 고품위 서비스

"여러분들께 정말 감사드립니다. 어느 병원 의료진보다 친절하고 환자에게 마음으로부터 병이 치유되도록 애써주시어 너무 감사합니다. 더구나 마음이 항상 풍요롭고 구김살 없는 1762호 병동 간호사들께 이 세상에서 제일 아름다운 마음의 꽃을 아낌없이 드리고 싶습니다."

삼성서울병원의 식당 옆 게시판에 붙어 있는 감사편지의 내용이다. 환자가 퇴원하면서 감사한 마음을 정성스럽게 전하고자 하는 모습이 눈에 선하다. 최근 의료분야 고객만족도 조사에서 연속 국내 1위를 달리고 있는 삼성서울병원(Samsung Medical Center : SMC). 게시판에 각양각색으로 붙어 있는 많은 감사편지에서 환자중심의 의료 서비스를 제공하고 있는 SMC의 사회공헌 의지를 읽게 된다.

(1) 인간존중 박애정신의 SMC

얼마 전 모 일간지가 우리나라의 품질경쟁력(고객만족도)을 파악하기 위해서 실시된 국가고객만족도(NCSI) 조사결과를 발표하였다. NCSI는 미국의 국가 품질경쟁력 평가지표인 ACSI와 비교되는 것으로서 각종 산업분야에 걸쳐서 상대적인 비교분석이 가능한 지표이다.

발표된 내용에 따르면 상위 6개 기관은 모두 예측한 대로 일류 호텔들이 차지하였다. 그렇지만 이들에 이어 최고 성적을 거둔 조직이 바로 의료기관인 SMC(Samsung Medical Center)라는 점이 주목할 만하다. 의료 서비스가 우수하다는 이야기를 여러 번 듣기는 했지만 놀랄 만한 성과임에 틀림없다. 더구나 다음 순위 의료기관과의 차이가 무려 10단계일 정도로 독보적인 성적을 거두었다. 과연 SMC는 어떻게 의료 서비스 분야에서 우뚝 설 수 있었을까가 궁금해진다.

SMC의 건립이념은 "최선의 진료로 국민에 봉사하고, 첨단의학 연구로 의학발전에 기여하며, 우수의료 인력을 양성한다"는 것이다. 1,226개의 허가병상을 보유하고 있으며, 700여 명의 의사를 포함하여 간호사와 의료기사 등 총 3,600여 명의 구성원이 최첨단 시설을 바탕으로 의료 서비스를 제공하고 있는 국내 최고의 병원이므로 건립이념이 썩 잘 어울리는 모습이다.

그러나 SMC의 성공요소는 기술과 시설이 아닌 섬세한 인간존중형 박애정신에서 찾고 싶다. 한 세기를 마감하는 SMC의 종무식 풍경을 되새겨보자. 그들은 "지체부자유 어린이와 함께 만드는 새천년"이란 슬로건을 걸고 종무식 행사를 주최하였다.

무연고 지체장애자 아동 54명을 초청하여 건강을 진단해주고 롯데월드에서 임직원들과 함께 즐거운 시간을 보내도록 배려하였다. 새천년에는 건강사회 실현을 앞당기기 위해 지체장애 어린이에게 새천년의 희망과 꿈을 안겨주고, 임직원에게는 어려운 이웃과 함께 하는 뜻깊은 체험을 선사하기 위해 행사를 기획했다고 한다. 참으로 훈훈한 풍경이다. 진정한 고객만족은 기술과 제도가 아닌 이러한 작은 마인드의 전환에서 비롯된다는 것을 SMC 구성원들은 실천으로 보여주고 있는 것이다.

SMC 고객만족 경영의 강점은 단순히 일과성 활동에 머무르지 않고 시스템적으로 접근하고 있다는 점이다. 고객만족 경영 목표를 고객만족, 병원만족, 종사원 만족으로 설정하고 이해관계자 그룹의 공생 및 공조 개념에 초점을 맞추고 있다([그림 15-2] 참고).

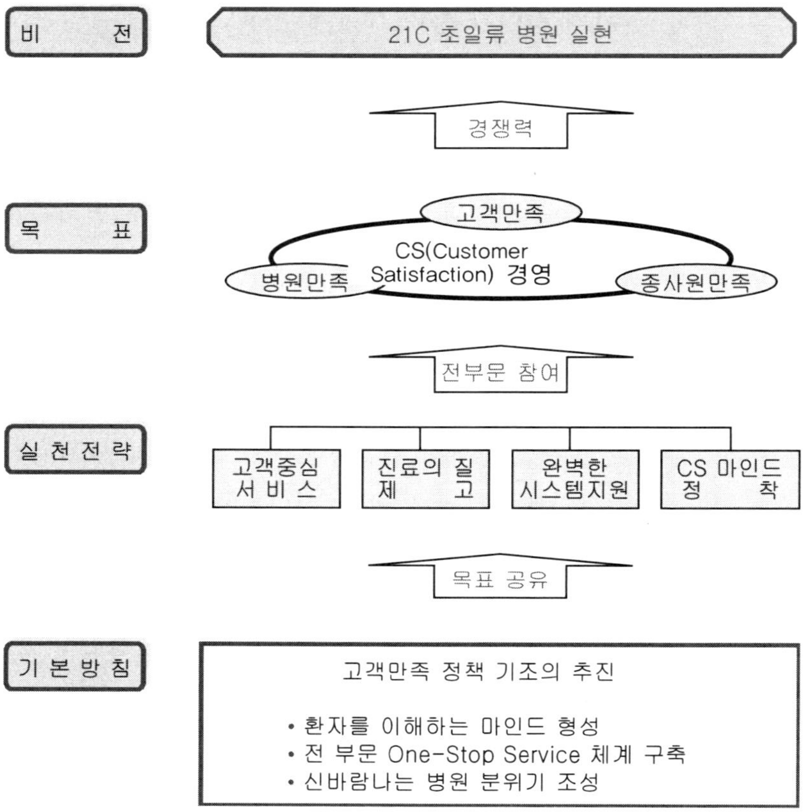

그림 15-2 | 삼성서울병원의 고객만족 경영 체계

실천전략으로는 고객중심 서비스, 진료의 질 제고, 완벽한 시스템 지원, CS마인드 정착을 꼽을 정도로 균형 있는 변화를 추구하고 있다. SMC는 이러한 시스템을 구축하고 이행하는 기반으로 인적 자원 관리를 중시한다.

예를 들어서, 새천년을 이끌어갈 구성원들의 역량 강화를 위해서 작년 한 해는 대대적인 내부 구성원 교육에 착수하였다. 관리자 교육은 전 보직관리자를 대상으로 2박3일에 걸쳐 '현재의 위치와 역할에 대한 조명' 및 '자기실천 계획' 등의 교육을 다채롭게 실시하였다. 이러한 교육 프로그램은 병원 내 교육과가 자체적으로 개발한 것들이다.

사원교육도 1,501명 전원을 대상으로 여러 차례에 걸쳐 조직의 단합, 일체감 고취, 친절 서비스 마인드 제고, 도전의식, 성취감 등 특별교육 차원을 넘어서 전직원 의식교육을 단행하였다.

의료 서비스의 핵심이 결국 구성원의 마인드와 업무처리 능력에 있는 점에 착안하여 학습하는 조직문화를 창출해나가고 있다.

(2) 환자중심의 의료 서비스

"X-레이 촬영이나 CT 단층촬영 예약을 위해서는 1층 영상의학 검사실에 가야 합니다. 내시경검사 예약은 2층 내시경실에서 담당합니다. 간 기능 측정을 위한 핵의학검사 예약은 핵의학 검사실에서 예약을 받습니다."

이러한 식으로 전개되는 의료 서비스 제공방식 덕분에 우리들 대부분은 접수증 몇 개를 들고 종합병원을 서성이던 기억들을 가지고 있다. 여러 곳을 다니더라도 검사가 하루로 모아지면 천만다행이지만 두세 차례 병원을 방문해야 겨우 검사를 마칠 수 있는 경우에는 마음에 쓴 뿌리가 생기기 마련이다.

"그래도 큰 병원이 뭔가 낫겠지" 하는 막연한 기대감이 유일한 위로이다. 환자중심 서비스 제공을 선언한 SMC는 이러한 불편을 없애기 위해 아예 '원 스톱(one-stop) 검사예약 서비스'를 개발하였다. 한 곳에서 모든 예약을 하며, 검사필요 내역을 분류하여 최적의 의료 서비스 일정을 예약할 수 있도록 한 것이다. 병원의 행정편의 차원이 아니라 내방객의 입장에 초점을 맞추어 업무를 개발하고 있다.

고객의 요구사항을 반영하여 개발된 SMC의 의료 서비스는 실로 다양하다. '모유 수유정책'이 대내외적으로 인정받아 유니세프 한국위원회와 한국 BFHI(Baby-Frindly Hospital Initiative)로부터 '아기에게 친근한 병원'으로 선정되었다.

예약대기 전광판을 설치하여 약국과 외래진료 대기실 입구에 이용고객이 자신의 진료 대기순서를 알 수 있도록 하여 지루함을 덜어주고 있는데, 고객만족 경영의 세계적인 우수기업으로 꼽히는 미국의 디즈니월드가 놀이시설 대기공간에 대기시간을 예시하고 모니터를 통해 볼거리를 제공하여 고객만족을 추구한 장면을 연상하게 만든다.

한국기네스협회로부터 환자만족의 극대화를 위한 첨단 시스템 및 수술실적 등 4개 부분에서 인증을 받는 등 고객지향적인 활동들이 여러 곳에서 결실을 맺고 있다.

SMC의 고객지향적 업무전개는 개원 초부터 실시되었다. 매월 정기적으로 고객만족도를 조사하고 있는데, 계획－실천－평가(plan－do－see) 개념을 적용하여 조사계획 수립단계, 조사실시 단계, 그리고 개선 및 평가 단계를 체계적으로 실시하고 있다. 고객만족 관리지표를 활용하는 것은 물론이다.

배울 점은 고객만족도 조사결과를 최고경영층인 원장단에 직접 보고하고 해당부서에 설문결과를 통보하는 등 경영진의 검토와 정보공유 범위가 전원참여에 가깝다는 사실이다. 게다가 설문결과를 바탕으로 '환자 서비스 향상 추진위원회'에서 고객만족도 향상을 위한 개선방안을 강구하는 등 피드백 기능도 탄탄하다.

이러한 월별 고객만족도 조사가 결코 인력의 낭비로 그치지 않는다는 것은 간호사 대기실을 보면 확인할 수 있었다. 각종 소그룹 활동내용과 더불어 고객만족도의 월별 추이가 게시판에 도표로 게시되어 있다. 고객만족도 조사의 주관부서인 품질보증팀이 관련자료를 제시하면 해당부서에서 목적에 맞게 출력하여 활용하고 있다고 한다.

품질보증팀의 역할이 품질경영 활동을 지원하는 기능으로 자리 잡고 있으며, 핵심활동은 해당부서에서 능동적으로 추진되고 있음을 나타낸다. 즉 핵심 프로세스 담당자와 지원 프로세스 담당자의 역할이 명확하게 정립되어 있는 것이다.

(3) 찬찬찬 칭찬운동

- 칭찬 #1 : 내부고객들의 요구사항을 부지런히 챙겨주는 모습,
- 칭찬 #2 : 음악 · 미술 · 중국어 · 컴퓨터 등 자기개발에 최선을 다하는 자세,
- 칭찬 #3 : "항상 밝은 표정 등을 골고루 갖춘 우리들의 팔방미인! 감사합니다."

통원수술센터 S씨가 '찬찬찬 운동'에서 인사팀 K씨를 3번 칭찬한 내용이다. "나부터 1일 3번 이상 칭찬하자"는 의미에서 추진되고 있는 것이 바로 '찬찬찬 운동'이다. 신바람나는 직장생활을 유도하고 칭찬받고 싶어하는 인간의 기본적인 욕구를 살려 자연스럽게 칭찬하는 분위기를 유도하고 있다.

이러한 운동을 단순히 구호성에 그치지 않도록 하기 위해서 '찬찬찬 운동' 전개도를 만들어 전파교육에 활용하고 있으며, 세부적인 행사내용으로서는 칭찬조회 운영, 부서장 칭찬하기, 감동사례 공모, 찬찬찬 운동 월훈(月訓) 제정 등을 포함시켰다. 이렇게 체계적으로 전개되는 운동들은 임직원 상호간 신뢰감 및 동료애를 구축하고 밝고 신바람나는 근무 분위기 조성하는 데 크게 기여하고 있다고 한다(신완선).

토론의 장

삼성서울병원의 고품위 서비스에 대해 토론해봅시다!

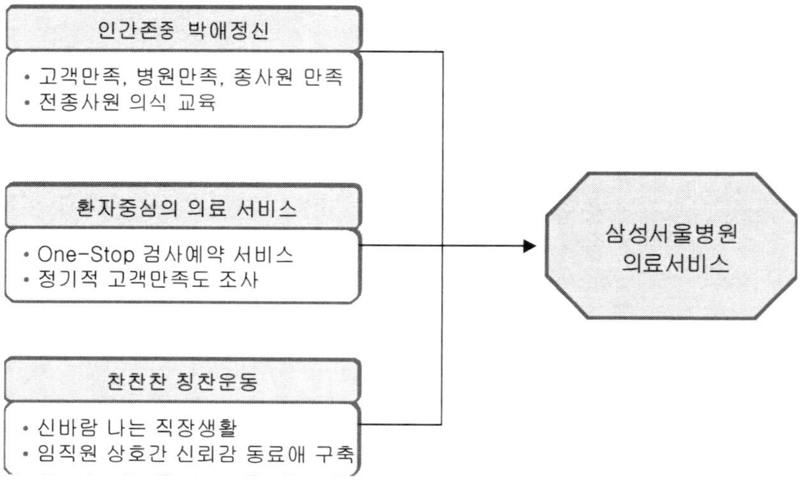

그림 15-3 | 삼성서울병원의 의료 서비스

50 | 세계 초일류기업의 고품위 서비스

(1) '서비스의 제품화' 추세

1) 고객 서비스의 최강 IBM

더이상 '제품 따로, 서비스 따로'가 아니다. '제품+서비스'를 하나의 패키지 상품으로 제공한다. 초일류 기업일수록 더욱 그렇다. 고객은 오히려 고객 서비스를 본질상품으로, 제품은 고객 서비스에 수반되는 보조상품으로 여길 정도로 세태가 바뀌었다.

소득수준이 크게 향상되면서 고객정서가 '소유를 위한(to have) 소비' '차별화를 위한(to do) 소비'에서 이제는 '자족을 위한(to enjoy) 소비' '자기성장을 위한(to grow) 소비'로 거듭나고 있기 때문이다.

이유는 또 있다. 속성이 전혀 다른 제품과 서비스의 관계가 서로 융합되어 '제품의 서비스화'와 '서비스의 제품화'가 급속하게 진행되고 있다. 이로 인해 제품과 서비스간의 구분은 점차 무의미해지고 있어 기업으로서는 '질적 서비스의 제공'에 더 큰 비중을 두고 경영에 나서고 있다. 날로 경쟁이 더욱 치열해지고 있는 상황에서 '단순한 제품 개선'이나 '소비자 조사' '품질보증 기간의 연장' 등으로 소비자의 까다로운 욕구를 충족시킬 수 없게 되었기 때문이다. 그것은 원초적인 마케팅 수단에 지나지 않는다.

'제품의 서비스화' 실례를 들어보자. 자동차 회사들은 소비자를 대상으로 자체금융을 이용한 할부판매에 나섬으로써 판매이익보다 더 큰 금융이익을 얻고 있다. 컴퓨터 회사들 역시 시스템 엔지니어링, 네트워킹 전문교육 등 서비스를 통해 제품 판매액에 비해 3배나 높은 수익을 올리고 있다.

'서비스의 제품화' 추세 역시 발빠른 움직임을 보이고 있다. '항공사의 보너스 카드제' '은행의 신규대출 프로그램'에서 알 수 있듯이, 금융·보험·운수·건강산업·소매업·레스토랑·비즈니스 부문 등에서는 고객창출을 위해 앞다투어 서비스 상품을 표준화된 패키지로 내놓고 있다.

(2) 미국 초일류기업 고객 서비스 사례

1) 고객 서비스의 최강 IBM

IBM은 미국에서의 고객 서비스를 현재의 위상으로 이끌어올린 대표기업이다.

10여 년 전 한여름 뉴욕 시 전역이 정전된 적이 있었다. 100여 층이 넘는 마천루도 예외가 아니었다. 그럴 경우 엘리베이터가 가동될 리 없고, 실내온도도 40℃ 이상으로 치솟게 마련이다. 컴퓨터 시스템 역시 온전할 리가 없다. IBM은 비상작전에 착수하여 사후 서비스(A/S)맨들을 모두 고객회사의 컴퓨터 시스템 점검에 동원하였다. 고온 속에서 비지땀을 흘리며 100층 이상의 계단을 올라가야 하는 고된 작업이었지만, 다시 통전(通電)이 된 후 사후 서비스(A/S)를 요청해온 기업은 없었다.

테네시(Tennessee) 계곡의 한 목재소 컴퓨터가 부품불량으로 고장을 일으켰다. IBM이 소요부품의 소재를 확인했을 때에는 이미 클레임(claim) 접수를 한 지 24시간이 가까워오고 있었다. IBM은 Z 엔진이 부착된 비행기를 임차하여 테네시 계곡으로 보냈다. 조그마한 부품 한 개 수송을 위해 일대 수송작전을 전개한 것이다. 자사 스스로 설정한 '24시간 내 수리원칙'을 지키기 위해서였다.

한 사후 서비스(A/S) 여종사원이 고객의 클레임 처리 요청전화를 받고서 '30분 이내'에 갈 것을 약속하고 전화를 끊었다. 그러나 갑작스러운 장대비로 인해 시내 14개 교량 가운데 12곳이 불통이었다. 통행 가능한 교량으로 차를 몰았으나 덴버(Denver) 시내 차량이 모두 이곳으로 몰려 건너갈 수 없었다. 이 사후 서비스(A/S) 여종사원은 차를 갓길로 빼낸 후 트렁크를 열어 롤러스케이트를 꺼내 신고, 차량 사이를 비집고 나가 고객과의 약속을 지킬 수 있었다. '비상시'에 대비한 용의주도함을 읽을 수 있다.

IBM이 지난 1987년부터 7년간 경영적자 속에서 헤매다 나비스코(Nabisco : 영국 과자회사) 사장 루겻스너를 영입한 후 흑자로 반전됐다지만, 경영적자의 주된 원인은 기술개발 방향의 오판에서 비롯된 것일 뿐 고객 서비스의 문제는 아니었다.

고객 제일주의에 관한 한 IBM은 오늘날까지도 여전히 최강이다. IBM이 '빅 블루(Big Blue)'라는 애칭을 계속 유지하고 있는 것은 바로 이런 명성 때문일 것이다.

비록 타사 제품일지라도 일단 서비스 네트워크에 연결되면 정기적 서비스를 제공하는 DEC(Digital Equipment Corporation)나 고객 위주의 기술개발과 제품설계로 소문난 휴렛패커드(HP)의 실질적인 고객 서비스 역시 높은 성가를 유지하고 있다. 3M의 13,000여 개의 다양한 제품군은 모두가 고객의 불만과 바람에서 출발한 제품이라는 점에서 가장 '서비스 지향적'이라고 평가할 수도 있다. 이들 제품의 65%가 일선 영업사원의 아이디어에서 나왔다는 사실이 이를 반증한다.

2) 1 · 10 · 100의 원칙

고객만족 경영 이론으로 '1 · 10 · 100의 원칙'이라는 것이 있다. 현장에서 불량을 바로잡는 데는 '1의 비용'이 들지만, 그 제품이 출고된 후에는 '10의 비용'이 소요되며, 문제의 제품이 고객의 손에 들어가 클레임으로 되돌아오면 '100의 비용'으로 나타난다는 뜻이다. 그러나 이를 애플(Apple)사가 실험한 결과로는 '1 · 666 · 10,000'의 비율로 나타났다. 고객 서비스 차원의 품질관리 중요성을 실증해주는 대목이다.

고객 서비스 향상을 위한 노력은 비단 정보통신기기 회사에 그치지 않는다. 자동차업종, 가전제품업종, 식품업종, 의류업종에서도 우수사례가 대거 양산되고 있다. P&G(The Procter & Gamble

Company)의 임원회의는 자사제품이 판매되고 있는 하이퍼마켓(hypermarket : 대형슈퍼)에서 열린다. 임원들은 최소한 회의 시작 30분 전에 도착하여 자사제품에 대한 고객의 평가와 고객만족도를 사전에 숙지하고 회의에 임해야 한다. 철저한 현장경영이 고객 서비스의 기본을 이루고 있다.

3) 크라이슬러

크라이슬러(Chrysler)는 신차 공급속도 단축을 기업활동의 중심과제로 삼아 유연생산 체제와 정보통신 시스템을 결합하여 '네온(Neon)'을 2년 7개월 만에 출고시키는 데 성공한 케이스로 주목받고 있다. 신차종 개발에 과거 미국이 5년, 일본이 3.5년이 경과했던 점을 감안한다면 그것은 대단한 성공이다.

크라이슬러는 이를 위해 고객욕구 충족에 초점을 맞추어 '초기 프로세스의 명확화' '목표시한 설정' '의사 결정권자 수 최소화(3인 이하)'와 '단시간의 심도있는 회의진행' 등 리드 타임(lead time) 단축노력, 그리고 병렬방식에 의한 제품개발 방식을 통해 주요 의사결정 시간을 단축시키는 데 진력하였다.

4) 고객상담실 운영의 세계적인 교과서 GE

공룡기업 GE(General Electric)는 또 어떤가? GE의 고객지원 시스템인 응답센터(answer center)는 고객과의 접점(point of contact)인 고객상담실 운영에 관한 한 '세계적인 교과서'가 되어 있다.

고객만족 경영이 고객의 소리(Voice of Customer : VOC)를 경청하는 데에서부터 시작한다는 격언에 비추어보자면 기업 내 고객상담 창구의 수범적 운영은 고객 서비스가 거듭나기 위해 우선하는 주요과제인 것이다.

GE의 상담원은 지원자 25명 가운데 1명 꼴로 선발되며 하드 트레이닝을 거쳐 배치된다. 연간 경영실적에 기여하는 몫은 약 340만 달러. 이들은 고객과의 전화통화에 있어서도 '단정한 옷차림'과 '밝은 표정관리' '정중한 어투'가 의무화되어 있다. 기술상의 전문 상담일지라도 24시간 안에 정확한 답신이 뒤따른다.

5) 밀러켄사의 고객대응 프로그램

원단 메이커 밀리켄 사(Milliken & Company)는 리바이스(Levi's) 등에 진(jean)을 납품하는 과정에서 1차 검사를 받지 않는다. 오랜 세월을 리바이스가 요구하는 정확한 색상기준과 규격제품을 공급해 왔기 때문이다.

이 회사의 매출규모는 22억5천만 달러(2조7천억 원 상당) 규모. 그럴 수 있기까지 밀리켄 사가 '고객대응 프로그램'과 '고객행동팀'을 만들어 제품 개발・제조・납품상의 문제점을 거의 완벽하게 제거한 데 따른 당연한 결과이다.

밀리켄 사는 그 대가로 해외 동종경쟁업체들의 저가공세를 뿌리치고 모기업과의 고객관계를 계속 유지하게 된 것은 물론 엄청난 금액의 검사, 재고, 창고관리 비용을 신시장 개척으로 돌려 매년 괄목할 만한 성장을 거듭하고 있다.

6) 스칸디나비아 항공(SAS)과 베네통

유럽에도 고객 서비스로 소문난 스칸디나비아 항공(SAS)이 있다. 고객 서비스 수범기업은 대체로 서비스업종이 주류를 이룬다. 미국에서와는 달리 고객 서비스의 극대화를 고객접점에서의 '결정적 순간(moment of truth)' 관리에 두고 있기 때문이다.

그렇다고 제조업종 가운데 수범기업이 없는 것은 아니다. 색상관리로 세계 젊은이들의 마음을 사로잡고 있는 베네통(Benetton)이 그 대표주자이다.

베네통은 "고객이 원하는 제품을 신속하게 공급하여 고객을 만족시키는 기업"으로서의 이미지 정립에 성공한 기업이다. '고객 서비스 타이밍 지향'을 목표로 고객욕구를 충족시키기까지 리드타임 단축에 각고의 노력을 경주한 대가라고 할 수 있다.

(3) 일본 초일류기업들의 고품위 서비스 수준

1) 마쓰시다의 휴먼 서비스

마쓰시다(松下) 전기의 사후 서비스(A/S)맨은 고객의 집 앞에 이르러 트렁크 안에 미리 비치해둔 깨끗한 상의 유니폼과 새 양말로 갈아신는다. 현관마루에 올라서면 구두코를 밖으로 향하도록 돌려놓는다. 한번 수리한 제품은 10일 후 재점검이 이루어지며, 구입일을 기준으로 1년마다 한 번씩 자동적으로 정기점검이 이루어진다.

마쓰시다 제품(자국 내 '내셔널' 브랜드에 한함)은 품질보증 기간이 따로 없다. 고장이 날 경우 언제라도 수리받을 수 있는 스티커 3장이 발부될 뿐이다. 평생 사용하더라도 세 번 이상 고장날 리 없다는 자부심 없이는 할 수 없는 오만이 도사려 있다. 경쟁사 제품에 대해서도 고객의 요청이 있으면 마다하지 않고 사후 서비스(A/S)에 임한다. 이 모든 것이 '휴먼 서비스'라는 관점에서 이루어지고 있다.

2) 헬로 도시바

도시바(東芝) 역시 고객 서비스에 있어서는 모범기업이다. 도시바의 사후 서비스(A/S)맨 명칭은 '필드 엔지니어'이고, 사후 서비스(A/S) 대리점 호칭은 '서비스 스테이션(service station)'이다. 따라서 서비스 담당자의 사기가 높을 수밖에 없다. 이런 이유로 서비스의 질 향상이 상당 부분 종사원의 의지 아래 자발적으로 이루어지고 있다.

고객상담실에는 '헬로 도시바'라는 전화 라인이 별도로 설치되어 있다. 상품구입을 문의하는 고객에게 혹시라도 클레임 처리를 전담하는 상담원의 우울한 기분이 전해지지 않도록 하기 위한 섬세한 배려가 깔려 있다.

3) 도요타의 라인스톱 제도

도요타(豊田) 자동차는 전세계 시장을 대상으로 매년 70만 통의 설문조사를 실시하는 것으로도 유명하다. 회수율은 약 40%이다. 도요타는 그 분석결과를 통해 고객의 기호에 맞추어 품질과 서비스의 문제점들을 해결해나간다.

"만드는 사람의 혼(魂)이 담겨 있어야 품질이라고 할 수 있다"라는 독특한 품질의 정의 아래 '최초의 라인스톱 제도'를 채택하고 있는 사실 역시 과거의 단순품질 지상주의를 '고객지향 품질(customer driven quality)주의'로 바꾸어 시장확대에 성공한 대표적인 사례이다.

4) 소니의 CS 1·0·0

소니(Sony)의 고객만족 경영 캐치프레이즈는 "그것으로 고객에게 충분한가?"이다. 소니가 1990년 이후 줄곧 지속하고 있는 'CS 1·0·0'라는 캠페인에서도 고객 서비스 의지를 읽을 수 있다.

"1=한 사람 한 사람의 고객만족을 목표로, 0=고충을 제로로, 0=시장에서의 불량을 제로로"라는 뜻이다.

소비자의 생활양식을 바꾸어버린 워크맨이나 8mm 비디오카메라는 품질의 성공작이기보다는 '고객지향적 사고와 마케팅'의 산물이라고 할 수 있다.

소니의 품질 개념에는 이런 것이 있다.

“고장이 없는 상품일지라도 고객이 요망하는 사용 편의성이 보장되지 않으면 우수한 품질의 상품이라고 할 수 없다”.

그런 이유로 소니는 고객의 소리를 ‘하늘의 소리’로 명명하고 있다. 생산현장에서는 음악방송 대신 ‘고객의 목소리’가 끊임없이 흘러나오고 있고, 평소 고객과 접촉할 일이 없는 개발 · 생산 · 관리부서 간부들은 1년 4차례 고객(회사)과 접촉하여 품질이나 고객 서비스에 관한 개선요망 사항을 듣고 리포트해야 하며, 전 간부진은 매년 자사 스스로 설정한 ‘고객의 날’에 소비자 상담실 등에서 ‘고객의 소리’를 직접 청취하고서 해결에 나서야 한다.

5) 혼다의 신차 출고식

혼다(本田) 자동차는 또 어떤가? 신차가 출고되는 날 고객가족 전원을 초대하여 행사(納車式)을 갖고 화환 증정에 이어 가족사진 촬영, 전담 서비스맨 얼굴 익히기 등 축제 분위기 속에서 고객가족의 새로운 출발을 기리는 한편 자사 종사원에게는 그 고객가족에게 지속적인 서비스를 제공할 것을 다짐한다. 그것은 출고 이후 3개월이 되는 시점부터 시작되는 본격적 고객 서비스의 출발을 알리는 신호일 뿐이다.

(4) 우리나라의 고객 서비스 사례

국내 가전3사의 ‘한국형’ 가전제품 개발노력이나 사후 서비스(A/S) 수준은 고객 서비스 관점에서 타 업종에 비해 상당수준 ‘독보적’ 위상을 보여주고 있다. 그러나 ‘마쓰시다 전기’ 등 일본의 가전메이커와 견준다면 아직도 개선의 여지가 많다. 그것은 고객에게 돌아가는 실익의 크기에 따르는 문제라기보다는 ‘기업경영 철학’ 또는 ‘고객지향적 가치관의 문제’이기도 한 것이다.

자동차업계의 고객 서비스는 또 어느 정도의 수준인가? 미국 내 국산 수출자동차의 품질보증 기간은 자그만치 10년이다. 그것은 품질에 대한 자신이 없다면 기약할 수 없는 문제이기도 하지만, 시장확대를 겨냥한 전략적 포석치고는 엄청난 질량(質量)의 고객 서비스 약속이다.

그러나 이들 자동차 메이커의 국내에서의 품질보증 기간은 고작 2년이다. 또 현실적으로도 문제가 적지 않다. 동력전달장치, 제동장치 등 주요 부위에 동종 클레임으로 4회 이상 수리받고도 하자가 여전한 경우에는 법적으로 신차 교환 또는 환불하도록 되어 있지만, 메이커가 잘못을 시인하고서 이에 응하는 사례는 극히 드물다. 많은 소비자들이 법적으로 보장된 권리조차 누리고 있지 못하는 실정이다. 자동차시장은 공급초과인 상황인데도 실제에 있어서는 '공급자 시장'인 것이다.

이밖에 식품업체 가운데 파스테르 우유가 고객이 느끼는 가치에 접근하는 데 성공했다는 점에서, 농심이 튀김이 아닌 열(熱)공법에 의한 신제품 라면을 출하하여 고객의 바람을 충족시켰다는 점에서 주목받고 있다.

"CS(고객 서비스 : Customer Service) 없이는 CS(고객만족 : Customer Satisfaction)도 없다"는 말이 있다. 고객 서비스가 고객만족 경영의 핵심이라는 뜻으로, 고객만족 경영 역시 미국으로부터의 수입품이다. 그런 이유로 우리는 지난 1992년도를 '고객만족 경영 원년'으로 친다.

일본은 10년 전 이를 받아들이기 이전부터 탄탄한 고객만족 경영의 기반이 오랜 전통으로 전래되어 왔지만 우리는 그렇지가 못했다. 그 이후 많은 기업에서 고객만족 경영을 도입하여 활착시키고자 노력해온 것도 사실이지만, 대외적인 효과를 겨냥한 표방사례가 더 많았다고 할 수 있다.

일본에는 17세기 중반 이후 "고객을 신(神)으로 모셔라"라는 격언이 있다. 그것은 피터 드러커(Peter Drucker : 소비자는 왕이다)나 IBM의 창업자 토머스 와슨(Thomas Watson : 고객은 황제이다), 광고인 데이비드 오글비(David Oglevie : 고객은 당신의 아내이다), 톰 피터스(Tom Peters : 고객은 이방인이다)에 비해 격을 달리한다. 일본제품의 고객지향적 품질의 우수성은 바로 이 고객정신에서 비롯된 것이라고도 할 수 있다.

그러나 우리 기업들의 고객관은 어떤가? 지난 수년간 많은 변화를 겪어온 것은 사실이지만, 기본적으로 "고객은 고객일 뿐이다"라는 사고에 머물러왔다고 할 수 있다. 과거 고려왕족의 후예들로부터 전승되어온 '개성상인들의 상인정신'이나 '보부상들의 10계(戒)'는 일제치하와 한국전쟁 등을 거치면서 전통의 맥이 끊기고 말았다.

고도의 고객 서비스를 우리 것으로 만드는 힘의 원천은 바로 이처럼 "고객은 누구인가"에 대한 철저한 반성에서부터 출발하는 것임을 명심할 필요가 있다(신경영 패러다임 연구소).

토론의 장

미국 · 일본 초일류기업의 고객 서비스와 한국의 고객 서비스의 차이를 토론해봅시다!

51 | LG전자 K 서비스센터의 고품위 서비스

지난 1/4분기에 전국 90개 서비스센터를 대상으로 LG전자가 실시한 서비스 평가에서 최하위를 기록했던 LG전자 경남 K 서비스센터가 최근 2/4분기 평가에서 당당하게 1위를 차지해 관계자를 놀라게 하였다. 특히 최근 극심한 내수부진에 시달리고 있는 각 가전업체들이 제품경쟁보다는 철저한 사후 서비스(A/S)로 승부하려는 분위기가 확산되는 상황에서, LG전자는 물론 경쟁업체들도 '꼴찌의 1등 도약 비결'에 관심을 집중하고 있다.

(1) 자율 반성회를 통한 '도레미 인사'

LG전자 K 서비스센터 김소장은 '고객감동'을 최우선 과제로 내세운 종사원들의 자발적인 노력 때문이라고 말했다. 지난 1/4분기 평가에서 전국 꼴찌를 차지한 K 서비스센터는 심각한 위기감에 휩싸였으며, 종사원들은 곧 바로 5월부터 매일 아침 8시에 자율 반성회를 실시하였다.

과장급 이상 관리자들은 참석하지 않는 이 자율모임에서 종사원들은 모니터를 위해 설치한 무비카메라에 찍힌 자신들의 모습을 보며, 고객들이 불편해하는 점은 없는지 꼼꼼히 챙기기 시작하였다.

이 자율 반성회를 통해 고안해낸 것이 '도레미 인사'이다. K 시청 바로 옆에 있는 K 서비스센터는 건물 구조상 고객의 90% 가량이 후문을 통해 들어오고 있어 등을 지고 근무중인 종사원들이 결과적으로 고객들에게 무관심하게 비쳐졌던 것이라는 것을 알게 되었다. 이에 따라 후문을 통해 들어오는 고객을 가장 먼저 발견한 종사원이 인사를 하면 고객이 입구에서 들어오는 동안 종사원들이 차례로 일어나 인사함으로써 센터 내 분위기를 한결 부드럽고 활기차게 할 수 있었다.

(2) 고객전담 감동사 제도

병원의 주치의 제도를 벤치마킹한 '고객전담 감동사 제도'도 큰 효과를 거두었다. 이 제도는 출장 서비스를 나갔을 때 수리를 마친 서비스 종사원이 고객에게 서비스에 만족하는지를 묻고 만족할 경우 서명을 요청한다.

이때 서명을 해준 고객이 그 후 다시 출장 서비스를 원할 때는, 서명을 받아놓았던 서비스 종사원이 '주치의'처럼 그 고객을 다시 찾아가 보다 치밀한 서비스를 제공할 수 있도록 하였다. 물론 고객은 그 '전담 서비스 종사원'이 마음에 들지 않을 경우 어느 때든 교체할 수 있다.

김 소장은 "IMF 외환위기 이후 가전제품을 새로 구입하기보다는 고장난 것을 다시 고쳐 쓰려는 소비자들이 늘어나면서 사후 서비스(A/S)가 곧 바로 회사의 이미지 개선과 매출로 연결된다"고 말했다. 실제로 LG전자 K 서비스센터의 경우 지난 7월 1달 동안 접수・처리한 사후 서비스(A/S)가 무려 18,500건에 이른다. 이는 작년 월평균 사후 서비스(A/S) 처리건수 12,447건과 비교할 때 48.6% 증가한 것이다.

김 소장은 특히 "IMF체제 하에서 철저한 서비스로 고객들을 감동시키지 못하는 회사는 더이상 고객들의 선택을 받을 수 없다"면서 "글로벌 넘버 1, 세계에서 가장 친절한 서비스센터로 키우는 것이 꿈"이라고 말했다.

고객이 원하는 것은 물론 더 나아가서 기대 이상의 것을 베푸는 것이 경영에 있어서 가장 중요한 요소이다. 그 이유는 실제 위의 사례처럼 서비스 개선으로 인해 1위로 도약한 것을 보면 알 수 있다.

토론의 장

LG전자 K 서비스센터의 친절 서비스 개선 성공사례에 대해 토론해봅시다!

- 도레미 인사법
- 고객전담 감동사 제도

52 | 할인점의 고품위 서비스 경쟁

'싼 가격'을 내세워 경쟁하던 할인점들이 이제는 '고품위 서비스와 고급 시설'로 승부하겠다고 방향전환을 모색하고 있다. 할인점들간에 경쟁이 치열해짐에 따라 더이상 가격이 싸다는 것만으로는 소비자들을 끌어들일 수 없다는 생각에서이다.

삼성테스코가 운영하는 '홈플러스 서울 영등포점'에 들어서면 15m 높이의 '워터 월'에서 물줄기가 흘러내리는 모습을 볼 수 있다. 바로 옆 널찍한 문화센터에서는 문화강좌가 열리고 있고, 도서 무료대여 코너, 어린이 놀이터, 수선실, 약국, 병원 등 다양한 편의시설이 고객을 맞이한다. 홈플러스는 자사 매장을 '창고형 할인점'이란 용어 대신 '가치점'으로 불러달라고 말한다.

'신세계 이마트 성서점'은 '장애인 호출 서비스'를 실시하고 있다. 장애인이 매장을 방문해 안내 데스크에서 도움을 요청하면 종사원이 나와 휠체어를 밀며 쇼핑을 도와준다. '이마트 부산 해운대점'은 주부 등 고객들이 소모임을 할 때 필요한 장소를 무료로 제공하며, 사전에 요청하면 패밀리 레스토랑인 이투게더와 교육실 공간을 빌려주고, 차·다과도 무료로 제공하고 있다.

또 이마트의 모든 점포는 '원 포인트 서비스(one-point service)'를 통해 접객 서비스를 강화하였다. '원 포인트 서비스'란 종사원이 고객을 처음 만난 시점에서 고객의 의문점과 문제점을 끝까지 해결해주는 것으로 무전·연락·안내 등 모든 수단과 방법을 동원한다.

'그랜드마트 서울 화곡점'에는 '차량출고 지체 보상 서비스'가 있다. 주차빌딩에서 고객이 차를 빼달라고 의뢰한 시간에서 90초가 지나면 사은품을 증정한다. 그랜드마트 전 점포에도 미용실, 유아휴게실, 아동놀이방, 약국이 들어서 있다.

할인점들은 인터넷을 이용한 고객 서비스도 시작하였다. '롯데 마그넷'은 인터넷을 이용한 고객 서비스에서 앞서나가고 있는데, 매장에 찾는 물건이 없을 때는 제품명과 내용을 회사 홈페이지에 입력하면 제품을 매장에 가져다놓는다.

할인점들도 이제 백화점 수준의 고객 서비스를 도입하고 있으며, 단순히 물건을 쌓아두고 싼 가격에 팔아 이익을 남기던 시대는 지났다(백강녕).

토론의 장

한국 할인점들의 고품위 서비스에 대해 토론해봅시다!

〈표 15-2〉 할인점의 고품위 서비스

할인점명	고품위 서비스
삼성 홈플러스	• 문화강좌, 도서 무료대여 코너, 어린이 놀이터 등 편의시설로 고객욕구 충족 • 창고형 할인점 ▹ '창고형 가치점' 호칭 변경으로 고객심리 존중
신세계 이마트	• 장애인을 위한 호출 서비스 • 고객들의 소모임, 필요한 장소 무료 제공 • 원 포인트 서비스(고객문의, 문제점 해결)
그랜드 마트	• 차량출고 자체 보상 서비스(의뢰시간 90초 초과시 사은품 지급)
롯데 마그넷	• 찾는 물건이 매장에 없는 경우 홈페이지에 제품명을 입력하면 매장에 물건을 구비시켜줌

53 | 상상을 뛰어넘는 고품위 서비스

최근 한국 서비스품질 최우수기업에 선정된 기업들은 갈수록 까다로워지는 고객욕구를 철저히 분석해 '설마 이런 것까지'라고 할 정도의 깜짝 서비스로 승부를 걸고 있다.

리츠칼튼 호텔은 1년에 200시간을 직원 서비스 교육에 투자한다. 리츠칼튼 호텔에는 '고객기호 관리 담당자'라는 독특한 직책이 있다. 이들은 고객의 기호와 습관을 파악해 데이터화한 뒤 이를 바탕으로 고객의 재방문시 묻지 않고도 그에게 맞는 베개·과일·음료를 제공한다.

삼성 에버랜드는 1년에 평균 800만 명 이상이 찾아오는 국내 최대 테마파크이지만 34만 평에 이르는 넓은 면적에 비해 휴지가 거의 없다. 사장을 비롯한 전임직원이 휴지 줍는 것이 습관화되어 있다. 조그만 곳에서 시작되는 서비스 정신이다.

또 고객불만이 발생한 매장이나 공연장은 그 잘못이 시정될 때까지 아예 문을 닫아버리는 드롭 커튼(drop curtain), 손님으로 가장해 매장을 점검하는 미스터리 쇼핑(mystery shopping) 등 다양한 서비스 제도를 만들어냈다.

LG홈쇼핑

LG홈쇼핑은 실명제, 선환불, 지정일 및 휴일배송, 해피콜, 리콜 등 5대 서비스로 체계화했다. LG홈쇼핑 최사장은 "불량고객도 고객이다"며 "이들을 감동시켜 우량고객을 만들 정도로 철저하게 봉사하라"고 종사원들을 독려한다. 이 중 하나가, 반품요구가 들어오면 물건이 다시 돌아오기 전에 고객의 계좌에 대금부터 먼저 입금해 고객들을 놀라게 하는 선환불 제도이다.

대한통운은 국내 최대 물류기업으로, 물류의 생명은 속도와 확실성이다. 자체 영업망은 물론이고 편의점·주유소, 심지어는 부동산중개소까지 네트워크망으로 활용해 전국을 1일 배송구간으로 구축하였다.

〈표 15-3〉 한국 서비스품질 최우수기업의 고품위 서비스

기 업	고품위 서비스	
리츠칼튼 호텔	• 직원 서비스 교육 • 고객기호 관리 담당자	• 연간 200시간 교육 • 고객기호·습관의 데이터화로 재방문시 묻지 않고 바로 서비스 가능
삼성 에버랜드	• 사장을 비롯한 전직원의 휴지줍기 습관화 • 잘못이 시정될 때까지 문을 닫아버리는 드롭 커튼(drop curtain) • 미스터리 쇼핑(mystery shopping)	• 휴지가 거의 없음 • 고객불만 발생, 매장·공연장 감소 • 손님으로 가장, 매장 서비스 점검
LG홈쇼핑	• 5대 서비스 체계화, 특히 선환불제도	• 실명제, 선환불, 지정일 및 휴일 배송, 해피콜, 리콜
대한통운	• 전국 1일 배송구간	• 자체 영업망, 편의점, 주유소, 부동산 중개소까지 네트워크망 활용
LG칼텍스 정유	• 표준 서비스 매뉴얼 • 미스터리 모니터리스트 (mystery monitorist)	• 모든 과정을 항목별 정리한 매뉴얼, 모든 주유소들이 사용 • 고객가장 각 주유소의 서비스 수준 점검
현대백화점	• 고객과의 약속 시스템 • 온-오프라인 통합 의견접수 시스템	• 약속일을 디데이로 정해놓고 진행상황 점검, 반드시 약속 이행토록 독려 • 고객의 모든 불만 및 요구사항을 한 곳에서 집중처리

LG칼텍스 정유는 고객이 주유소에 들렀다가 나갈 때까지 모든 과정을 항목별로 정리한 표준 서비스 매뉴얼을 만들어 모든 주유

소들이 사용하도록 하고 있다. 또 전문조사기관에 의뢰, 고객인 것처럼 가장해 해당 주유소의 서비스 수준을 점검하는 '미스터리 모니터리스트(mystery monitorist)' 프로그램도 운영하고 있다.

현대백화점은 고객과의 약속 시스템을 마련했다. 고객이 옷 수선을 맡겨놓으면 약속일을 디데이(D-day)로 정해두고 진행상황을 일일이 점검, 반드시 약속시간을 지키도록 하는 것이다. 고객의 모든 불만사항이 접수되는 창구가 어디든 모든 요구사항이 한 곳으로 모이게 하는 '온-오프라인 통합 의견접수 시스템'도 이 백화점이 새롭게 시도한 서비스다(『동아일보』).

또한 '2006 한국 서비스 품질 최우수기업'으로 선정된 기업들의 특징은 톡톡 튀는 아이디어로 고품위 서비스를 수행하여 고객들을 감동시키고 있다는 점이다.

서비스를 잘하는 기업이 계속 잘하는 경향을 보였다. SK텔레콤, 아시아나 항공, 현대백화점, 삼성서울병원, 에버랜드 등 5개사는 이 조사가 시작된 2000년부터 7년간 줄곧 1위를 차지했다.

SK주식회사, 삼성화재, 신한은행, 삼성증권, 아웃백, 삼성전자, 교보문고 등 7개사는 5년 연속 1위였다.

삼성생명, 삼성카드, 금호렌트바, YES24, CJ GLS 등 6개사는 4년 연속 1위로 조사됐다.

업종별로는 조사대상 46개 업종 중 호텔업이 서비스 품질이 가장 우수하게 평가됐다. 가전서비스업이 2위였고, 이어 영화관, 한정식, 여행사, 정수기, 패밀리 레스토랑, 백화점 순이었다(한국표준협회, Joins.com).

토론의 장

한국 서비스 품질 최우수기업들의 고품위 서비스에 대해 토론해봅시다!

〈표 15-4〉 2006년 한국 서비스 품질 최우수기업의 서비스

기 업	고품위 서비스	
아시아나항공	• 7년 연속 최우수기업 • 180도 가까이 펼쳐지는 프리미엄 비즈니스 클래스 시트 • 경쟁사보다 서비스를 잘하는 것으로 나타났다. • 썸밥 메뉴, 장거리 여행 고객 체조	• 2000년 10월 인터넷에서 좌석 사전확인 시스템 세계 최초 개발 • 원하는 시점에 원하는 영화・음악을 선택해 즐길 수 있는 AVOD(Audio Video On Demand) 시스템
삼성전자서비스	• 고객중심의 감성경영 • 홈－토털 케어 서비스 • 가전서비스, 휴대전화, 컴퓨터 사후 서비스 등 3개 부문 1위	• 주치의 개념의 서비스 • 전자제품 주치의 개념의 고품격 회원제 서비스 • 전담 HD(Home Doctor)가 정기적 방문으로 제품을 안전하고 쾌적하게 사용지원 서비스
인터컨티넨탈 호텔 서울	• 호텔업이 2005년에 이어 서비스 품질이 가장 우수하게 평가	• 본원적 서비스, 부가서비스, 신뢰성, 친절성, 적극적 지원 정도, 접근 용이성, 물리적 환경 등 7개 평가항목에서 전체 평균보다 20점이나 높은 808점
기아자동차	• 정비시 차량입고에서 출고까지 서비스 매니저가 1 : 1로 상대하며 가족처럼 모시는 원－스톱 서비스	• 정비실명제, 예약정비제, 출고예약제, SMS 문자 안내 서비스 • 정비와 관련된 고객불만 제로에 도전
CJ CGV	• 항공기의 퍼스트 클래스를 영화관에 도입한 골드 클래스	• 순번 발권기, 유아놀이방 • 좌석 선택 예매서비스
삼성 에버랜드	• 엔터테인먼트형 연출 서비스	• 테마에 따라 '서비스 맨'의 복장과 말투를 바꿔가며

※ 한국표준협회 선정 2006년 서비스 품질지수 7년 연속 1위 기업 : 아시아나항공, 현대백화점, SK텔레콤, 삼성서울병원, 삼성에버랜드 등

Chapter 16

고품위 서비스 실천 매뉴얼

01 | 나는 고객에게 회사의 얼굴이다

(1) 회사를 대표하라. 이것은 내가 해야 할 일이다

고객들은 나와 우리 회사를 구별해서 보지 않는다. 고객 입장에서 볼 때는 내가 회사(업장) 그 자체이기 때문이다. 고객들은 '직원 외 출입금지'라고 씌어진 문 안쪽에서 일어나는 일에 대해서는 아무것도 모른다. 고객들은 내가 맡고 있는 일의 책임한계라든가 업무범위에 대해서 알려고 하지 않는다. 그리고 내가 그들에게 개인적으로 무엇을 해줄 수 있고, 무엇을 해줄 수 없는지에 대해서도 알려고 하지 않는다. 고객의 입장에서 볼 때 그런 따위는 나에게나 중요하지 그들에게는 전혀 중요하지 않기 때문이다.

고객들이 회사(업장)에 대해 가지는 감정이 좋은가 나쁜가는 그들이 나를 대했을 때 겪는 경험과 직접적으로 관계가 있다.

"이것 좀 도와주시겠어요?"
"음식 좀 빨리 주세요"
"이 문제 빨리 처리해주세요"

등과 같이 고객들이 요구하는 사항은 매우 분명하다.

고객과 서비스 담당 종사원간의 모든 접촉은 고객이 겪는 경험의 연속선상에서 하나의 매듭을 이룬다. 만일 내가 맡은 일에서 실수를 하게 되면 고객이 그 순간까지 받았던 서비스에 대한 좋은 기억은 한순간 모두 사라지게 된다. 그러나 내가 품위있는 서비스를 제공하면 고객은 나에게 오기 전까지 받았던 불쾌한 느낌들을 모두 잊게 될 것이다.

내가 맡은 일이 고객들에게 서비스를 하고 고객들을 상대하는 일이라면 "내 고객－편한 사람이건, 고약한 사람이건, 머리가 좋은 사람이건, 멍청한 사람이건, 마음에 드는 사람이건, 제발 그렇지 않기를 바라는 최악의 사람이건－을 위해 일을 얼마나 잘하느냐 못하느냐"만이 서비스 가치평가의 기준이 될 것이다.

"고품위 서비스를 위해 해야 할 일 중에는 아주 간단하고 쉬운 것도 많다. 예를 들어 말을 주의깊게 선택하여 사용하는 것도 그 중 하나이다."

'그들' 또는 '우리' 대신에 '나'라는 용어를 사용하라. 고객에게는 내가 회사의 시작이자 끝이다. '나'라는 용어를 쓰면 내가 회사를 대신해 모든 것을 책임지고 해결하려는 자세가 되어 있다는 느낌을 줄 수 있다. 예컨대 이렇게 말해보라.

"골프 매장을 찾으려고 그렇게 헤매셨다니 정말 죄송합니다. 제가 도와드릴 다른 일은 없을까요?"

"규정상 어려운데요" 또는 "회사(업장)에서 허락하지 않을 텐데요"라고 말하는 것은 나 자신이 단순한 종사원에 지나지 않는다고 말하는 것과 같다. 만일 내가 실제로 스스로를 그렇게 느끼고 있다면 절대로 고객들에게 도움을 주지 못할 것이며, 내 자리는 조만간 기계들(자동판매기, 자동응답기)로 대체될 것이다.

내가 해야 할 어떤 일들은 이보다 훨씬 복잡한 것일 수도 있다. 그래도 고객들은 내가 나서서 회사(업장) 전체가 그 고객을 위해 일하도록 만들어주기를 기대한다. 고객들은 내가 회사(업장)의 모든 것을 알고 있어서 질문에 바로 대답해주거나 문제를 해결해주고, 일을 좀더 정확하게 처리할 수 있는 담당자에게 바로 연결시켜 주기를 기대한다.

고객들이 원하고 필요로 하는 것은 늘 변하게 마련이다. 그것은 회사(업장)도 마찬가지고 나도 마찬가지다. 그렇다면 뒤쳐지지 않기 위해서 어떻게 해야 할 것인가?

- 고객들이 나 자신과 회사(업장)로부터 원하는 것은 무엇인가? 고객이 필요로 하는 것과 기대하는 것, 두 가지 모두를 생각하라.
- 고객을 만족시키는 데 큰 도움이 될 수 있는 작고 사소한 일로는 무엇이 있을까?

> "고품위 서비스는 '고객의 관점에서 중요한 것이 무엇인가'에 대해 주의를 기울이는 것이다. 고객들이 중요시하는 것이 무엇인지 내가 알고 있는가?"

고객들에 대해 내 자신이 회사(업장)를 대표하는 자세를 가지게 되면, 내가 하는 일도 도전적이고 보람찬 것이 된다. 내가 고객과의 1 : 1 접촉을 성공적으로 수행하면 할수록 이전에는 불투명하고 특색이 없어 보이던 회사(업장)도 점차 모양을 갖추고 그 모습을 드러내게 될 것이다.

이렇게 고객과의 접촉이 마법의 힘을 갖게 되고 감동적으로 변하는 것은 내 손에 달려 있다. 고객들로 하여금 계속 찾아오도록 만드는 것은 전적으로 나의 몫인 것이다.

(2) 재치있는 대화가 격을 높인다

1) 상황에 맞는 적절한 용어를 선택한다

일류호텔에서는 약혼식이나 결혼식 때 '넘어진다' '떠난다' '끝난다'와 같은 용어 사용을 절대로 금한다. 이는 아주 금기사항이다. 경사스러운 결혼식장에서 종사원들이나 하객들이 이러한 금기시되는 말을 삼가는 것만으로도 커다란 부조가 된다.

그러나 요즘은 신랑신부의 좋은 날에 찬물을 끼얹는 행동이나 말들을 전혀 개의치 않고 사용한다. 다시 말하면 예의가 없다는 말이다. 고객응대에서 종사원들이 예절바르며 고객의 기분을 이해하고 헤아리는 것은 바로 그 업체의 품격으로 이어진다.

하지만 "이런 말은 사용하지 마라" "저런 행동은 하지 마라" 하고 지시하는 것은 쉽지만 실천하는 것은 참으로 어렵다. 바로 이 점이 서비스를 잘 하자면서도 밤낮 구호에서 그치는 이유이다.

> 시간 · 장소, 경우에 따라 언행을 가려서 하고, 또한 올바르게 말하는 것이 고품위 서비스의 하나이다.

2) 아닌 듯 설명하는 기술이 필요하다

① 간접적이면서도 실질적인 고객서비스 대화

고객에게 호의적인 마음에서 설명했다 하더라도 정작 고객 입장에서는 귀찮다거나 거부감을 갖는 마이너스 효과가 있을 수 있다.

예를 들면 호텔에서 벨맨이 고객의 짐을 들고 객실까지 안내하면서, 바는 어디에 있고 식당은 어떻고 하며 자세히 설명했을 때, 이 호텔에 자주 투숙하는 사람은 같은 이야기를 또 한다고 귀찮게 받아들이기 쉽다.

처음 온 고객이나 신혼부부에게는 이렇듯 자세한 설명이 도움이 될 것이라 생각하기 쉬우나, 설명이 정확하고 친절하다 해도 듣는 사람의 입장에 따라 "하나라도 더 팔려고 기를 쓰는구나!" 하고 받아들일 수도 있다.

접객기술 중 이런 점이 대단히 어렵다. 그렇다고 묵묵히 짐만 날라주는 것 역시 서로가 불편하고 너무 멋없다. 고객과 몇 분이라는 짧은 시간이라도 같이 걷는 것인 만큼, 두어 마디 고객 서비스 차원의 대화는 반드시 있어야 한다.

> • 지하에 있는 양식집 ○○○의 음식이 좋다는 평을 받고 있지요.
> • 지하의 바는 분위기에 비하여 가격이 싸다고 합니다.
> • 길 건너편 ○○마트는 버섯의 품질이 좋고 가격이 싸다고 합니다.

이렇게 간접적으로 표현하면 고객의 거부감이 적어지면서, 또한 궁금한 사항을 고객 쪽에서 문의하게 되므로 커뮤니케이션이 원활하게 진행될 수 있다.

② 고객의 수준에 맞춘 고객 서비스 대화를 명심하라.

대체로 그 계통의 전문가를 자처하는 사람은 판매원이나 종사원들의 설명을 거부하고 자기의 지식으로 판단하려는 경향이 매우 크다. 고객이 어느 정도 전문지식이 있다고 판단되면 고객이 질문하는 것만 자세히 대답하면 무난하다. 간혹 눈치없이 종사원 쪽에서 "아닙니다. 이것은……" 하고 얕은 지식으로 설득하려 하면 십중팔구 역효과가 난다.

고객응대는 결국 설명의 기술로 집약된다. 동시에 설명은 고객 한 사람 한 사람의 개성에 맞추어야 한다. 고객이 잘 아는 체하지만 자세히 들어보니 알고 있는 것이 부정확하다 하여 그것을 고쳐주려고 "그게 아닙니다……" 하는 것은 서비스로서는 어리석음의 극치이다. 그 대신,

"네, 그렇습니다. 그러나 이렇게 생각해보실 수도……."

등으로 고객의 생각을 우선 인정한 다음 자신의 생각을 전하는, 이른바 고객의 수준에 맞춘 대화방법이 고품위 서비스이다.

3) 거절의 방법을 연구한다

급한 중환자를 데리고 가도 병원에서는 입원실이 없다고 하기 일쑤이고, 은행도 대출을 원하면 '힘들다' '안 된다'고 한다. 하여간 우리 사회에서는 온갖 분야에서 '없다' '안 된다'는 말이 먼저 튀어나온다. 거절하는 쪽에서는 일언지하(一言之下)에 처리되니 아

주 편리한 말이지만 고객 입장에서는 기댈 곳이 없어지는 참으로 난처한 말이다.

그러나 고객은 다양한 성격을 갖고 있는 까닭에 이 기본용어만으로는 충분한 설명이나 서비스를 제공할 수 없다. 따라서 기본용어를 바탕으로 고객의 감정이 상하지 않는 다양한 거절용어를 구사하는 지혜와 행동이 필요하다.

고객이 불쾌하게 느끼거나 반감을 갖는 것은 "물건이 없다" "안 된다"는 사실보다는 응대하는 사람의 거절하는 태도에 의한 것이 더 크다.

백화점에서 "이 셔츠의 디자인이 마음에 드는데 다른 색은 없을까요?" 했을 때, 여종사원이 지체없이 "네, 없어요"라고 대답하는 것과 안타까운 표정으로,

> "좀 전에 다 팔렸는데 어쩌죠! 제가 다른 매장과 연락해서 구해볼까요?"

하는 것과는 엄청난 차이가 있다. 이렇게 되면 보통은 여종사원의 친절에 다른 물건으로 구매할 가능성이 높아진다. 물론 없으니까 없다고 대답하는 것이 무슨 잘못인가 할 수도 있겠지만, 고객이 거절당했다는 느낌을 덜 받도록 품위있는 거절의 말을 연구해야 한다는 뜻이다. "이 메이커에서는 제일 작은 사이즈가 이것뿐인가요?" 하고 물었을 때,

> "우리 메이커에서는 손님이 미워요. 손님 체격에 맞는 옷이 없으니까요?"

라는 애교스런 여종사원의 응대에 기분좋게 돌아설 수 있지 않을까?

물건값 흥정시 고객은 더 깎기를 원하고, 종사원은 당초 부른 가격을 받길 원할 때, 종사원이 무작정 "깎아드릴 수 없습니다"라고 딱 잘라 말하기보다는,

> "그 값에 드리는 것이 저로선 불가능하군요. 요구하시는 대로 해드리지 못해 죄송합니다."

라고 이야기하면서 정말 '난처한 척' 하는 연출이 필요하다.

따라서 고품위 서비스는 기쁜 척, 슬픈 척, 안타까운 척 등 '척' 하는 연출과 언행이 일치해야 한다.

4) 존댓말을 몸에 익혀라

① 서비스의 기본으로서의 말

사람은 생각을 하고, 이 생각을 말과 행동으로 나타낸다. 바꾸어 말하면 행동이나 말은 그 사람의 생각을 언행으로 표출하는 것이다. 따라서 행동이 절제되고 말이 고운 사람, 행동이 훌륭한 사람을 '인격적'이라고 평한다.

일류 레스토랑에 종사하는 사람은 요리의 내용물이나 조리방법, 테이블 세팅법, 음식 서빙법 등 전문적 지식이 필요하다. 또 쇼핑센터에서 일하는 사람은 상품에 대한 지식이나 고객에게 알기 쉽게 설명하는 능력과 함께 고객과의 유쾌한 만남을 연출하는 자세가 필요하다.

그러나 이러한 전문분야의 지식이 갖추어져 있다 해도 말투가 상스럽다면 애써 닦아놓은 전문지식이 빛을 잃는다. 따라서 서비스의 기본으로 존댓말을 철저히 익혀야 한다. 이제 고품위 서비스 시대를 맞이하여 서비스 종사원은 사회에 통용되는 기본태도 · 동작 · 매너 · 자세 · 표정 · 말 등을 스스로가 점검해야 한다. 사실

이러한 서비스는 모든 사회의 일반적 과제이며, 특정인에게만 해당되는 것만도 아니다.

② 접객 경어의 차별화

접객에서의 경어는 직종에 따라 약간씩 차이가 있을 수 있다. 예를 들면 바(bar)와 같은 곳에 손님이 들어서면 “어서 오세요~” “뭘로 하실까요?” 하고 목청을 돋우는 것이 대체로 자연스럽다 할 수 있다.

하지만 같은 의미라도 일류호텔이나 전문점에서는 “어서 오십시오” “무엇으로 하시겠습니까?”가 접객 경어이다. 요컨대 어미(語尾)가 중요하다는 말이다. 똑똑한 사람은 언제나 말꼬리 발음이 확실하나 그렇지 못한 사람은 말꼬리를 우물우물 흐리는 경향이 있으므로, 말꼬리까지 신경써서 정확하게 발음하도록 늘 유념해야 한다.

③ 호칭 연구

존경어나 겸양어(謙讓語)를 제대로 활용하기 위해서는 상대방에 대한 호칭이 제대로 되어야 한다. 모든 고객은 ‘손님’으로만 호칭하면 그 뒤에 따르는 말을 표준화하기 쉽겠지만 고객은 표준화된 서비스를 싫어한다.

그렇기 때문에 ‘손님’ ‘선생님’ ‘사모님’ ‘사장님’ ‘고객님’ 등 상대방을 어떻게 불러야만 격에 맞을지를 연구해야 한다. 이런 문제를 소홀하게 생각하면 코미디에서처럼 “야, 너! 정말 그렇게 하시겠습니까?” 하는 꼴이 된다.

(3) 시선처리가 중요하다

1) 고객의 요구에 즉각 반응하는 시선처리, 시선이 마주치면 한 발 앞으로

쇼핑할 때 판매원이 고객의 뒤를 바짝 붙어다니면서 설명하는 것을 좋아하는 사람도 있겠지만 싫어하는 사람도 있다. 판매원은 고객을 정성껏 모신다는 생각으로 그렇게 하겠지만 고객으로서는 불편을 느끼거나 감시받는 느낌을 가질 수 있다는 말이다.

그러므로 가장 좋은 방법은 "부담없이 살펴보세요" 하고 한 발 물러서서 대기하다가 고객이 충분히 구경하고 마음에 드는 물건이 있어 뭔가를 물어보려고 할 때 지체없이 '대령'하는 것이다.

비록 따라다니지는 않았지만 멀찍이 서서 고객의 거동을 주의 깊게 주시하다가 고객이 원할 때 "네, 무엇을 찾으십니까?" 하고 재빨리 도와준다면 고객의 입장에서는 편안하게 쇼핑하고 동시에 제대로 대접받는다는 느낌을 가질 수 있다.

"눈은 입만큼 말한다."

라는 속담이 있듯이, 눈을 보면 무엇을 말하려는지 알 수 있다. 서투른 판매원은 시선이 마주쳐도 움직이지 않는다. 고객이 "이것 봐요" 하고 요구하게 만드는 것은 서비스로서는 낙제다.

말하지 않아도 알아차리고 대응하는 것이 고품위 서비스의 기본이다.

2) 고객의 얼굴을 두 번 보라

미국 커머셜 시스템 서비스회사에서 슈퍼마켓의 레지스터(registrar : 계산대의 종사원)의 접객태도를 일본과 비교하여 조사한 자료가 있다. 레지스터가 고객과 시선이 마주쳤는데도 인사하지 않은 사례가 일본이 37.7%, 미국이 2.9%였다. 눈길이 마주쳤는데도 인사가 없었다는 것은 "그냥 빤히 쳐다보고만 있었다"는 것이 된다.

미국인은 시선이 마주치면 모르는 사람이라도 "굿 모닝(good morning)" 등 가벼운 인사를 하는 것이 몸에 배어 있기 때문에 슈퍼마켓의 레지스터가 시선을 맞추고도 인사하지 않았다는 것은 대단한 결례이다. 서비스를 잘한다는 일본인조차 인사하지 않은 비율이 거의 40% 가까이 되었다는 것은 놀라울 따름이며, 우리의 경우는 과연 몇 %가 될지 궁금하기만 하다.

위의 예와 같은 슈퍼마켓의 경우 신속성과 편리성을 내세우는 서비스 특징으로 인하여 고객이 오래 머무르거나 판매원이나 캐셔(cashier)들과 오랜 시간을 마주할 기회가 없다.

그러므로 고객에게 제공할 수 있는 레지스터의 응대 서비스로는,

- 미소짓는 얼굴로 응대한다.
- 지불금액을 정확히 말한다.
- 컴퓨터에 가격을 정확하게 등록한다.
- 눈으로 인사한다

등이 된다.

여기서 두 번 시선을 마주치라는 것은 고객이 바구니를 카운터에 올려놓을 때 "어서 오십시오. 기다리셨지요. 감사합니다" 등의 기본적인 인사와 함께 고객의 눈을 보고, 상품의 계산이 끝나면 영수증을 건네면서 다시 한번 고객과 시선을 맞추면서 눈인사를 하라는 것이다.

고객의 얼굴을 두 번 보며 웃어라. 고객은 자신의 존재를 인정받고 있다는 이유만으로도 약간의 불편함을 기꺼이 감수할 것이다.

(4) 모든 규칙은 깨질 수 있다

규칙은 어디에나 있다. 우리는 '적색신호시 도로횡단 금지' '반품시 영수증 필히 지참'과 같은 법규나 약관 등 수많은 공식적 규칙 속에서 살아가고 있다. 어떤 규칙들은 관습이나 경험으로부터 나온 비공식적인 것들도 있는데, 다른 사람과 부딪히면 "죄송합니다"라고 말한다든지, 출·퇴근 시간에 운전할 때는 "시간을 좀더 넉넉히 잡아라"와 같은 것들이 그 예이다.

모든 종류의 규칙은 한 가지의 공통된 목적을 가지고 있다. 좀 더 정리되고 질서있는, 그래서 삶을 더 부드럽고 효율적으로 만들자는 것이며, 우리는 종종 이러한 목적을 '법의 정신'이라 부른다. 하지만 규칙들이 언제나 맡은바 임무를 다하는 것은 아니다. 실제로 규칙들은 우리가 성취하려는 것에 역행되는 경우도 많다. 그렇기 때문에 고품위 서비스 전문가들은 규칙들을 이해하는 것이 중요하다.

1) 규칙의 노예에서 벗어나라

우리는 규칙에 너무나 익숙해져 있는 나머지 해답을 모르거나 스스로 결정을 내리는 데 자신이 없을 경우, 그런 공백을 메울 또다른 규칙을 만들려고 한다. 긴급한 경우에는 현상황에 적용해도 무방할 것처럼 보이는 규칙을 다른 데서 끌어다가 적용하기도 한다.

물론 모든 규칙을 다 알 수는 없는 노릇이다. 나 자신과 고객 모두를 위해서라도 그럴 수가 없다면, 내가 거절해도 될 근거가 되는 규칙이 반드시 있을 거라고 가정하기보다는 어떻게 하면 고객의 요구를 들어줄 수 있는지를 생각하는 게 더 낫다.

어떤 사람이 예전에 캔자스 시티(Kansas City)에 출장을 가서 유난히도 바쁜 하루를 보낸 적이 있었다. 그는 그날 점심을 굶으면서까지 업무처리를 해야 했다. 저녁이 되어 허기진 몸으로 호텔

객실로 돌아와 룸서비스 메뉴를 펼쳤더니 먹을 만한 것이 없었다.

그는 룸서비스에 전화를 걸어 닭 가슴살 요리와 샐러드를 주문할 수 있는지 물어보았다. 룸서비스 종사원은 "그건 메뉴에 없는데요"라고 대꾸하였다. 그는 "메뉴에 없는 건 알지만 그게 먹고 싶어서 그러는데 좀 만들어줄 수 없나요?"라고 다시 물었다. 상대방은 잠시 침묵하더니 "저 그건 메뉴에 없는데요"라고 똑같은 대답을 되풀이했다.

결국 그는 그날 저녁 룸서비스 식사를 하지 못했다. 반면에 그가 나중에 묵었던 많은 호텔의 룸서비스 종사원들은 비슷한 요청을 어렵지 않게 기꺼이 들어주었다. 그가 다른 사람에게 캔자스 시티의 호텔을 추천해줄 때, 어느 호텔을 절대로 가지 말라고 했을지 짐작이 갈 것이다.

2) 서비스 혼란 방지를 위해 관련된 규칙을 파악하라

서비스 규칙을 올바르게 적용하기 위해서는 먼저 나 자신이 갖고 있는 한계를 알아야 한다. 예외를 적용해야 할 상황인데 내 마음대로 그래도 되는지 확신이 서지를 않는다면 나보다 경험이 많은 동료나 상급자, 또는 책임자에게 문의하라. 즉 라인(line) 조직에 도움을 청하라. 공식적 또는 비공식적 규칙 없이는 서비스가 혼란에 빠져 고객들은 무엇을 기대할 수 있는지 전혀 알 수 없다. 물론 웬만한 규칙은 그것을 어기거나 완화한다고 해서 큰일이 일어나는 것을 아니다. 그렇다고 그것을 가볍게 여겨야 할까?

의문이 생기는 규칙이 있다면 그 규칙의 특성, 존재이유, 그리고 그것을 어겼을 때 초래되는 결과를 파악해야 한다. 그런 연후에 고객들을 도와줌으로써 서비스 시스템이 원활히 돌아갈 수 있도록 만들어야 한다.

02 | 고객은 항상 정직하다

(1) 고객은 어디에나 있다

데이터베이스 관리 프로그램을 공급하는 거대회사, '던 앤 브래드 스트리트(Dun & Brad Street)'에서는 모든 종사원들이 직위 고하와 직무 여하를 떠나서 자신의 고객이 누구인가를 뚜렷이 인식하기 위해 두 가지 질문에 답해야 한다. 즉 내가 하는 일은 누구에게 영향을 주는가? 내가 하는 일은 누구에게 중요한가?

'던 앤 브래드 스트리트'사는 고품위 서비스가 어떤 것인지 잘 알고 있는 회사이다. 고품위 서비스란 서비스 담당자가 소비자인 고객과 직접 얼굴을 마주치는 곳에서만 이루어지는 것이 아니다. 회사가 제공하는 상품과 서비스를 최종적으로 구매・소비하는 고객을 직접 대면하지 않는다고 해서 나에게 서비스 책임이 없다고 할 수는 없다. 모든 사람이 언제라도 고객이 될 수 있기 때문에 누구에게라도 고객은 있게 마련이다.

고객의 종류는 기본적으로 두 가지가 있다.

① 외부고객

우리 회사(업장)의 제품과 서비스를 구매하는 사람들을 말한다. 그들은 회사(업장) 외부에 있으면서 회사(업장)의 경영을 지탱시켜줄 자금을 제공해주는 사람들이다.

② 내부고객

우리 회사(업장)를 위해 내부에서 일하는 사람들이다. 이들이 우리와 같은 건물에서 일하건 다른 나라에 있건, 아니면 우리 바로 옆자리에 앉아 있건간에 자신들의 일을 수행하고 고객들에게 서비스하는 데 있어서 우리에게 일정 부분 의지하고 있다면 그들은 우리의 고객이다.

"내부고객이 어떠한 대우를 받고 있는가?" 하는 점과 "외부고객이 우리 회사(업장) 서비스 품질을 어떻게 평가하는가?" 사이에는 놀랄 정도로 가깝고 일관된 관계가 있다.

메릴랜드(Maryland) 대학의 심리학 및 경영학 교수인 벤자민 슈나이더(Benjamin Schneider)는 "사람들이 어떻게 직장 분위기를 만들어 나가는지"에 대해 유명한 연구를 한 바 있다. 슈나이더 교수는 "내부고객에 대한 서비스 노력이 외부고객에게도 전달된다"고 지적하였다.

조직 내부에서 고품위 서비스를 제공하겠다는 의지가 없다면 최종 소비자에 대한 서비스도 결국은 실패한다는 말이다.

1) 고객은 회사의 안팎 어디에나 있다

1980년대에 얀 칼슨(Jan Carlzon)이 스칸디나비아 항공사(SAS)를 800만 달러 적자상태에서 7,100만 달러 흑자상태로 끌어올림으로써 극적으로 회생시켰을 때 그는 엄청난 광고물량이나 뛰어난 재무관리에 의존했던 것이 아니다. 그는 모든 고객에게 집중하자는 생각을 회사 전체에 고취시킴으로써 그 일을 이루어냈다. 여기에는 항공사 내부 종사원들이 서로를 대하는 방식을 바꾸는 일도 포함되었다.

칼슨이 원했던 것은 SAS를 모든 비즈니스 여행자들이 가장 선호하는 항공사로 만드는 것이었다. 그렇게 하기 위해서는 항공사에 근무하는 모든 종사원들이 고객 서비스에 초점을 맞추어야 한다고 믿었다. 그러나 칼슨은 회사에서 일하는 사람들 모두가 외부고객인 비행기 탑승객들을 직접 대하는 것은 아니라는 것을 알았다. 실제로 SAS 직원 중 많은 사람들이 내부고객들에게만 서비스를 하고 있었다.

- 정비사들은 지상요원들과 조종사들이 비행기를 제시간에 이륙시킬 수 있도록 돕는다.
- 기내식 담당자들은 기내 승무원들이 탑승객들에게 질 좋은 식사와 편안함을 제공할 수 있도록 기내의 음식물 조달을 원활히 한다.
- 관리자들은 일선에서 일하는 종사원들이 탑승객들에게 좋은 서비스를 제공할 수 있도록 그들을 도와줄 수 있는 일이라면 무엇이든 해야 한다.

칼슨은 모든 종사원들이 새롭게 바뀐 스칸디나비아 항공사에서 어떠한 위치에 있어야 하는지 확실히 알 수 있도록 다음과 같이 간단하고도 일반적인 직무규정을 발표하였다.

> "만약 우리가 고객에게 직접 서비스하는 일을 하고 있지 않다면, 우리의 직무는 고객에게 서비스하는 그 누군가에게 서비스하는 것이다."

그것은 일선에 있는 사람들에서부터 관리자에 이르기까지 조직 전체가 탑승객을 위해 기능할 수 있도록 모두 함께 일해야만 SAS가 살아남을 수 있을 것이라는 메시지를 전달해주었다. 그것은 또한 모든 사람들에게 자신들의 노력을 어디에다 쏟아야 하는지를 말해주었다. 그것은 다름이 아닌 서비스였던 것이다.

2) 동료야말로 우리가 서비스해야 할 고객이다

외부고객이 누구인가는 인식하기가 대단히 쉽다. 하지만 고객이 회사 내부에 있을 때는 누가 고객인지 알기 어렵다. 아마도 나는 내부고객의 얼굴을 직접 대하고 있지 않을 수도 있다. 즉 내 일이 내 책상과 부서를 떠난 후에는 어떻게 진행이 되는지 잘 모를 수 있는 것이다. 또는 내가 서비스를 제공하는 바로 그 사람들이 나에게 서비스를 제공하고 있는 것인지도 모른다.

이처럼 회사(업장) 내에서는 서비스 제공자와 내부고객의 관계가 고정된 채로 있는 것이 아니라 매일 매순간 변할 수 있다.

우리 회사(업장)에서 내가 하는 일로부터 도움을 받는 사람들 모두가 고객이다. 반대로 내가 맡은 일을 하지 않았을 때 곤란을 겪는 사람들 모두가 역시 나의 고객이다.

예를 들어 내가 불가피한 이유로 예고없이 결근했다고 가정하자. 나와 함께 일하는 사람들 중 누가 영향을 받는가? 바로 그 사람들이 나의 내부고객인 것이다. 또 내가 회사의 전화센터에서 고객의 주문을 받는 일을 하고 있다면 나는 분명히 외부고객들에게 직접 서비스하는 일을 맡고 있는 것이다.

하지만 나에게는 내부고객들도 있다. 내가 외부고객들에게 주문을 받으면 그 주문은 누가 처리하는가? 주문을 받을 때 필요한 정보들을 빠뜨리거나 틀리게 입력했을 경우 어떤 일이 발생하는가?

요컨대 내가 한 일의 결과는 외부고객과 내부고객 모두에게 일정한 영향을 주고 있는 것이다. 내부고객은 주문한 제품을 받지 못한 고객들로부터 항의를 받을 것이다.

나의 고객들이 누구인지 파악했다면 내가 제공하는 서비스에 대해 그들이 좋게 평가하거나 나쁘게 평가하는 것이 무엇인지 대화를 나누도록 하라. 고객들에게서 받은 피드백(feedback)을 내가 하는 업무의 질을 높이는 데 활용하라.

고객들은 실로 우리의 회사(업장) 안팎 어디에나 있다. 내가 해야 할 일은 그 고객들을 찾아내어 그들이 나에게서 필요로 하는 것이 무엇인지 알아내는 것이다. 또한 고객들을 위해서 그 일들을 어떻게 해줄 것인지도 알아내야 한다. 내·외부 고객들의 만족을 극대화시키기 위해 일하다 보면, 훌륭한 조직의 기초가 되는 팀워크와 협동정신이 창출될 것이다.

(2) 정직만이 살길이다

고객 서비스에 관한 한 정직은 최상의 정책일 뿐만 아니라 유일한 정책이기도 하다.

고객에게 늘 거짓말을 한다든지 고객을 현혹시키면, 지금 고객이 알아야 할 것을 말해줌으로써 그를 불쾌하게 만드는 것보다 훨씬 더 심각한 문제에 봉착할 수 있다. 좋지 않은 소식이라 하더라도 그것을 고객에게 솔직하게 전해야 하는 이유는 다음과 같다.

첫째로 과장된 이야기는 결국 꼬리가 잡히게 마련이며, 종종 전혀 예상치 못한 방식으로 들통나기 때문이다.

두번째 이유는 놀랍게도 고객들은 정직성을 가장 높이 평가하기 때문이다. 약속한 것에 문제가 생겼다는 사실을 밝히거나 고객이 생각하는 배달날짜가 현실성이 없다고 말하는 것은 결코 쉬운 일이 아니다. 하지만 그렇게 말할 수밖에 없을 경우, 문제를 시정하기 위해 내 능력이 닿는 한 할 수 있는 일은 모두 해보겠다는 것만 분명히 한다면, 고객은 나를 믿을 만한 사람으로 평가하고 일이 잘못된 것에 크게 개의치 않고 고마워할 것이다.

'미스 매너'라는 별명을 가지고 있고 『프리퀀트 플라이어(Frequent Flyer)』라는 항공잡지가 최고의 스튜어디스로 꼽은 주디스 마틴(Judis Martin)이 핵심을 찌르는 사례를 보여준다. 다음은 최근에 똑같이 악천후로 연착하게 된 두 대의 여객기에 대해 『프리퀀트 플라이어』지에 소개된 글이다.

"첫번째 여객기에서는 승무원들이 비행상태에 대해 탑승자들에게 거의 알려주지 않은 채 고객들의 요청에 무뚝뚝하게 대응했습니다. 두번째 여객기 승무원들은 비행기 연착에 대해 사과하면서 탑승자들의 스케줄에 생긴 문제에 대해 조언했고, 계속 비행상태를 알려주면서 최대한 쾌적한 분위기를 만들기 위해 노력을 했지요. 목적지에 이를 때까지 승무원들이 최선을 다했다고 믿는 고객은 어느 여객기의 탑승객이었을까요? 그리고 고객들은 다음 번에 어느 항공사를 이용하게 될까요?"

고객에게 언제나 정직해야 하는 진짜 이유는 세번째 것이다. 그것은 다름 아닌 자신에 대해 느끼는 감정 때문이다. 내가 하고 있는 일에 대해 어떻게 느끼는가는, 내 부모가 내 배우자가, 또는 내 친구가 과연 그 일을 떳떳하게 느끼는가의 여부에 달려 있다.

이것은 개인의 자긍심 문제이다. 거짓말을 해도 될 만큼 중요한 일이란 없는 법이다. 그런 일로 아무리 많은 월급을 받는다 해도 내가 다른 사람에게 해를 끼칠 때 받는 죄책감을 보상할 수는 없다.

(3) 흥분한 고객을 다양하게 대처하여 고정고객으로

우리가 알고 있듯이 사람을 상대할 때 가장 힘든 부분은 '사람'을 상대해야 한다는 것이다. 만약 제품에 문제가 있다면 고객들은 투정을 부리고, 고함을 지르고, 자신들의 감정을 쏟는 대상으로 그 제품을 겨냥한다. 반면에 서비스에 문제가 있다면 고객들의 감정적인 반응은 나에게로 집중된다.

불만고객들이 발산하는 감정의 폭발에 똑같은 식으로 반응하는 것은 현명하지도, 생산적이지도 못하다. 분노에는 분노로, 야유에는 야유로, 짜증에는 조급함으로 대하거나 또는 모든 감정적인 요소를 무시해버리게 되면, 서비스를 하는 사람이나 서비스를 받는 사람 모두에게 매우 큰 상처를 남기게 된다. 그리고 당연히 양자 모두 다시는 찾고 싶어지지 않을 것이다.

고품위 서비스 전문가라면 서비스 장애와 관련된 고객의 감정적인 요소를 먼저 이해하고, 전문가다운 침착함으로 날카로워진 고객의 감정도 함께 가라앉힐 방도를 모색해야 한다.

1) 고객의 감정 빛깔에 따라 다르게 대처하라

문제마다 해결책이 다르듯이 고객의 감정상태 빛깔에 따라 문제를 복구하는 것이 다르다. 일이 잘못되었을 때 어떤 사람들은 이해심이 매우 많고, 어떤 사람들은 우리의 일 자체에 대해 엄청난 회의감을 갖게 만들며, 또 어떤 사람들은 생생한 공포감을 주기도 한다.

고객들의 반응에 따라 다음과 같은 세 종류의 감정적 빛깔로 분류하는 것이 유용하다.

① 덤덤한 푸른색 고객

이런 고객들은 그들이 얼마나 화났는지 알아낼 수 있는 충분한 감정적인 단서를 제공하지 않는다. 어떤 사람들은 서비스가 불만족스러워도 덤덤하게 받아들이고 신경쓰지 않는다.

하지만 겉으로는 아무렇지 않게 보이는 고객들도 그들의 불만에 신중하게 대처하지 않으면 감정이 고조될 수 있다는 것에 주의해야 한다.

② 고약한 오렌지색 고객

이러한 고객들은 서비스가 자신들의 기대에 미치지 못하면 약간 짜증을 낸다. 그들을 가볍게 대하거나 화난 것을 알아주지 않으면 감정이 급격히 고조되어 적색경보가 발동된다.

③ 노발대발하는 붉은색 고객

이러한 고객들은 엄청난 분노와 좌절감을 표출한다. 그들은 서비스 장애로 자신들이 희생되고 상처입었다고 느낀다. 대부분의 경우 그들의 그러한 모습은 3m 반경 내에 있는 사람들이 모두 눈치챌 정도로 쉽게 파악된다.

세 고객의 차이점을 알아보기 위해, 비행기 연착이라는 동일한 상황에서 고객의 감정적인 빛깔이 어떻게 다르게 나타나는지 생각해보자.

① 덤덤한 푸른색 고객

비행기가 1시간 연착하지만 다음 비행기를 갈아타기까지 90분의 여유가 있기 때문에 문제없다. 따라서 계획은 아직 영향을 받지 않는다.

② 고약한 오렌지색 고객

비행기가 1시간 연착하게 되어 목적지에서 갈아타야 할 비행기를 놓치게 되었고, 따라서 계획에도 없던 하룻밤을 공항 근처에서 지내야 한다. 게다가 모든 약속을 다시 잡기 위해 여기저기 전화를 해야 한다.

③ 노발대발하는 붉은색 고객

테러와 같은 긴급상황으로 출장목적지에 갈 수 있는 방법이 없다. 어떠한 이동수단도 없고 내일 계약을 체결하지 않으면 회사(업장)의 존폐에 문제가 있다.

고객의 감정적 색깔을 파악하면 고객을 진정시키는 최선의 기술을 선택하기가 훨씬 쉬워진다.

〈표 16-1〉 고객의 감정적 색깔과 대처방법

감정적 색깔	대처방법
덤덤한 푸른색 고객	• 뜻밖의 일을 해주어라. • 사람을 다루는 적절한 기술을 사용하라. • 고객의 기분을 맞추어 주어라.
고약한 오렌지색 고객	• 긴박감을 보여주어라. • 해결책을 찾아내는 일에 고객을 참여시켜라. • 부가적인 보상을 제공하라.
노발대발하는 붉은색 고객	• 공감하는 마음을 보여주어라. • 감정을 분출하도록 어느 정도 내버려두어라. • 진정할 수 있는 분위기를 조성하라. • 열심히 경청하라. • 후속조치를 계획하라.

2) 고정고객을 만드는 법

고객의 감정적인 반응이 때로는 서비스 문제와는 거의 관계없는 경우도 있다. 따라서 화가 난 고객의 감정을 가라앉히는 것이야말로 서비스 복구를 위한 노력의 출발점이다. 화난 고객을 대할 때, 맨 처음의 감정적 발산만 보아서는 문제가 어디서부터 출발한 것인지 알 수 없을 것이다. 다음 장면을 살펴보자.

친한 친구가 아이스크림 매장에서 몇 년 동안 일한 적이 있다. 바쁜 어느 날, 한 사업가가 바나나 스플리트(banana split)를 주문했다. 친구는 그것을 만들어서 그 사람에게 건네주고 다음 손님에게로 갔다. 잠시 후 그 고객이 다시 돌아왔다.

> "이 바나나 스플리트에는 바나나가 전혀 들어가 있지 않잖소! 도대체 어떤 얼간이가 바나나도 없이 스플리트를 만든단 말이요!"

라고 고함을 쳤다. 그러한 감정의 폭발에 깜짝 놀란 친구는 그 자리에 얼어붙어서 그 사람과 바나나 스플리트를 번갈아 쳐다보고만 있었다. 마침내 그 고객이 숨을 돌이키기 위해 잠시 조용해지자 친구는 필요한 조치를 취하기 시작하였다.

"세상에, 정말 죄송합니다. 바나나 스플리트에 바나나가 없다니, 정말 큰 실수를 했습니다. 저라도 화가 나겠네요. 새로 만들어드리고 환불해 드리겠습니다."

그때쯤 그 고객은 자신이 그까짓 아이스크림 하나를 놓고 여러 다른 손님들이 쳐다보는 가운데 발악을 하고 있었으며, 진심으로 사과하는 젊은 여자의 면전에 협박을 퍼붓고 있었다는 것을 깨달았다.

그 고객은 어처구니가 없어 웃기 시작했고, 내 친구도 미소짓기 시작했다. 다른 고객들도 낄낄대고 웃기 시작했다. 친구가 바나나 스플리트를 다시 만들고 있는 동안 마침내 그 고객은 사과를 했다. 그리고 아마 두말할 필요도 없겠지만 그는 그 아이스크림 매장의 단골이 되었을 것이다.

(4) 서면 의사소통이 효과적일 때가 있다

말을 수단으로 한 의사소통은 신속하고 사적이다. 그것은 우리로 하여금 고객의 몸짓언어를 관찰하고 추가적인 질문이나 관심을 살피는 동안 정보를 전달하고 고객이 이해했는지 확인할 수 있게끔 해준다.

그러나 말이 의사소통의 전부는 아니다. 서면을 통한 의사소통이 필요하거나, 또는 그렇게 하는 것이 더 좋을 때가 종종 있다. 전화를 통해서는 고객과 연결될 수 없거나 고객을 직접 만날 수 없을 때가 그런 경우이다. 또는 추가정보를 보낼 필요가 있는 경우도 있다. 이외에도 반드시 필요한 것은 아니지만 고객과의 접촉 후 편지를 보냄으로써 고마움을 표시할 경우도 있고, 서신을 통해 사실을 좀더 자세하게 확인해야 할 경우도 있다.

다른 의사소통 방식과 마찬가지로 서면을 통해 의사소통을 할 때도 고객을 위해서 고려해야 하는 스타일과 내용이 있다. 우리 회사가 고객에게 보내는 서면자료 중 어떤 것들은(예를 들어 청구서, 광고물, 제품설명서, 법적인 통지 등) 규격화되고 공적이어야 한다. 그러나 그밖의 서면 의사소통은 우체국을 통해 보내건, 전자우편으로 보내건 보다 사적인 경향을 띠어야 한다.

우리는 고객에게 왜 편지를 보내는가? 무엇인가 할 말이 있고 그런 말을 할 이유가 있기 때문이다.

가령 내가 여행사 종사원이라고 가정하자. 어느 부부가 겨울휴가에 대한 계획으로 나에게 도움을 청한다. 그들은 콜로라도(Colorado) 주에 스키를 타러가고 싶은데 큰 규모의 호텔에는 묵고 싶지 않다고 한다. 콘도미니엄 정도이면서 흡연을 금지하는 곳이면 좋겠다고 한다. 헬스센터와 수영장, 그리고 쇼핑할 수 있는 곳이 가까이에 있는 것이 중요하다고 한다. 그리고 물론 그들은 가장 싼 패키지 가격에 그것이 가능하겠냐고 묻는다.

그것은 만만치 않은 주문이다. 주문을 만족시키기 위해 나는 그들의 요청 중 어느 것이 필수사항이고, 어느 것이 기대사항 내지는 가능사항인지를 의논할 것이다. 내가 정말로 빈틈이 없다는 것을 보여주기 위해 의논한 내용의 요점을 적어서 편지를 보낸다. 그 편지는 세부사항을 서로에게 확인시켜주며, 고객으로 하여금 내가 진정으로 경청했다는 것을 느끼게 해준다.

1) 서류를 만들기 위해 서신을 보낼 때

서면으로 남기게 되면 구두를 통한 대화가 끝난 후 어떠한 조치가 취해졌고, 또한 취해질 것이지를 확인할 수 있다. 그것을 통해 몇 달이 지난 뒤 자세한 거래행위에 대한 나의 기억이 가물가물해지기 시작할 때 신속하게 참고할 수 있다. 심지어 그것은 주어진 상황을 어떻게 처리하겠다는 도의에 대해 나와 고객을 구속함으로써 계약서로도 쓰일 수 있다.

2) 관계를 돈독히 하기 위해 서신을 보낼 때

서면을 통한 의사소통은 서비스 행위의 덧없고 일시적인 성격을 가시적이고 기억에 남게 만들 수 있는 방법이다. 감사를 표하는 쪽지는 나의 관심과 고마움에 대한 가시적인 증거물이 되어준다. 내가 고객을 오랫동안 보지 못했다고 해도 고객에게 유용한 무엇을 보내주거나 최근의 신문이나 잡지에서 유용한 기사를 발췌해서 보내준다면, 고객은 내가 자신을 생각해주고 있다는 것을 분명히 알게 된다.

내 고객이나 고객의 회사에 무엇인가 좋은 일이 일어났을 때 축하편지를 보내면 고객과의 관계가 단순히 금전적인 것 이상의 것임을 나타내준다.

3) 네티켓(netiquette)

편지를 보내는 이유가 분명하다면, 이제는 편지받을 사람이 어떤 사람인가를 고려해야 한다. 고객이 어떤 사람인가에 따라 편지에 쓰는 어조와 적절한 언어를 선택해야 한다. 예를 들면 다음과 같다.

- 편지를 받을 사람이 우리의 일에 대해 잘 알고 있는 사람

이 아니라면 전문용어나 약어는 피해야 한다. 차갑고 공적인 어조 역시 고객들로 하여금 내가 자신들을 어리숙한 사람으로 취급한다고 느끼게 한다. 지나친 전문용어와 난해한 법률적인 문체를 사용하면 고객들을 혼란스럽고 짜증나게 만들며, 내가 혹시 무엇인가 숨기는 것이 있는 것이 아닌지 의심하게 만든다.

- 전자우편을 이용하는 사람이라면 누구나 이메일에서 쓰는 독특한 기호 따위에 익숙할 것이라고 가정하는 것 역시 위험하다. 예를 들어 이메일을 자주 사용하는 사람들은 '방가방가(반갑습니다)' '어솨여(어서오세요)' 와 같은 약어와 감정을 나타내는 부호인 감정기호(emoticon)를 종종 쓴다. 다음은 가장 널리 쓰이는 감정기호의 예이다.

^ ^;	-농담이야
T.T	-슬퍼
^ ^;;	-쑥스러워
-_-*	-혼날 줄 알어
^0^	-아이 좋아

- 나의 편지를 받는 사람이 어린아이인가 어른인가? 젊은 사람인가 나이든 사람인가를 판단하여 고객이 내가 쓴 내용을 이해할 수 있도록 하라.
- 현재 고객과의 관계는 어떠한가? 만족하고 있는 고객은 서로간에 문제가 있다는 것을 가정하는 편지를 받으면 어리둥절할 것이며, 불만고객은 내가 새로운 서비스를 소개하거나 특별한 혜택을 제공한다고 해서 크게 기뻐하지 않을 것이다.

- 내가 보낸 편지에는 편지를 보낸 이유와 이 편지를 읽은 고객이 어떻게 반응해야 하는지가 분명해야 한다. 고객들이 어떠한 행동을 해야 하는가? 만약 그렇다면 언제까지 어떤 형식으로? 고객들이 나중에 참고하기 위해 편지를 보관해야만 하는가? 고객들이 편지를 다른 사람에게 전해줄 필요가 있는가? 만약 그렇다면 누구에게 언제까지?

훌륭한 편지는 고품위 서비스를 수행하는 데 막강한 힘을 발휘한다. 부적절한 편지는 너무나도 힘들게 일하며 쌓아온 모든 것을 한순간에 무너뜨린다.

03 | 고객은 내가 자상하기를 원한다

(1) 자상한 것이 훌륭하다

1) "안 된다" "없다"라는 말을 하지 않는다

기내에서 어떤 승객이 2~3시간 비행한 뒤 지루해서 주변을 살펴보다가 다른 승객이 OO잡지를 읽고 있는 것이 눈에 띄었다. 스튜어디스에게 그 잡지를 가져다 달라고 부탁을 하였다. 승객이 원하는 그 잡지는 한 권 밖에 비치되어 있지 않다는 것을 스튜어디스는 알고 있었다. 그러나 "네, 알겠습니다. 서고에 가 보고 오겠습니다"라고 대답하였다. 그리고 책이 놓여져 있는 서고에 가서 확인한다. 물론 그 잡지는 없다. 스튜어디스는 다시 승객에게 가서 "지금 찾으시는 책의 여분이 없습니다. 다 보신 승객이 반납해주시면 바로 가져다 드리겠습니다"고 하였다.

"없습니다" 하면 간단히 끝날 일인데도 조금 힘들지만 가서 확인하고 와서 "없습니다"라고 말하면, 승객이 그 잡지를 보지 못했다는 결과는 똑같지만 요청 불이행의 오해를 불식시키고 납득을 통해 불만을 최소화시킬 수 있다.

고객이 납득할 수 있는 거절이 되도록 하는 것이 고품위 서비스이다.

2) 말하지 않은 사람에게도 마음을 쓴다

항공기이든 열차든 관광객에게 있어 낯선 것은 약간의 불안감을 안겨준다. 비행기에는 여러 나라 사람들이 섞여 타고 있다. 단체여행인 경우 대개 무리를 지어 모여 앉게 된다.

가만히 관찰해보면 서양사람들은 대체로 활달한 편이며 거리낌 없이 물이나 술을 달라고 하면서 챙길 것은 다 챙긴다. 반면 동양인들은 대체로 자기 의사표현을 잘 하지 않고 쭈뼛쭈뼛하는 경향이 있다. 외국여행의 경험이 많은 사람은 예외지만 비행기 여행의 경험이 적은 사람은 목이 말라도 스튜어디스를 수시로 불러 뭘 요청하는 일에 익숙하지 않다.

스위스 항공의 스튜어디스들은 동양계 승객의 이러한 심리를 잘 알고 있다. 그래서 서양인이 "주스 한잔 주세요"라고 청하면 주문한 사람에게만 제공하지만, 동양인이 여러 사람 앉아 있는 좌석에서 누군가가 "물 한잔 줘요" 하고 청하면 스튜어디스는 "네, 알겠습니다"라고 대답하고는 물을 여러 잔 가지고 와서 주변 사람에게도 권한다.

이러한 이유는 동양인들은 보기와는 달리 내성적인 면이 많아 목이 말라도 웬만큼 참다가 물을 청하기 때문이다. 그런데 옆사람이 "물 한잔!" 하고 청하는 것을 듣고 "나도 한잔!" 하고 싶지만 괜히 쑥스러워 가만히 있는 사람이 있다는 것을 스튜어디스들이 알고 있다는 것이다. 즉 나도 물을 달라고 하고 싶지만 말할 타이밍을 놓친 사람들은 "이번에 물을 가지고 오면 나도 한잔 달라고 해야지" 하고 생각하게 될 것이다. 이러한 심리를 헤아려 주변 사람들에게도 물 드시겠냐고 권하면 기다렸다는 듯이 받게 된다.

"이번에 물을 가지고 오면 나도 한잔 달라고 해야지!" 생각하고 있는 사람들에게 그가 말하기 전에,

"물 드시겠습니까?"

하고 먼저 권하는 것은 뭔가 조마조마해하는 승객의 마음을 아주 편안하게 해주는 계기가 된다. 이 조그만 '물 한잔'의 배려가 스위스 항공을 타면 마치 집에 있는 것 같이 편안하다는, 그래서 세계 제일의 항공사라는 명성을 부여하는 것이다.

편안한 마음을 만들어주는 것이 바로 고품위 서비스이다.

고객이란 고마운 존재이기 때문에 "최대한 편안함을 느끼게끔 배려하는 것이 고품위 서비스"라는 정의를 다시 확인하게 된다.

3) 작은 마음 씀씀이가 중요하다

장거리 비행을 할 때 승객들은 각양각태로 시간을 보내게 된다. 가령 6시에 저녁식사를 제공했을 때 식사시간을 기다리는 사람도 있고, 자는 사람도 있다. 이런 경우 자는 승객을 어떻게 모시느냐 하는 것이 항공사의 격을 좌우한다. 서비스의 질이 낮은 항공사는 자는 승객을 깨워서 식사를 권하지만 서비스가 훌륭한 항공사는 승객을 깨우지 않는다. 그러나 깨우지 않는 것만으로 그치면 고품위 서비스를 했다고 할 수 없을 것이다.

만일 승객이 7시나 8시에 깨어났다고 가정하자. "모두 저녁식사를 했을 텐데…… 난 어떻게 하지?" 하는 일말의 불안함이 스칠

것이다. 이럴 때 잠에서 깬 승객이 불안하지 않게 작은 메모를 승객이 잘 볼 수 있는 위치에 붙여놓는다면 어떨까?

실제로 이 사례는 대한항공이 몇 년 전부터 실시하고 있는 것이다. 자다가 깨어나 이런 메모가 붙어 있는 것을 보면, 승객 입장에서는 필요한 경우에 대처하기가 훨씬 편할 것이다. 바로 이 작은 메모 한 장의 고객의 마음을 편안하게 해주는 것이다.

(2) 각별한 서비스는 섬세함에서 나온다

1) 섬세함이 필요하다

내가 하는 일이 무엇이건간에 섬세함이 필요하다. 섬세함이란 내가 어떻게 바라보고, 내 일터가 어떻게 보이는가에 관한 것이다. 그것은 고객에게 내가 어떻게 말하고, 내가 무엇을 말하는가와도 관련 있으며, 고객의 서비스 경험에 내가 부여하는 작은 예의와 편안함인 것이다.

세세한 곳에까지 신경을 쓴다는 것은 조직 운영이 잘되고 있다는 증거이다.

디즈니월드(Disney world)에 있는 종사원들은 고객들이 깜짝 놀라는 열정적인 섬세함을 지니고 있다. 내 친구 한 사람이 최근 디즈니월드에 휴가를 가서 만나게 된 청소부에 대해 격찬한 적이 있다.

"첫날 내가 호텔방에 들어갔을 때 '손님의 방은 셜리가 청소했습니다. 즐거운 하루 되시기 바랍니다'라는 쪽지를 보았지. 그런데 셜리 이름에 있는 i자의 점이 작은 미키마우스 모양으로 그려져 있는 거야. 참 귀엽게 보였지. 그 동안 피곤했던 기분이 싹 날아가는 거야. 그렇지만 나는 '디즈니월드니까 그런 거지' 하면서 넘어갔어. 3일째 되는 날이었는데 이번엔

정말로 셜리가 날 감탄하게 만들었다니까. 내가 목욕수건을 좀더 넣어달라고 부탁하는 쪽지를 룸에 남겨놨었지. 객실에 돌아와 보니까 '사용중'이라는 표시가 화장실 문손잡이에 걸려 있었지. 안에 들어갔더니 셜리가 아침에 온 신문과 내가 세면대 옆에 놓아둔 안경, 그리고 추가로 갖다놓은 수건을 조합해서 변기에 앉아 신문을 읽는 사람의 모습을 만들어놓은 거야! 나는 웃음이 나오는 것을 참을 수 없었어. 앞으로도 절대 그 일을 잊을 수는 없을 거야. 하! 하! 하!"

2) 결정적 순간을 잘 관리하라!

결정적 순간(moment of truth)은 고객이 우리 조직의 어느 부분과 접촉을 하고 그 접촉으로부터 조직의 서비스 품질을 판단할 때 생긴다. 우리 회사의 건물 외형, 주차장 모습, 광고에서 한 약속, 전화받을 때까지 울린 벨의 횟수, 전화응대, 편지와 청구서, 그리고 고객이 나와 함께 한 잊을 수 없는 사적인 접촉 등 고객에게는 그 모든 것이 결정적 순간이 될 수 있다.

우리는 회사의 오리엔테이션 교육이나 훈련에서 아마도 우리가 일하면서 부딪히게 될 '결정적 순간'에 대해 많이 들었을 것이다. 내가 회사에 오래 근무한 사람이라면 고객을 대할 때 '지금이 결정적 순간'이라는 것을 훨씬 더 많이 알아챌 수 있을 것이다.

진정한 고품위 서비스를 제공하기 위해서는 이런 모든 결정적 순간을 알아서 관리해야만 한다. 결정적 순간을 어떻게 관리하느냐에 따라서 고객들의 우리 회사에 대한 서비스 평가가 달라진다.

결정적 순간을 잘 관리하라. 그러면 좋은 평가를 받을 것이며, 고정고객을 확보할 수 있다.

결정적 순간을 관리하는 데에 대한 소홀한다면 나쁜 평가를 받을 것이며, 덤으로 고객을 잃게 될 것이다.

시간이 지남에 따라 고객들이 일으키는 다양한 결정적 순간을 모두 터득했다고 자만하기 쉽다. 절대로 그렇게 믿지 말라! 경험이 풍부하고 기술이 좋다 하여도 고객들의 기대수준은 늘 진화하며, 무엇인가 새로운 것을 찾아낸다는 것을 항상 명심해야 한다.

고객들은 거의 모든 순간을 결정적 순간으로 바꾸어버릴 수 있다. 내가 맡은 서비스에서 결정적 순간을 터득하기 위해서는 다음과 같은 세 가지에 초점을 맞춘 습관을 개발하라.

① 배움을 게을리하지 마라

고객들이 중시하는 섬세함의 종류는 고객에 따라 다를 뿐만 아니라 매일매일 변한다. 항상 알아야 할 것이 더 생긴다.

② 고객들에게 물어보라

고객들의 각별하고도 독특한 결정적 순간을 알아내기 위해 유일하게 믿을 수 있는 방법은, 고객들로 하여금 그러한 순간들을 묘사하게끔 하는 것이다.

③ 회사(업장)의 전문가에게 물어보라

고객들이 좋아하는 것에 대한 내 개인적 관찰 외에도 회사 역시 고객에 대한 설문조사와 연구를 하고 있을 것이다. 고객들에게 서비스를 보다 잘할 수 있는 방법에 대해 회사(업장)의 전문가들이 보유하고 있는 정보를 알도록 하라.

(3) 인간의 심리를 이용한다

1) 고객의 이름을 기억한다

식당에 점심을 먹으러 가거나 간단한 물건을 사기 위해 단골매장에 들렀을 경우 "○선생님" 또는 "○전무님" 하고 이름이나 직함을 불러주면 대단히 유쾌한 기분이 되면서 "역시 나를 알아주는구나" 하는 것을 확인하게 될 것이다.

또한 가끔 들르는 곳에서 "나를 알아보지 못할 거야" 하고 생각했는데 "○선생님, 오랜만에 뵙겠습니다"라고 응대해주면, 고객은 기대 이상으로 기뻐하게 될 것이고, 고정고객의 유치 가능성이 높아진다.

만일 "저 모르시겠어요? 저번에……"라고 고객이 먼저 경위를 설명하게 되고 그제야 주인이 "아, 예~" 하고 아는 척을 한다면, 고객 입장에서는 "이 가게에서 난 별로 대단한 존재가 아니구나"라는 생각이 들면서 기분이 썩 유쾌하지 못할 것이다.

실제로 국내에 진출해 있는 랄프 로렌(Ralph Lauren), DKNY(Donna Karan New York), 티파니(Tiffany) 등 최고급 브랜드 매장의 숍 매니저(shop manager) 성공전략은 아주 간단하다. 이들은 고객이 구입한 상품목록을 고객이 객장을 떠나는 순간 메모해두었다가 다음에 신상품이 나오면 이미 구입한 제품과 매치(match)할 수 있는 아이템을 추천, 고객으로 하여금 후회 없는 구매가 되도록 최선을 다한다. 또한 고객은 자신이 미처 파악하지 못한 구매제품까지 신경을 써주는 매니저가 인간적으로 좋아질 수밖에 없을 것이며, 이는 다음 세대로 이어지는 고객창출의 효과가 있다.

사람은 누구나 자기를 과대평가하고 타인을 과소평가하고 싶은 심리가 있다. "제 잘난 맛에 산다"고 자기 이름을 기억해주는 사람에게 당연히 호감이 가면서 뭔가를 해주고 싶어질 것이다. 바로 고객을 첫눈에 알아보고 반색하는 것이 고품위 서비스이다.

2) 재치있는 연출로 고객만족을 극대화하라

현대의 시설이나 음식은 대체로 평준화되어 있으므로 서비스 이외에 차별화할 수 있는 전략이 없다고 해도 과언이 아니다.

도어맨은 호텔 이미지 형성에 큰 영향을 미친다. 소형차를 타고 어느 호텔(그곳은 일류호텔이라고 자처하는 곳)에 갔는데 도어맨이 문을 열어주기는커녕 호루라기를 불면서 차를 빨리 빼라는 신호를 보낸다면, 고객은 그 호텔을 일류로 인정하지도 않을 뿐 아니라 적대적인 감정을 갖게 된다.

일본 뉴오타니 호텔의 도어맨 경력 19년인 히라쿠리 씨는 단골고객의 이름, 차량번호를 5,000개 정도 기억하고 있다. 고객의 차량이 현관 앞에 서면 차문을 열어주면서 "어서 오십시오"라는 접객용어 대신 "○○님, 어서 오십시오"라고 응접한다. 사실 차에서 내려 현관까지 들어가는 시간은 대단히 짧다. 이때 차별화되고 개별화된 한두 마디 가벼운 인사에서 고객은 "역시 이 호텔은 나를 알아주는구나" 하는 것을 실감하면서 기분이 유쾌해질 것이다.

히라쿠리 씨의 경우 현시욕이 강한 국회의원이 일을 마치고 돌아갈 때 "○○○의원님 나가십니다. 차 나오세요"라면서 호출차량을 2번 이상 불러준다. 이것은 고객의 우월감을 크게 해주기 위한 연출기법으로 그 국회의원에게는 그 자체로도 커다란 서비스가 된다.

반면 인기 여배우와 같이 남의 눈에 띄지 않기를 바라면서 살며시 드나들고 싶은 고객의 경우, 분명히 고객이 누구인지를 잘 알면서도 "손님, 어서 오십시오"라고 사무적으로 응대한다. 또 나갈 때 차량을 부르게 되면 미리 운전기사의 이름을 알아두었다가 "운전기사 ○○○씨, 차 대세요" 하고 말한다.

이처럼 도어맨의 일이지만 고객에 따라 임기응변, 개인별 대응으로 상대방의 입장을 배려하면서 편안하게 만들어주는 것이 고품위 서비스이다.

매뉴얼에 정해진 대로 문을 열고 정해진 각도로 인사하는 것이 아니라 개개인의 실정에 맞게 응대하면서 때로는 서비스를 하지 않는 것이 고품위 서비스인 것이다.

(4) 안내를 잘하는 것이 중요하다

J씨가 일본의 미산코시 백화점에 들렀을 때 일이다. 일본을 간다니까 L씨의 부인이 가네보(金寢) 화장품회사에서 나오는 화장품을 한 개만 사다 달라고 해서 백화점엘 들렀다. 그런데 가네보 매장이 쉽게 눈에 띄지 않아 할 수 없이 시세이도(自生堂) 매장 판매원 아가씨에게 머뭇거리면서 "실은 가네보 매장을 찾는 중인데 보이지가 않군요"라고 물었다.

그러자 시세이도 매장의 판매원 아가씨는 "그렇습니까? 제가 안내해 드리겠습니다"라고 말하더니 20m쯤 떨어진 곳까지 J씨를 안내해주고는 가네보의 여판매원에게 "이분이 가네보 매장을 찾고 계십니다"라고 설명까지 하였다.

그래서 J씨는 가네보 매장에서 아내가 부탁한 물건을 사고는 다시 시세이도 매장으로 가서 당초에 구입하려고 생각하지도 않았던 자신의 화장품을 하나 사면서 "아까 참 고마웠다"고 감사를 표했고, 그 판매원도 대단히 기뻐하였다고 한다.

이처럼 경쟁을 떠난 판매원의 친절이 물품 판매로 이어지고, 또한 시세이도 회사의 이미지 제고로 이어짐을 알 수 있다. 바로 고객을 위하는 마음이 고품위 서비스이다.

04 | 고객은 내가 즐겁게 해주기를 바란다

(1) 임기응변으로 고객을 즐겁게 한다

1) 관광 가이드의 임기응변

관광버스를 타면 으레 가이드가 있어서 주변 경관을 설명한다. 이때 경험이 적은 가이드는 매뉴얼대로 설명한다.

"지금 오른쪽에 보이는 것이 그 유명한 63빌딩입니다. 동양 최대의 수족관과 아이맥스 초대형 스크린의 영화관이 있습니다."

사실 가이드 매뉴얼에는 이와 같이 되어 있다. 하지만 듣는 사람은 별로 감흥이 일어나지 않는다. 이것이 바로 매뉴얼 서비스의 약점이다.

이럴 경우 만약 능숙한 가이드라면 매뉴얼에 없는 이야기를 곁들여 설명할 것이다. 물론 사전 지식충전은 필수다.

63빌딩

"63빌딩은 하절기에 1달 전기료만도 4억3천만 원이라고 합니다"라거나 "63빌딩 단일건물의 1일 전기소비량은 G시와 비슷합니다"라고, 가이드의 텍스트북(textbook)을 설명하면서도 잘 알려지지 않은 실생활과 관련된 이야기들을 간단히 끼워넣음으로써 듣는 사람의 귀를 사로잡는다.

예컨대 1달 사용 전기요금이 4억 원이 넘는다거나 G시와 비슷하다는 말에 "야, 정말 대단하구나!" 하고 다시금 느낄 것이다. 이처럼 고객의 입장에서 설명하게 되면 듣는 사람으로서는 하나의 상식이자 큰 즐거움이 된다.

또한 상황에 맞는 적절한 임기응변이 고객을 만족시키는 고품위 서비스이다.

J여사는 관광 가이드 경력 20년의 베테랑으로 한번은 일본의 어느 회사 사원들을 3일간 안내하게 되었다. 낮에는 견학과 이동, 저녁에는 회식 등으로 바빴지만 그 일행 모두가 아침이면 제시간에 제자리에 모두 모여 문제를 일으키는 사람이 단 한 명도 없었다.

그래서 J여사는 그 점을 칭찬하였다.

"참 훌륭하십니다. 저녁에 술을 드시는 분이 계심에도 불구하고 이렇게 시간을 잘 지키시는 걸 보니, 비록 제가 가보지는 못했지만 귀사(貴社)는 일류회사임에 틀림없습니다. 아침마다 새 와이셔츠로 갈아입고 나오시는 모습을 보면 참 멋지다는 생각에 저도 남자가 되고 싶습니다."

물론 일행이 이 말에 박수를 치면서 기뻐했음은 말할 것도 없다.

2) 차별화된 모닝콜

호텔에 투숙했을 때 아침에 일찍 일어나기 위해 모닝콜(morning call)을 부탁하는 경우가 있다. 대부분의 호텔은 모닝콜을 잘 지켜준다. 더욱이 요즘에는 전자화되어 있어서 정보화(intelligence) 빌딩으로 된 호텔은 기계가 자동적으로 모닝콜을 처리해주기도 한다.

대개의 경우 모닝콜을 부탁했을 때 새벽에 전화벨이 울려서 수화기를 들면 "지금 5시 30분입니다. 안녕히 주무셨습니까?" 혹은 "모닝콜입니다" 하고는 끊어버린다. 이것 역시 매뉴얼에 의한 서비스로 인간적인 배려와 멋은 전혀 없다.

그런데 여기에 한마디만 더 덧붙이면 고품위 서비스가 된다.

"안녕히 주무셨습니까? 지금 5시 30분입니다. 현재 바깥 기온은 11℃이고 오늘 낮 기온은 23~24℃로 예상됩니다. 또 약간 흐리고, 조금은 무더운 날

씨가 예상됩니다.”

호텔객실은 대체로 사방이 막혀 있어서 바깥을 내다보기 어려운 상황이다. 특히 관광객들은 옷을 여러 벌 갖고 있지 않다. 이런 상황에서 쉽게 벗기 힘든 옷을 껴입고 나갔는데 날씨가 무덥다면 도중에 대처하기가 참 난감할 것이다. 하지만 이렇게 일기예보를 곁들인다면 “아하, 아침에는 조금 서늘하겠지만 낮에는 덥겠구나!” 하고 옷차림을 미리 조절할 수 있을 것이다.

이처럼 고객의 입장에서 실생활에 요긴한 정보를 한마디 더 덧붙인다면 이것이 바로 고품위 서비스이다.

(2) 유쾌한 분위기가 중요하다

깍듯한 인사는 유쾌함의 시작이다. 첫 인사를 제대로 하느냐 못하느냐는 그 업장의 격을 좌우한다. 고객의 중요성을 이해한다면 마음에서 우러나오는 인사를 할 수 있을 것이다.

‘택시 서비스 대상’을 수상한 어느 기사는 여태껏 한 번도 승객이 ‘승차거부’라고 느껴지는 말을 하지 않았다고 한다.

“택시는 자체가 사업장이고 업소와 같은 곳이지요. 그러니까 우선 깨끗해야지요. 하루 세 번 청소합니다. 손님이 편리하게 이용하고 요금을 주시니까 제가 먹고살지 않습니까? 이용해주시는 것이 그저 고마울 뿐입니다.”

바로 이처럼 고맙다는 마음의 표현이 유쾌한 분위기의 출발이다. 고객은 수익의 원천임을 늘 깨닫고 유쾌한 분위기를 만들고 실천하는 것이 고품위 서비스이다.

(3) 접객 매뉴얼 정착과 상황에 따른 유연성

1) 접객 매뉴얼의 정착 시도

요즘은 즉석 식품점이나 패밀리 레스토랑 등 접객 매뉴얼을 완전하게 갖춘 곳이 많다. 반드시 음식점뿐만 아니라 쇼핑센터나 일반적인 회사의 영업활동에도 매뉴얼이 완벽하게 만들어져 있다.

그런데 이 매뉴얼이 완비되어 있는 곳일수록 누가 접객을 담당하든지간에 천편일률적인 고객응대가 될 수밖에 없다. "어서 오십시오. 무엇으로 하시겠습니까?" 등 판에 박힌 말뿐이다. 접객 매뉴얼이란 불특정다수 고객에게 실례가 되지 않는 선에서의 응대법이기 때문에 모든 고객이 표준화된 대접을 받게 된다.

그럼에도 불구하고 고객들이 별로 불평하지 않는 이유는 일부 매장은 매뉴얼 서비스도 제대로 구축되어 있지 않기 때문이다. 업장에 들어갔을 때 고객을 무성의하게 맞이한다거나 주문을 하려고 불러야만 온다거나, 고객이 있음에도 불구하고 종사원끼리 잡담을 나누면서 웃고 있다면 고객으로서는 매우 불쾌할 것이다. 물론 접객에 대한 나름대로의 규율이 왜 없겠는가마는 업장 주인이 너무 엄격하게 종사원을 단속하면 오래 근무하지 않고 그만두는 경우가 많아, 주인으로서는 종사원의 눈치나 비위도 맞추어야 하는 사정이 있다.

그러므로 내부고객인 종사원을 인격적으로 대하고 고객 서비스에 대한 주인의 실천이 선행되어야만 종사원 역시 말하지 않아도 진심어린 서비스를 행할 것이고, 단골(고정)고객 확보로 이어질 것이다. 상황이 이렇다보니 판에 박힌 인사말이나 천편일률적인 서비스에도 고객들이 어느 정도 만족하고 있다는 뜻이다.

고품위 서비스의 최우선 과제는 접객 매뉴얼의 정착으로 고객이 불쾌함이나 불편을 느끼지 않도록 배려하는 것이다.

2) 아메리칸 클럽 종업원의 무지개 인사법

'아메리칸 클럽'(일본에 있는 식당 이름)에서는 특색을 살리기 위하여 종사원에게 '무지개 인사법'을 활용하도록 지도하고 있다. 다채로운 인사법 개발로 "판에 박힌 앵무새 같은 인사법"에서 벗어나자는 취지에서이다. 서비스를 제공하는 입장에서는 한 가지 유형의 일정한 인사나 표준화된 서비스가 훨씬 쉽지만, 단골(고정)고객이 많은 경우라면 올 때마다 똑같은 인사말을 듣는 것도 지겨울 것이며, 진심어린 응대를 받는다고 느끼지도 않을 것이다.

무지개 인사법이란 누구에게나 똑같이 "어서 오십시오" 하는 대신 단골(고정)고객에게는 "장마라서 무척 무덥습니다"라거나 "역시 초복이라 덥습니다" 등 정감어린 인사를 시도하는 것이다. 또 가끔은 "여행은 즐거우셨습니까? 소식 들었습니다" 등 개인에 관계되는 것을 화제로 삼아 인사하는 것도 포함되므로, 상대방의 개인정보나 임기응변의 무지개 인사법은 신입사원들에게는 힘들다. 따라서 중견사원, 즉 경력이 오래된 베테랑 종사원의 층이 두터운 것이 필요조건이다.

고품위 서비스는 고객 개개인을 차별화된 인격체로 존중하고 대접하는 것으로 고객으로 하여금 자신감을 갖도록 만드는 것이다.

3) 고객의 상황에 따른 접객 서비스의 유연성

일본 시계 메이커인 '시티즌(Citizen)'에서 사람의 심리상태에 따른 체감시간을 조사하였다. 다방에서 차를 주문하고 10분이 경과하면 60%의 사람들이 "이거 장사하는 거야, 안하는 거야" 또는 "오늘중으로 차를 마실 수 있나?"라고 생각한다.

호텔에서 체크아웃(Check-out : 퇴실수속)할 때 계산대가 붐벼 고객이 1분 이상 기다리게 되면 40%의 고객이 "왜 이리 꾸물대지?"라고 생각하지만, 반대로 호텔에 도착해서 체크인(Check-in : 입실수속)하는 고객은 조금 기다린다 하여 체크아웃할 때만큼 조급해하지는 않는다고 한다. 그런 이유로 일류호텔에서는 고객이 기다리면 계산담당이 아니더라도 즉시 뒤에서 기다리는 고객을 응대한다.

전화를 걸었을 때 신호가 10번 울려도 받지 않으면 40%의 사람들이 "집이 비었구나", 사무실의 경우에는 "오늘은 휴일이 아닌데 왜 이 모양이야?"라고 생각한다.

또한 컴퓨터로 기차표 등을 구매하는 경우 1분 정도 걸리면 50%의 사람은 "사람보다 느리구나"라고 생각한다.

이처럼 상황에 따라 사람들이 느끼는 체감시간이 다르므로, 고객응대에 있어서도 고객이 어떤 상황인가를 고려하여 서비스 속도를 조절해야 한다.

가령 큰 도로 옆에 위치한 제과점에 고객이 들어와 "케이크 한 상자 빨리 주세요"라고 말했다. 종사원이 격식대로 포장을 하려는데 고객은 주차위반의 상황을 고려하여 "그냥 주세요. 차를 길가에 세워놓았거든요"라고 한다면, 격식을 생략해도 서비스의 품질저하로 이어지지 않는다. 오히려 주차위반으로 스티커를 발부받는다면 피해가 더 크기 때문이다.

고품위 서비스는 고객의 상황에 맞추어 임기응변하는 것이 중요하다. 오히려 매뉴얼대로 실천하려다가 고객에게 피해를 주고 낭패를 초래한다면 그것은 서비스가 아님을 명심해야 한다.

05 | 내가 고객이다

(1) 고객중심의 표현을 한다

미국의 병원에서는 문병시간의 제한을 위한 안내방송을 할 때,

"작별인사를 나누기까지는 5분이 남아 있습니다."

라고 표현한다. "아직 5분이 남아 있습니다"라는 것은 5분의 여유밖에 없으니 작별인사를 빨리 나누고 나가달라는 것이지만 듣는 어감이 나쁘지 않다. 그러므로 이 안내방송을 듣는 순간 방문객들은 환자에게 "빨리 완쾌하시기를 빕니다. 저희들은 이만 물러가겠습니다"라면서 인사를 마무리짓고 방문객 스스로가 나올 수 있는 여유가 있다.

우리나라의 병원은 같은 내용이어도,

"시간이 다 되었으니 방문객들은 퇴실해 주십시오."

라고 표현한다. "퇴실해 주십시오" 하는 경우 시간적 여유가 없으므로 방문객들은 "빨리 나가란다. 가자 가자" 하면서 급한 마음으로 작별인사를 마무리짓고 나오게 된다. 과장되게 말한다면 쫓겨나는 것이다. 이것이 바로 업장중심의 표현이다.

고객중심 표현법의 또다른 예로 "여기에 쓰레기나 오물을 버리는 자는 엄벌에 처함"이라는 경고문구 대신에 "여기는 상수원 보호구역입니다"라고 우회적으로 표현함으로써, 보는 사람 스스로가 상수원 보호를 위한 자발적 참여를 유도하고 거부감을 누그러뜨릴 수 있다.

목욕탕의 경우 "주인에게 맡기지 않은 귀중품은 책임지지 않습니다"보다는 "귀중품이 있으시면 빨리 주십시오. 잘 보관해 드리겠습니다"라고 표현한다면 훨씬 부드럽고 친밀감을 느낄 수 있을 것이다. "맡기지 않는 것은 책임지지 않는다"는 것은 분실에 대한 책임을 벗어나기 위한 구실로 내건 글귀일 뿐 고객을 진심으로 보호하겠다는 서비스의 본질은 찾을 수 없다.

이처럼 고객중심 표현은 고객으로 하여금 중요한 사람으로 대접받고 있다는 느낌을 주게 되지만 업장(회사)중심 표현은 반감부터 초래하므로, 모든 서비스의 관점을 고객지향적으로 전환해야 한다.

(2) 고객의 입장이 된다

도쿄의 디즈니랜드는 동반객을 잃어버린 미아를 상대할 때 아무리 키가 큰 서비스 종사원일지라도 허리를 굽히거나 몸을 낮추어서 어린이 얼굴과 같은 높이가 되게끔 하고 이야기하도록 매뉴얼되어 있다. 키가 큰 어른이 뻣뻣이 서서 "얘야, 네 이름이 뭐니?" 하고 물으면 아이는 울음을 그치지 않지만 허리를 구부리거나 앉아서 "울지 마라! 아저씨가 찾아줄게. 어디 보자! 참 이쁘구나. 이름이 뭐지?" 하면 대개 울음을 그치고 안정감을 되찾는다는 것이다.

고객과 같은 입장에서 사물을 바라보면 공감대가 형성되고 한층 친밀감을 느낀다. 고객의 심리적인 장벽이 허물어져야만 비로소 진정한 고품위 서비스를 느낀다는 말이다.

(3) 고객을 보호하는 마음을 지닌다

대부분의 사람들이 느끼지 못하겠지만 호텔의 도어맨이 차 문을 열어주면서 고객이 머리를 부딪히지 않도록 손으로 문짝의 모서리를 살짝 잡아주는 것은 사고를 미연에 예방하겠다는 배려이다.

사전에 교육받지도, 한번도 가보지도 않은 고객은 프랑스 요리점에서 핑거볼(finger bowl : 손가락을 가볍게 씻기 위한 대접에 담긴 물)을 마실 수도 있다. 그것을 보고 "촌놈이구나" 하는 눈초리로 즐긴다면 그것은 고객을 모멸하는 것이지 서비스가 아니다. 사전에 "핑거볼입니다. 손가락 씻으십시오"라고 한다면 고객의 실수를 미연에 방지하여 고객을 보호하는 배려가 된다.

철판구이집에서 요리사가 '프리젠테이션(presentation : 고객 앞에서 음식을 비비고 썰고 굽는 묘기를 보이는 것)'을 할 때, 경험이 많거나 예의바른 요리사는 칼끝이 절대로 고객을 향하도록 하지 않는다. 아무리 즉석요리라고 해도 시퍼런 칼끝이 고객을 향해 왔다갔다 하면 일말의 불안감을 느낄 것이기 때문이다. 요리사가 칼끝을 고객이 없는 쪽을 향하게 하는 자세는 고객의 막연한 불안감을 사전에 해소하면서 보는 즐거움을 제공한다.

이처럼 고품위 서비스란 어디까지나 고객이 편안함을 느끼도록 배려하는 것이다. 때문에 고객이 실수하면 덮어주고, 실수를 하지 않도록 사전에 예방하여 객장에서 푸근함을 느끼도록 하는 것이 고품위 서비스이다.

(4) 고객의 짐을 소중히 다룬다

공항이나 호텔 로비에서 보면 여행객들이 많은 짐을 가지고 움직인다. 알루미늄과 같은 하드케이스 가방은 그래도 좀 낫지만 소프트케이스 가방은 약간만 눌려도 안에 있는 내용물에 충격이 전해져 물건이 깨질 수도 있다. 고객의 입장에서 짐이 많고 무거워 "버렸으면 좋겠다"고 생각하던 것이라도 호텔의 벨맨이나 공항 관계자가 짐을 거칠게 다루면 불쾌해지면서 안에 들은 내용물이 걱정된다.

호텔에서 단체손님의 짐을 취급하는 경우 벨맨들은 로비에 쭉 놓인 짐을 핸드카에 실어서 차로 옮기는데, 일반적으로 짐이 놓인 순서대로 싣다보니 소프트케이스의 짐이 아래에 깔리고 덩치 큰 가방이 위에 올라가는 경우가 다반사로 벌어진다.

이때 작은 짐이나 소프트케이스 가방의 주인은 당연히 마음이 불편할 것이다. 만일 눈치가 빠르거나 서비스 마인드가 있는 벨맨이라면 짐을 살펴보고 무거운 것을 먼저 싣고 그 위에 가벼운 짐을 실을 것이다.

이러한 고객심리는 골프장에도 해당된다. 캐디(caddie)들이 고객을 서비스하는 것도 중요하지만 고객의 골프 장비를 소중히 다룸으로써 최상의 서비스를 받고 있다는 느낌을 준다면 이것이 진정한 고품위 서비스이다.

예를 들어 사용한 클럽을 그대로 백에 넣기보다는 마른 천으로 한번 닦아서 넣으면 고객으로서는 “참 친절하고 고맙다”는 생각을 하게 된다. 고객의 입장에서는 골프가 끝났을 때 클럽이 청결한가의 문제가 중요한 것이 아니라 “내 물건을 소중하게 다루어주는구나” 하는 이미지가 더 중요하다는 뜻이다. 또한 이러한 캐디의 마인드 서비스는 캐디 개인적으로는 단골(고정)고객 확보로 이어지고, 골프장의 전체적인 이미지 제고에도 크게 영향을 미친다.

이처럼 작은 물건 하나라도 고객의 마음을 헤아려 귀중하게 다룸으로써 고객의 마음을 편안하게 하는 것이 고품위 서비스이다.

(5) 공평하게 대한다

친구들이나 손님과 함께 양식집에 가는 기회가 있어 비프 스테이크를 주문했다고 가정하자. 각자 앞에 접시가 놓여졌을 때 당신 접시의 고깃덩어리가 다른 사람 접시의 고깃덩어리보다 작게 보인 적은 없는가? 아마 순간적으로 내 접시의 고깃덩어리가 작다고 느낀 적이 한 두번은 있을 것이다. "별소리 다하는군!" 하고 겉으로는 태연하게 말하는 사람이 있겠지만 이것이 인간의 본성이다.

프랑스 파리에 '몽셀통통'이란 유명한 식당이 있고, 그 지점이 도쿄에도 있다. 이 식당은 고객들의 이러한 마음을 잘 이해하고 있어서 모든 접시의 고깃덩어리 크기가 일정하도록 노력하는 것으로도 유명하다. 선입감이란 참 묘한 것이어서 이 식당에서는 모든 고깃덩어리의 크기가 같아 보인다.

그렇지만 실제로도 이 식당은 크기를 똑같이 하기 위해서 무던히 노력한다. 예컨대 요리사 견습생이 들어오면 감자 써는 일을 6개월간 시킨다. 한석봉의 어머니가 떡을 썰 듯이 감자부터 똑같은 크기로 써는 것이 몸에 배이게 한다는 말이다.

'몽쉘통통'의 이런 생각은 고객 공평접대의 원칙에서 시작된다. 이것은 넓게 보면 "만인은 평등하다"는 사상을 영업 현장에 그대로 적용·실천하는 것이라 할 수 있다. 때문에 고객의 호응과 함께 높은 명성을 얻는다. 모든 사람은 똑같다는 생각에서 고객응대도 상냥하면서 정중하다. 때문에 더욱 더 유명해지고 영업은 날로 번창하게 되는 것이다.

또 고객은 항상 자기의 필요에 의해서만 물건을 구매할 뿐 객장을 위해서 물건을 구매하지는 않는다. 주머니 속에 몇 백만 원의 돈이 들어 있다 해도 주인을 기쁘게 해주기 위해 필요하지도 않는 물건을 구매하지는 않는다는 말이다. 흔히 판매하는 입장에서는 고객의 외형으로 평가하여 응대에서도 차별하는 경우가 매우 많다.

내가 아는 한 사람은 백화점에 갈 때 화장도 하지 않고 편한 차림으로 쇼핑을 잘한다. 옷차림으로 고객을 평가하는 판매원의 태도 때문에 쇼핑시 오히려 편안하다는 말을 했다. 어떤 식으로든 진실로 가진 것이 많은 사람은 외모에 크게 투자하지 않는다. 그럼에도 불구하고 판매원들은 그 사실을 종종 잊어버리는 것 같다.

구경만 하고 나가는 고객조차 잠재고객으로 인식하고 진심으로 응대하라. 그 고객은 물건을 구매하기 전 가격을 비교하거나 서비스를 비교하기 위해 들렀을지도 모르며, 마음에 드는데 당장 돈이 없어 내일 와야겠다고 마음먹고 돌아섰는지도 모른다.

단골(고정)고객이 왔다고 순서를 무시하고 먼저 접객하는 것도 주의해야 한다. 그런 대접을 받는 단골고객이야 기분 좋겠지만 순서가 밀리는 나머지 고객들로서는 불쾌감과 동시에 '사람차별'에 배신감을 느낄 수도 있다. 순서가 밀려서 시간이 더 걸리는 것도 문제겠지만 "자신의 존재를 무시했다"는 것이 다른 고객들에게는 더 중요하다.

따라서 단골고객도 중요하지만 늘 공평한 서비스를 염두에 두어야 한다. 이런 고품위 서비스 철학은 모든 고객들에게 신뢰감을 심어주고 끊임없는 고객창출로 이어진다.

오늘의 큰 고객이 내일은 단골매장을 옮길 수도 있고, 오늘의 작은 고객이 판매원이나 종사원의 고품위 서비스에 감동되어 충성스러운 단골(고정)고객이 될 수도 있다. 구매금액의 대소에 관계없는 공평한 서비스는 고객으로 하여금 "자신의 존재를 인정받는 느낌"을 주게 되며, 바로 이 공평접촉의 원칙이 고품위 서비스이다.

(6) 하지 않는 것도 서비스이다

"서비스는 고객에게 무언가를 해주는 것이다"라고 생각했다면 다음 사례를 읽어보고 다시 생각하라.

어떤 여성이 길거리나 호텔 로비에서 핸드백을 떨어뜨렸다. 하필이면 떨어지는 순간 공교롭게도 핸드백의 잠금장치가 열려 내용물이 모두 흩어진 경우, 참으로 당황스러울 것이다. 이 경우 호텔 종사원은 뭔가를 도와드려야 된다는 생각에 어떤 행동을 취할 것이다.

그런데 일류호텔의 종사원들은 서비스한다는 생각으로 고객의 물건에 함부로 손대는 일은 하지 않는다. 왜냐하면 여성의 핸드백에는 돈지갑 등 귀중품도 있겠지만 화장품이나 타인에게는 보이기 싫은 물건도 있을 수 있기 때문이다.

만일 그 여성이 "좀 도와주세요"라고 요청하는 경우는 물건을 같이 주워야겠지만 그렇지 않은 경우 그 여성이 다른 물건이나 짐을 들고 있다면 그것을 대신 들어주고 여성이 직접 떨어진 물건을 챙기도록 배려해야 한다. 더 나아가 짐을 들어주면서 다른 사람들이 물건을 챙기는 여성을 구경하지 못하도록 가려주는 역할을 함으로써 조금이라도 그 여성이 부끄럽지 않도록 고객의 입장에서 행동하는 것이 고품위 서비스인 것이다.

레스토랑에서 고객이 음식을 떨어뜨리거나 쏟는 등 실수를 할 때, 쇼핑 중 고객이 물건 이름을 잘못 알고 있을 때, 보고도 못 본 척 알고도 모르는 척하는 것이 고객을 난처함으로부터 구하는 고품위 서비스인 것이다.

고객이 업장에 들어설 때 "어서 오십시오" 하고 인사하는 것이라든지 호텔에서 고객의 짐을 들어주는 것처럼, 일반적으로 서비스에는 어떤 행동이 뒤따른다. 그런 이유로 자동판매기에 동전을 넣고 단추를 눌러 커피가 나오는 것을 보고 서비스라고 하지 고품위 서비스라고 생각하지 않는다.

이처럼 뭔가 행동이 뒤따르는 것이 서비스라고 생각되지만 고객의 심리를 헤아려 편하게 해주는 것이 서비스라면 때로는 하지 않는 것이 더 큰 고품위 서비스가 될 때도 있다.

(7) 문제 발생시 환상적인 해결사가 되어라

어느 백화점에서 어떤 모델의 캠코더를 할인판매한다고 광고하여 캠코더를 구입하기 위해 백화점에 갔다고 가정하자. 그런데 매장에서 광고에 나온 모델이 모두 팔려나갔다는 것을 알게 되었다. 고객은 실망하고 심지어는 화가 나기도 할 것이다. "도대체 몇 개나 준비했길래 벌써 품절이람" 하면서 투덜거리게 될 것이다. 한 판매원이 고객이 화난 것을 눈치챘다. 아마도 얼굴 표정이 말했으리라.

판매원 고객님, 뭘 좀 도와드릴까요?

고 객 (무뚝뚝하게) 글쎄! 당신이 나를 도울 수 있을 것 같지 않네요. 나는 EZ-Use 캠코더를 사려고 왔는데 당신네들은 갖고 있지도 않군요.

판매원 죄송합니다. 광고를 내보내고 나니 예상했던 것보다 훨씬 많이 팔려서 오늘 아침에 재고가 동나고 말았습니다. 하지만 저희들이 나중에 같은 가격으로 사실 수 있도록 해드리고 있으며, 약 4주 후에 EZ-Use가 다시 들어올 것입니다.

고 객 아, 그래요? 그것 참 잘됐네요. 4주 후라면 내 딸이 결혼식을 하고도 2주 후가 되는데, 참 꼴 좋게 됐네요.

판매원 고객님께서 실망하시는 것이 이해가 됩니다. 갖고 싶은 물건이 없다는 것을 알면 당연히 짜증이 많이 날 수밖에 없지요. 여기서 2분만 기다려주시면 무슨 좋은 수가 날 것 같은 생각이 드네요. 곧 알아보고 오겠습니다. (2분 후) 좋은 소식이 있습니다! 다른 회사에서 만든 거지만 거의 비슷한 모델을 같은 가격에 해드리지요. 그렇게 하면 고객님께서 오늘 캠코더를 가지고 가실 수 있겠습니다.

얼굴이 환해지고 조금 놀란 고객은 새 캠코더를 갖고 매장을 나간다.

1) 환상적인 해결사가 된다

'복구'라는 단어는 "정상으로 돌려놓다" "어떤 것을 조화롭고 정상적인 상태로 다시 만들어놓는다"는 의미이다. 그것이 바로 위에서 예시한 백화점 판매원이 화가 난 고객을 위해 한 일이다. 서비스에서 훌륭한 복구는 고객이 문제를 겪고 있다는 것을 내가 감지할 때 시작된다.

고객이 혼란스럽다거나 당황스럽다거나 화나거나, 또는 실망스럽다고 말하면 이미 문제는 일어난 것이다. 어느 고객에게는 실망스러운 일이 다른 고객에게는 전혀 문제가 아닐 수가 있다. 그건 아무래도 상관이 없다. 분별 있는 사람이라면 화를 내지 않을 것이라고 생각해서, 내 잘못이 아니라고 해서, 회사 잘못이 아니라고 해서, 또 고객이 실수를 저질렀다고 해서, 문제가 사라지거나 사라지기를 바랄 수는 없다.

환상적인 해결사, 고품위 서비스 전문가는 실망한 고객들을 만족스러운 상태로 돌아오도록 만드는 세심한 배려를 해야 한다. 상처입은 고객의 감정을 회복시켜주기 위해서는 그들의 욕구·필요, 그리고 기대에 한층 더 민감해야 한다.

2) 서비스 복구절차

고객으로부터 문제가 발생하면 서비스 복구절차가 즉시 시작되어야 한다. 다음에 기술한 6개 과정이 모두 필요한 것은 아니고, 상황에 따라 제품과 서비스에 관해 내가 알고 있는 것, 그리고 고객의 문제에 관해 내가 발견한 것을 적절히 활용하라.

① 사과하라

누구의 잘못이건 상관없다. 고객들은 어쨌건 문제가 발생했다는 것을 내가 인정하고 자신들의 실망에 대해 관심을 보여주기 원한다.

② 경청하고 고객의 감정을 이해하라

고객들의 문제뿐 아니라 고객의 존재에 대해서도 내가 관심을 갖고 있다는 것을 보여주어라. 고객들은 거래를 할 때 개인으로서 인정받기를 원한다.

③ 문제를 신속히, 그리고 공정하게 해결하라

공정한 해결이란 전문가다운 관심을 갖고 실행하는 것을 말한다. 문제를 해결하기 위한 즉각적인 절차를 밟아라. 그럼으로써 나와 우리 회사가 신뢰회복을 판매와 똑같이 중요하게 생각한다는 것을 고객에게 확신시켜라.

④ 보상을 제안하라

서비스에 불만족스러운 고객들이 손해를 본 것 같이 느끼거나 불편을 느끼는 것은 이상할 것이 하나도 없다. 흔히 고객들은 무엇인가 가치가 부가된 제스처를 제공하기를 기대한다.

⑤ 약속을 지켜라

서비스 약속이 지켜지지 않았다고 고객이 믿기 때문에 서비스 복구를 하는 것이다. 그런데 복구가 진행되는 동안 약속이 실행할 수 있는지 없는지를 고려해서 현실적인 약속을 하라. 또다른 문제를 만들지 말라.

⑥ 서비스 복구 후 만족수준을 확인하라

고객이 만족하는 수준으로 일들이 해결되었는지 몇 시간, 며칠, 또는 몇 주 뒤에 결과를 확인하라. 문제를 시정했다고 해서 그것으로 끝났다고 가정하지 말라. 확실히 하기 위해 확인하라.

고품위 서비스 종사원이 피해야 할 말

- 안 됩니다.
- 제 소관이 아닙니다.
- 없습니다.
- 글쎄요
- 잘 모르겠습니다.
- 지금은 바쁩니다.
- 다른 곳에 알아보세요.
- 다음에 한 번 더 오십시요.
- 힘들어 죽겠네.
- 아휴, 지겨워. 신경질 나.

부록

스트레스 해소법
서비스 실천 매뉴얼

스트레스 해소법

부 록 I

스트레스로 녹초가 되었고 일에 지치고 걱정에 쌓여 있고 우울하고 불쾌하기까지 하다. 그런데 여전히 시간이 없어 커피 한 잔 마시지도 못하고 있다면 누구에게도 친절하게 대할 수 없다. 현대의 서비스 관련직종에서 정신적인 노동은 상자를 든다거나 콘크리트를 붓는 등의 육체적인 노동보다도 사람들을 더욱 지치게 만들 수 있다. 내가 하는 일이 아무리 좋을지라도 스스로 스트레스에 적응하고 해소하는 방법을 배우지 않으면 소용없다.

디즈니랜드(Disneyland)와 디즈니월드(Disneyworld), 넛츠 베리 팜(Knotts Berry Farm), 오프리랜드(Opryland), 그리고 캐러윈즈(Carowinds)

에 이르기까지, 놀이공원의 일선에서 일하는 사람(cast)들은 무대 위와 무대 밖의 개념에 대해서 배운다. 무대 위는 고객이 나를 볼 수 있거나 목소리를 들을 수 있는 모든 곳을 말하고, 무대 밖은 그 외 모든 장소로 고객들의 시선으로부터 안전하게 차단되는 곳이다.

스트레스를 받는 종사원은 동료에게 자기 업무를 대신 조금만 봐 해달라고 요청하고, 무대 밖으로 나가 감정조절을 한 다음 다시 업무에 복귀할 수 있다. 나, 나의 관리자, 그리고 조직 모두가 업무환경을 관리해야 하지만 나의 문제점은 오직 내 자신만이 대처할 방법을 결정할 수 있다.

사무실 안에서건 매장에서건 스트레스를 줄일 수 있는 다음과 같은 기술적 방법은 다음과 같다. 자신에게 가장 잘 맞는 것을 발견해서 매일 연습하기를 바란다.

1) 심호흡을 하라

심호흡을 크게 하는 것은 가장 고전적인 스트레스 해소법이며, 또 가장 좋은 해소법 중 하나다. 스트레스는 과도한 에너지의 낭비를 초래하므로 이산화탄소의 발생이 증가하고 젖산이 쌓이면서 피로하게 된다. 심호흡은 체내 산소의 공급을 증대시켜 이산화탄소의 배설을 촉진시키고 젖산의 산화를 촉진시켜 피로로부터 회복하게 한다.

코를 통해 숨을 크게 들이마신 후 7초 정도 숨을 멈춘 다음 입으로 천천히 숨을 내쉬어라. 이러한 반복을 6번 반복하라.

2) 미소를 지어라

기분은 스스로가 만드는 것이며, 기분에 따라 스트레스를 받을 수도, 그렇지 않을 수도 있다. 미소는 전염성이 있다. 무뚝뚝해 보이는 고객에게 눈을 마주치고 활짝 미소를 지어라. 고객은 어찌할 바 모르면서도 100명 중 99명은 같이 미소지을 것이다.

3) 웃어라

유머감각을 유지하는 것은 스트레스에 대한 최고의 방어책이다. 스트레스 심리학자인 프랜시스 매릿스턴은 몇 년 동안 상담했던 어느 골치아픈 의뢰인에 대해서 다음과 같이 들려준다.

"그 광대 같은 사람이 나를 미치게 만들어요!"라고 그녀는 종종 불평을 했다. 어느 날 그녀는 그 사람을 우스꽝스러운 신발을 신고 바보같이 히죽대는 사람으로 보기 시작했다. 그러한 상상으로 웃음이 나오자 그녀는 스트레스를 조절하고 자신의 일에 열중할 수 있게 되었다.

4) 발산하라

분노와 짜증을 가슴속에 쌓아두면 언젠가는 폭발하게 되어 있다. 그렇게 되기 전에 특별히 스트레스를 쌓이게 하는 고객을 상상으로나마 마음껏 조롱해보아라. 그렇게 하면 긴장감으로 지치지도 않을 것이고, 스트레스를 주는 것에 대한 반응을 뒤로 늦춤으로써 문제를 방지할 수 있다.

서비스 담당자 L씨는 가장 짜증나는 고객과 상황에 대하여 스트레스 일지를 쓴다. 스트레스 일지에 있는 리스트에 하나를 더 쓰는 것은 그녀의 마음을 진정시키는 데 도움이 되었으며, 수년에 걸쳐 그 일지는 스트레스에 대응하는 지침서가 되어주었다.

5) 1분간의 휴식을 가져라

어떤 마케팅 자문가는 아름다운 모래사장이 있는 카리브 해(Caribbean Sea)에서 스노클링(snorkeling)을 즐기는 상상을 한다. 1, 2분간의 짧은 상상을 통해 현실의 시간과 공간을 잠깐 잊어버릴 수 있다. 그는 스트레스를 받거나 스트레스를 쌓이게 만드는 고객과 대화가 끝나면 자신만의 상상의 장소를 방문한다.

내가 아는 어떤 사람은 여행가고 싶은 목적지의 사진을 구해서 책상 위에 둔다. 그는 스트레스가 어느 정도 쌓여도 여행 갈 생각에 자신의 통제가 잘된다고 한다.

6) 마음을 편히 가져라

근육을 수축시키면 긴장감이 지속된다. 근육을 긴장시켰다가 풀어주는 근육운동을 하라. 주먹을 쥐었다가 풀거나, 복근에 힘을 주었다가 풀거나, 손바닥을 서로 마주보고 밀었다가 팔의 힘을 빼고 내려라. 어떤 사람들은 손님 앞에서도 너무나 자연스럽게 이 운동을 할 수가 있다.

7) 책상에서 하는 에어로빅을 하라

운동은 스트레스 해소에 필수적인 요소이다. 다음의 두 가지 책상운동을 해보라.

- 의자나 조금 높은 곳에 앉아서 다리가 바닥과 거의 수평이 될 때까지 다리를 들어라. 그런 자세로 정지한 후 다리를 내려라. 다섯 차례 되풀이하라.
- 머리를 앞으로 숙이거나 옆으로 왔다갔다 움직여라. 머리를 뒤로는 젖히지 마라. 그렇게 하면 근육이 이완되지 않고 오히려 긴장될 수 있다. 어깨를 앞으로 내밀었다가 위로 올리고 뒤로 젖히며 회전시켜라. 특히 오랫동안 앉아 있거나 서 있는 후에 이렇게 하면 기분이 좋아진다.

8) 주변을 정돈하라

정돈하는 것은 통제감을 부여하고 스트레스 수치를 낮추어준다. "나는 전화를 하다가 기다리게 될 때마다 책상 위를 정돈한다.

그리고 퇴근하기 전에 반드시 모든 것을 치우고 다음날 할 일의 우선순위를 작성해놓는다"라고 고객전화 서비스 담당자인 K씨는 말한다.

9) 긍정적으로 대화하라

분노와 짜증을 긍정적인 방법으로 발산하라. 동료와 함께 고객을 상대하면 비슷한 상황에 대처하는 새로운 아이디어를 얻는 데 도움이 된다. 하지만 부정적인 대화는 스트레스를 줄이기는커녕 강화시킬 뿐이다.

10) 휴식을 취하라

휴식시간을 스트레스 해소시간으로 사용하라. 건물 밖에서 걷거나 가장 좋아하는 책을 읽거나 몇 분 동안이라도 눈을 감고 가만히 앉아 있기만 해도 된다. 커피나 도넛 대신 몸에 좋은 간식과 주스를 마셔라. 나의 기분만큼 고객에게 서비스 할 수 있다. 그런 이유로 먼저 내 자신을 귀중하고 여기고 보살필 필요가 있다. 그리고 나만이 자신을 보살필 수 있는 유일한 사람임을 잊지 마라.

- 사회생활에서 아무리 오(5)해가 생겨도
  세(3) 번만 다시 생각하면
  이(2)해가 되며
  이(2)해하고 또 이(2)해하다 보면
  사(4)랑하는 마음이 생긴다.
  힘들고 되풀이되는 사회생활에서
  좋은 인간관계를 맺기 위한 지혜로운 계산법이다.

  "5−3=2, 2+2=4"의 법칙을 잊지 말자.

부 록 Ⅱ

서비스 실천 매뉴얼

1) 나는 고객에게 회사의 얼굴이다

① 회사를 대표하라. 이것은 내가 해야 할 일이다.

- 고객은 내가 맡고 있는 일의 책임한계와 업무범위에 대해 알려고 하지 않는다.
- 고객과 서비스 담당 종사원간의 모든 접촉은 고객이 겪는 경험의 연속선상에서 하나의 매듭을 이룬다.
- 고객에게는 내가 회사의 시작이자 끝이다.
- 고객들이 중요시하는 것이 무엇인지 내가 알고 있는가.

② **재치 있는 대화가 격을 높인다.**

- 상황에 맞는 적절한 용어를 선택한다.
- 아닌 듯 설명하는 기술이 필요하다.
- 거절의 방법을 연구한다.
- 존댓말을 몸에 익혀라.

(3) 시선처리가 중요하다.

- 고객의 요구에 즉각 반응하는 시선처리
- 고객의 얼굴을 두 번 보라.
  - 바구니를 카운터에 올릴 때와 영수증을 건낼 때

(4) 모든 규칙은 깨질 수 있다.

- 규칙의 노예에서 벗어나라.
  - 어떻게 하면 고객의 요구를 들어줄 수 있을까?
- 서비스 혼란 방지를 위하여 관련규칙을 파악하라.
  - 의문이 생기는 규칙은 특성, 존재이유, 어겼을 때 초래되는 결과를 파악하라.

2. 고객은 항상 정직하다

(1) **고객은 어디에나 있다.**

- 모든 사람이 언제라도 고객이 될 수 있고, 누구에게라도 고객은 있다.
  - 고객은 회사 안팎 어디에나 있다.
  - 동료야말로 우리가 서비스해야 할 고객

(2) **정직만이 살길이다.**

(3) **흥분한 고객에 대해 다양하게 대처하여 고정고객으로**

(4) **서면의사소통이 효과적일 때가 있다.**

3. 고객은 내가 자상하기를 원한다

(1) 자상한 것이 훌륭하다.

- 안된다, 없다 라는 말을 하지 않는다.
- 말하지 않은 사람에게도 마음을 쓴다.
- 작은 마음 씀씀이가 중요하다.

(2) 각별한 서비스는 섬세함에서 나온다.

- 섬세함이 필요하다.
- 결정적 순간을 잘 관리하기 위해 노력하라.

(3) 인간의 심리를 이용한다.

- 고객의 이름을 기억한다.
- 재치 있는 연출로 고객만족을 극대화

(4) 안내를 잘하는 것이 중요하다.

4. 고객은 내가 즐겁게 해주기를 바란다.

- 임기응변으로 고객을 즐겁게 한다.
- 유쾌한 분위기가 중요하다.
- 접객 매뉴얼 정착과 상황에 따른 유연성

5. 내가 고객이다.

- 고객중심의 표현을 한다.
- 고객의 입장이 된다.
- 고객을 보호하는 마음을 지닌다.
- 고객의 짐을 소중히 다룬다.
- 공평하게 대한다.
- 하지 않는 것도 서비스이다.
- 문제발생시 환상적인 해결사가 되어라.

참고문헌

1. 국 내

김승용, 『성공하는 영업사원의 말하는 기술』, 무당미디어, 1996.
김영임, 『스피치 커뮤니케이션』, 나남출판, 2001.
김영임 · 김유경 · 유세경, 『인간과 커뮤니케이션』, 한국방송대학교출판부, 2001.
김영한 · 임희정, 『스타벅스 감성마케팅』, 넥서스 Books, 2003.
김용섭, 『길거리에서 만난 마케팅의 귀재들』, 청림출판, 2004.
데이비드 댈러샌드로, 『브랜드전쟁』, 청림출판, 2002.
데일 카네기, 이상각 역, 『생각이 사람을 바꾼다』, 들녘미디어, 2003.
마스이 사쿠라, 『성공하는 남자 성공 못하는 남자』, 럭스미디어, 2002
『문화일보』, 2006.
박영택, 『공공행정부문 Single PPM 품질혁신』, Single PPM 품질혁신추진본부, 2000
박영택, 『품질경영』, 1999.11.
박인출, 『병원을 경영하라』, 몸과 마음, 2001.
손광수, 『바로가는 CS 거꾸로 가는 CS』, 21세기북스, 1996.
손일락, 『마침표를 찍는 10가지 방법』, 뜨인돌, 2000.
송윤석, 『인간관계의 이해』, 학현사, 1999.
신강균, 『성공하는 광고의 숨은 심리』, 컴온프레스, 2002.
신경영패러다임연구소, 『품질경영』, 1999.11.
안미현, 『고객의 영혼을 사로잡는 50가지 서비스기법』, 기획출판 거름, 2002.
안성묵 외, 『서비스 이만큼만 해라』, 삶과 꿈, 1999.
야마구치 히로아키, 『고품위 서비스 50가지』, 글사랑, 1999.
윤치영, 『나를 가장 잘 표현하는 사람이 성공한다』, 책이 있는 마을, 2001.
이근후 · 박명숙 역, 『사회적응을 위한 인간관계』, 하나의학사, 1990.
이태훈, 『눈치, 재치, 마음치』, 도서출판 무한, 2001.
일본경제신문사, 『손님은 가게에서 감동을 받고 싶어한다』, 아케데미북, 1999.
임붕영, 『고객을 행복하게 하는 서비스 바이러스』, 도서출판 무한, 2002.
임혜경 외, 『향기나는 매너 감동주는 서비스』, 호미, 2002.
정연아, 『성공의 법칙/이미지를 경영하라』, 넥서스, 2000.

조관일, 『서비스에 승부를 걸어라』, 도서출판 다움, 2006.
조영대 외 4인 공편, 『최신 경영 · 관광관련 용어사전』, 백산출판사, 1997.
조영대 외, 『글로벌 에티켓과 매너』, 백산출판사, 2003.
조영대, 『서비스학 개론』, 현학사, 2003.
조영대, 『서비스학 개론』, 세림출판, 2007.
편집부 편, 『좋은 생각』, 좋은생각사, 2005.
한명순 역, 『최악의 고객이 최고의 고객이다』, 예지, 2002.
『조선일보』 1998.12.8, 1999.1.19, 1999.3.16, 1999.12.8, 2000.1.14, 2000.1.21, 2000.1.28, 2000.2.11, 2000.2.18, 2000.3.24, 2000.4.21, 이혁진, 2001.3.16, 박병채, 2002.4.19, 이두남, 2001.6.10, 정유진 · 박현희, 2001.11.11, 강정수, 1998.12.14, 조영호, 2001.11.16, 강경미, 2002.3.25, 신정규 · 이기민, 2002.3.17. 백지영 · 백강녕, 2001.6.6. 황규환, 2000.5.10, 김연희, 2002.4.16, 김혜정, 2002.4.1, 이유종, 2002.4.3, 박삼선 · 이병준 · 배정완 · 윤종희, 2001.6.18, 이창송 · 곽태호 · 이천세, 2002.4.9, 박승원, 2001.5.30, 주양신 · 길현섭, 2001.4.22, 문철용, 2000.11.27, 강영주, 2000.6.7, 이순주, 2000.5.28, 정연자, 2000.5.22, 조연백, 2000.5.15, 이우정, 2000.3.21, 고석훈, 2000.2.22, 이영자, 2001.4.4, 김영숙 · 김성일, 2000.2.7, 이동신, 2000.3.14, 한미란, 2000.4.24, 정영모 · 조관일 · 안성묵, 2002.3.6, 이건실
『동아일보』, 1998.2.9, 이상철, 2001.10.17.
『품질경영』, 2000.1.
『한국경제신문』, 2002.2.18. 김연성.
『한국경제신문』, 2002.4.6. 서천범.
한국표준협회, 2006.9.7.

Josh Gordon, 『Tough Calls : Selling Strategies to Win Over Your Most Difficult Customer』, AMACOM, 1997.
Michel Levine, 『Broken Windows Broken Business』, Wamer Books, 2005, 김민주 · 이영숙 역, 『깨진 유리창 법칙』, 흐름출판, 2006.
Ron Zenke, Kristin Anderson, 『Delivering Knock Your Socks off Service』, AMACOM, 1998, 구본성 역, 『서비스 달인의 노트』, 세종서적, 2002.

2. 외 국

Bennis, W. and Nanus, B., *Leaders : The Strategies for Taking Charge*, Harper and Row, Publishers, New York, 1995
Costley, D.L. and Todd, R., *Human Relation in Organization,* West Publishing

Company, 1978

Laborde, G.Z, *Influencing with Integrity,* Syntony Publishing Palo Alto, California, 1987

Lewis, P.V., *Organizational Communications : The Essences of Effective Management.* Columbus, Ohio : Grid Publishing, 1975

Smith, R.D. and Williamson, L, K., *Interpersonal Communication,* W.C. Brown Publisher, Iowa, 1985

3. 기 타

한국산업교육학회(http : //www.kila.er.kr/wwwboard)

한국프로토콜스쿨(http : //www.protocolschool.co.kr)

한국훈련개발원(http : //www.eduman.com/way-board)

아시아나서비스컨설팅(http : //www.asianaasc.flyasiana.com)

아시아나서비스컨설팅(http : //www.asianaasc.flyasiana.com 2000.10.5)

아시아나서비스컨설팅(http : //www.asianaasc.flyasiana.com 2001.1.31)

예라고(http : //www.yerago.co.kr)

서비스매너연구소(http : //www.manaers.co.kr)

서비스월드(http : //www.svc-world.com

http : //www.softnsoft.co.kr

http : //news.lycos.co.kr

http : //www.crmpark.com

http : //www.hotelskorea.co.,kr

http : //www.hotelskorea.co.kr, 2000.11.10.

http : //www.shrdc.com/main.html

OPE 교육지기(http : //www.ope.co.kr)

찾아보기

ㅈ

ㅊ

저/자/소/개

▮조 영 대

미국 Marshall Univ.에서 객원교수로 연구했으며, 대구대학교 대학원에서 경영학 박사학위를 취득하였다.

KOLON그룹 산하의 (주)KOLON F&T에서 근무하였으며, 1984년 그룹 최우수사원상, 2002년, 2004년 포항시장 표창, 2009년 경상북도도지사 표창을 수상했다.

(주)두리비즈니스컨설팅에서 컨설턴트로, (주)대한비즈니스컨설팅에서는 자문위원과 호텔·외식산업&관광개발 연구소장을 지냈다.

현재는 포항대학 외식산업과 교수로 강의와 연구, 컨설팅을 수행하고 있다. 한국호텔경영학회/한국인사관리학회/한국관광산업학회 이사, 사)한국산업경영학회 상임이사, 한국이벤트학회 편집위원장, 사)대한관광경영학회 감사를 역임하였으며, 현재 사)한국이벤트프로모션협회 부회장, 사)대한관광경영학회 회장을 맡고 있다.

주요저서로는 적정수준의 갈등관리(이재규·조영대, 서울 : 한국능률협회, 1994), 최신 경영·관광관련 용어사전(조영대 외, 서울 : 백산출판사, 1997), 서비스학개론(서울 : 현학사, 2003), 고품위 서비스 실무(도서출판 갈채, 2007), 비즈니스컨설팅 서비스(남두도서, 2005), 글로벌 에티켓과 매너(백산출판사, 2010) 등이 있다.

URL : www.tourebiz.com

▮남 중 헌

세종대학교 대학원 호텔경영학과 졸업(석사), 대구대학교 대학원에서 경영학 박사학위를 취득하였다.

일본기업인 제일흥업(주) 부곡하와이 총지배인으로 근무하였으며, 2009년 문화체육관광부장관상을 수상했다.

한국농어촌공사와 경남지역 공동체사업 컨설턴트로, 사)한국음식관광협회 경상남도지회 자문위원과 한국관광호텔업협회 호텔등급 심사위원으로 활동하고 있으며, 현재는 창신대학 호텔관광경영과 교수/학과장으로 강의와 연구, 컨설팅을 수행하고 있다.

한국마케팅학회/한국관광학회/한국관광레저학회/대한관광경영학회/관광서비스학회/한국호텔관광학회/한국마케팅과학회/한국외식산업학회의 평생회원이며, 이사 및 편집위원으로 활동하고 있다.

주요저서로는 관광법규(백산출판사, 2009) 등이 있다.

고품위 서비스 실무

1판 1쇄 발행　2011년 4월 10일

저　자　조영대 · 남중헌
발행인　남　승　우

발행처　**남두도서**

서울시 동작구 사당로9가길 6(사당동 220-43)
TEL : (02) 595-1692~4
FAX : (02) 595-1394
E-mail : namdoo6@unitel.co.kr
신고 : 5-76호 (1998. 11. 4)

정가 24,000 원

ISBN 978-89-5780-133-8　93980